通志略

四部備要

史部

中華書局據金壇刻本校刊

桐鄉陸費逵總勘
杭縣高時顯
杭縣吳汝霖輯校
杭縣丁輔之監造

藝文略第五　通志卷第六十七

道家　老子　莊子　諸子　陰符經　黃庭經　參同契　目錄　傳　記　論　書　經　科儀　符籙　吐納　胎息　內視　道引　辟穀　內丹　外丹　金石藥　服餌　房中　修養

道家一

老子道德經二卷周柱下史李耳撰戰國時河上丈人注

又二卷漢文帝時河上公注　又二卷漢長陵二卷毋丘望之注

又二卷漢處士嚴遵注　又二卷政和御解

又二卷王弼注　又二卷鍾會注

又二卷羊祜注　又二卷蜀才注

又四卷羊祜解釋　又二卷晉尚書郎孫登注

又二卷晉江州刺史王尚楚注　又二卷劉仲融注

又二卷晉中郎將袁真注　又二卷張憑注

又二卷曹道沖注　又二卷盧景裕注

又四卷陶弘景撰　又二卷陳臯注
又二卷鍾樹山注　又二卷李允愿注
又二卷陳嗣古注　又二卷僧惠琳注
又二卷僧惠嚴注　又二卷僧鳩摩羅什注
又二卷僧義盈注　又二卷程韶集注
又四卷任真子集注　又四卷道士張道相集三十家注
又四卷梁曠等注　又二卷偃松子注
又四卷李納注　又三卷道士李榮注
又二卷唐明皇注　又二卷辟閭仁諝注
又二卷傅奕注　又二卷楊上善注
又二卷吳善經注　又小解二卷
又二卷道士成玄英注　又二卷盧藏用注
又新歌注道德經一卷李若愚撰　老子音一卷晉孫登撰

又一卷李軌撰　又一卷戴逵撰
又音解二卷李畋撰　老子義疏一卷顧歡撰
又五卷孟智周撰　又四卷韋處玄撰
又九卷戴詵注　又四卷趙志堅撰
又八卷唐明皇撰　又二卷不著名氏
又四卷王顧等撰　又十四卷江徵撰
又四卷賈清夷撰　老子古本二卷
老子講疏四卷梁武帝　又六卷梁武帝撰
又四卷何晏撰　老子章句二卷毋丘望之撰
老子指趣三卷毋丘望之撰　老子指歸十一卷嚴遵注
老子義綱一卷顧歡撰　玄言新記道德二卷王肅撰
道德經品四卷梁曠撰　老子節解二卷
老子章門一卷　老子指略例二卷王弼撰

老子指略論二卷　道德問二卷何晏撰
道德經序訣二卷葛洪撰　道德經開題序訣義疏七卷成玄英撰
老子玄旨八卷韓莊撰　道德經元譜一卷劉遺民撰
道德經譜二卷道士扶少明撰　道德經傳四卷陸希聲撰
道德經廣聖義三十卷唐杜光庭撰　老子述義十卷賈大隱撰
老子道德簡要義五卷玄景先生撰　道德經內解一卷
道德經兵論要義述四卷　道德經雜說一卷陸脩靜撰
道德經契源一卷　道德經纂微二卷道士陳景先撰
道德經傳授圖一卷　老子猶龍傳三卷賈善翊撰
老子昌言二卷呂氏撰　老子心鏡一卷崔少元撰王守愚注
老子真義機要一卷

右老子九十部二百九十卷

莊子二十卷梁漆園吏莊周撰晉散騎常侍向秀注　又十六卷司馬彪撰

又十卷崔譔注　又十卷郭象注
又三十卷晉李頤注　又十八卷孟氏注
又十卷楊上善注　又十二卷盧藏用注
又十卷道士文如海注　又三十卷成玄英注
又十卷張昭補注　又十五卷四家注
又二十卷李頤集解　又二十卷王玄古集解
莊子音一卷李軌撰　又三卷徐邈撰
又三卷郭象撰　又一卷王穆撰
又直音一卷賈善翊撰　又注音一卷司馬彪撰
又外篇雜音一卷　又內篇音義一卷
莊子講疏三十卷梁簡文帝撰　又二卷張機撰
又八卷　莊子義疏三卷宋處士李叔之撰
又八卷戴詵撰　又十卷王穆撰

又十二卷（道士成玄英撰）
莊子內篇講疏八卷（周弘正撰）
莊子文句義二十八卷
莊子文句義二十卷（陸德明撰）
莊子古文正義十卷（馮廓撰）
南華論二十五卷（梁曠撰）
南華論音三卷
莊子論二卷（李充撰）
莊子指要三十三篇（張九垓撰）
南華仙人莊子論三十卷（梁曠撰）
莊子內要一卷
南華真經篇目三卷
莊子餘事一卷（陳景先撰）
莊子統略三卷
南華象罔說十卷（張游朝撰）
南華通微十卷（元載撰）
南華真經提綱一卷（王曉撰）
莊子通真論三卷（唐賈參寥撰）
莊子邈一卷
南華總章一卷（碧虛子撰）
南華章句七卷（碧虛子撰）

右莊子四十九部五百一十六卷

鬻子一卷（周文王師楚人鬻熊撰　唐鄭縣尉逢行珪注）　又三卷（王觀注）

列子冲虛至德真經八卷鄭穆公時隱者列禦寇撰東晉張湛注唐加冲虛真經宋朝又加以至德

又八卷盧重元注

又八卷孫鷃注

又八卷政和御注

列子釋文二卷

列子統略一卷

列子音義一卷

列子指歸一卷

文子十二卷老子弟子也唐徐靈府注

又十二卷李暹訓注

又十二卷朱弁注

文子釋音一卷

文子統略一卷

文子家語要言一卷

鶡冠子三卷楚之隱人

莊成子十二卷

蹇子一卷

唐子十卷吳唐滂撰

蘇子七卷晉北中郎參軍蘇彥撰

宣子二卷晉宜城令宣聘撰

陸子十卷陸雲撰

幽求子二十卷杜夷撰

抱朴子內篇二十卷葛洪撰

符子二十卷東晉員外郎符朗撰

賀子十卷宋太學博士賀道養撰

少子五卷齊司徒左長史張融撰

無名子一卷張太衡撰

玄子五卷

廣成子十三卷商洛公撰張太衡注

又三卷何璨注

亢倉子音略一卷

亢倉子三卷老聃之徒庚桑楚撰王士元注

無能子三卷唐光啓中隱者不著名氏

同光子八卷劉無待撰

玄真子三卷張志和撰

達觀子一卷

淨住子二十卷蕭子良撰

天隱子一卷

玄中子三卷林登暉撰

元荃子一卷珞琭子撰

素履子一卷

淮南鴻烈解二十卷許慎注

黃石公素書一卷

宋齊丘化書六卷

右諸子四十六部二百九十四卷

陰符經一卷黃帝撰太公等十一家注

又一卷七家注

又一卷唐張果注

又一卷袁淑真注

又三卷陸佃注　又三卷蕭真宰注
又一卷黃居真注　又一卷沈亞夫注
又一卷任照一注　又一卷蹇昌辰注
又一卷唐李筌注　又一卷杜光庭注
陰符機一卷李靖撰
陰符經太無傳一卷唐張果得於道藏不詳作者
陰符經正義一卷唐韋洪撰　陰符經要義一卷
驪山母傳陰符妙義一卷唐李筌撰　新注陰符經序一卷
陰符經辨命論一卷唐張果撰　陰符經小解一卷
陰符天機經一卷　陰符經玄談二卷玄解先生撰釋陰符章句
陰符經一卷杜光庭撰　陰符十德經一卷葛洪撰
陰符經疏三卷袁淑真撰　陰符經頌三卷太玄子撰
釋自論集解陰符隨經玄義五卷

頌陰符經一卷 元陽子撰　李筌傳陰符經序一卷
陰符經訣一卷　陰符經解題一卷
陰符經章句疏三卷 張彬鄉撰　陰符經序一卷
陰符太玄傳一卷　陰符經五賊義一卷
陰符經玄義一卷 唐張魯撰　太丹黃帝陰符經一卷 房山長注
陰符太丹經一卷 驪山母注　陰符太丹經解一卷
右陰符經三十九部五十四卷
太上黃庭內經一卷 務成子注　太上黃庭內景玉經一卷 梁丘子注
又六卷 五家注　黃庭祕言內景經一卷 尹真人注
黃庭內景經一卷 唐白履忠注　黃庭內景保生延壽訣一卷 務成子注
太上黃庭外景經三卷 李子乘注　黃庭祕言外景經一卷 尹真人注
黃庭中景經一卷　黃庭外景玉經注訣一卷
黃庭內外玉景經十卷 蔣慎修撰　太上黃庭內外景經二卷

黃庭玉景內篇四卷超遥子注　黃庭玉景篇二卷

黃庭二景三皇內譜一卷　黃庭五藏道引玉軸經一卷

黃庭五藏圖一卷　老子黃庭內視圖一卷

黃庭五藏內景圖一卷唐女子胡愔撰　黃庭外景圖一卷

黃庭五藏道引圖一卷　黃庭圖證訣一卷青鸞子撰

黃庭集訣一卷陶真人撰　黃庭經訣誦一卷

黃庭五藏論七卷趙業撰　黃庭五藏經一卷

黃庭內景真形籙一卷　黃庭養神經一卷

黃庭內景五藏六府圖一卷胡愔撰　黃庭內景五藏六府補瀉圖一卷

右黃庭三十部五十七卷

周易參同契三卷漢魏伯陽撰抱素子注　又五卷翟直躬注

陰陽統略周易參同契三卷徐從事　陰真君周易參同契三卷

參同契合金丹行狀十六變通真訣一卷

參同契太易志圖一卷張處撰　又一卷重元子撰
參同契太易二十四氣修煉火丹圖一卷
參同契太易丹書一卷　參同契手鑑圖一卷
參同契明鑑訣一卷彭曉撰　參同契金碧潛通訣一卷
周易參同契分章通真義三卷　參同契還丹火訣一卷
參同契太丹次序火數一卷　參同契特行丹一卷
參同契五相類一卷漢魏伯陽撰　金碧五相類參同契一卷陰真君撰
參同金石至藥論一卷
右參同契一十九部三十一卷
隋朝道書總目四卷經戒三百一部九百八卷餌服四十六部一百六十七卷房中十三部三十八卷符籙十七部百三卷
唐朝道藏音義目錄一百十三卷
宋朝明道宮道藏目錄六卷　洞元部道經目錄一卷

太真部道經目錄二卷　洞神部道經目錄一卷

三洞四輔部經目錄七卷王欽若等撰　靈寶經目序一卷陸修靜撰

道藏經目七卷　修真秘旨事目歷一卷司馬道隱撰

開元道經目一卷

右目錄十一部一百四十四卷

道家二

列仙傳二卷漢劉向撰　列仙傳贊三卷孫綽撰

列仙傳贊二卷郭元祖撰　列仙傳十卷葛洪撰

說仙傳一卷朱思祖撰　仙隱傳十卷周孫夷中撰

集仙傳十卷　洞仙傳十卷見素子撰

道學傳二十卷馬樞撰　續神仙傳三卷唐沈汾撰

八仙傳一卷唐江積撰　八仙圖一卷郟氏撰

神仙傳略一卷葛洪撰　神仙纂要錄一卷

江淮異人錄三卷宋朝吳淑撰　賓仙傳三卷何光遠撰
墉城集仙錄十卷杜光庭集古今女子成仙者百九人
玉清祕籙二十卷　仙傳拾遺四十卷杜光庭撰
總仙記一百三十卷宋朝樂史撰　神仙後傳十卷唐王方慶撰
疑仙傳三卷　漢武內傳三卷
太元眞人東鄉司命茅君內傳一卷唐李遵撰
清虛眞人王君內傳一卷弟子華存撰　清虛眞人裴君內傳一卷鄧雲子撰
正一眞人三天法師張君內傳一卷王長撰
黃帝內傳三卷
太極左仙公葛君內傳一卷按隋志已有此傳而唐云呂先生撰
仙人馬君陰君內傳一卷趙昇等撰　又一卷孫思邈撰
老君內傳三卷尹喜撰
紫虛元君南岳夫人內傳一卷范邈撰

紫虛元君魏夫人內傳一卷項宗撰　關令尹喜內傳一卷鬼谷先生撰

神仙內傳一卷唐道士胡慧超撰　仙史類辭十卷

晉洪州西山十二真君內傳一卷唐天師胡慧超撰

吳天師內傳一卷唐謝良嗣撰　周義山內傳一卷後漢人居紫陽山

劉真人內傳一卷漢王珍遇劉根事　桐栢真人升仙太子內傳一卷

華陽陶先生內傳三卷賈嵩撰　雲中先生內傳一卷

許氏神仙內傳一卷　漢天師內傳一卷

樓觀內傳三卷尹軌章節等撰　樓觀本行傳一卷

青城山羅真人記一卷　劉君內記一卷王珍賢撰

太上真人內記一卷李氏撰　九華真妃內記一卷

翊聖保德真君傳三卷宋朝王欽若撰建隆中有神降于燕南山告符命之事故加以號焉

仙人許遠遊傳一卷王羲之撰　陸先生傳一卷孔稚珪撰

王喬傳一卷　嵩高寇天師傳一卷宋都能撰

成仙君傳一卷　蘇君記一卷周季通撰
紫陽真人周君傳一卷華嶠撰　真系傳一卷李渤撰
許遜修行傳一卷道士胡法超撰　洪崖先生傳一卷張說撰
洪崖先生別傳一卷　胡慧超傳一卷沖虛子撰慧超高宗時道士
潘導師傳一卷唐武后時人　蔡尊師傳一卷
葉法善傳一卷劉谷神撰
謫仙崔少元傳一卷唐王元鄜撰少元者崔氏女也
元州上卿蘇君記一卷漢周季通撰
瞿童述一卷温造撰大曆八年辰溪童子瞿柏庭於桃源觀升仙
東極真人傳一卷李堅撰記果州謝自然升仙事　老君傳一卷
蘇耽傳一卷漢人又有成武丁傳附　裴元人傳一卷鄧子雲撰
劉善慶傳一卷劉珍字善慶　聶練師傳一卷宋朝吳淑撰記僞吳道士聶紹元事
侯真人傳一卷盧播撰　零陵先賢傳一卷

陶弘景傳一卷　三茅處士王濳傳一卷
緱氏嶺會真王氏神仙傳五卷杜光庭撰　九天採訪真君傳一卷
九天玄女傳一卷　東華司命楊君傳一卷
南嶽九真人傳一卷
成都山望仙宮十真記一卷
委羽山人有空明天真人司馬君傳一卷
李先生傳一卷　王仙聖母傳一卷
謝自然別傳三卷　廣成先生劉天師傳一卷趙櫓撰
華頂先生張天師本傳一卷　桐柏真人王君外傳一卷
漢天師外傳一卷　賀蘭先生傳一卷
碧虛先生傳一卷　江西續仙錄一卷
湖湘神仙顯異三卷
逍遙大師問政先生聶君傳一卷徐鍇撰

申儒先遇神和子傳一卷　靈人辛元子自序一卷

華陽子自序一卷

右傳一百三部四百四卷

老君始終記一卷　混元皇帝升天記一卷

老子出塞記一卷宣虞撰　老子化胡經十卷

老子私記十卷梁簡文帝撰　太上混元皇帝聖紀十卷楊上器注

開元天記一卷

皇天原太上老君現跡記一卷唐文明元年現于虢州閿鄉縣皇天原與豫章人鄔元宗語唐世祚運事

尹喜本行記一卷　傳仙宗行記一卷陰日用撰

邊洞元升天記一卷　議化胡經狀一卷唐武后時侍郎劉如璿等議狀

道教經記一卷　道教靈驗記二十卷杜光庭撰

歷代帝王崇道記一卷杜光庭撰　真教元符三卷唐戴簡撰

道經降代傳授年載記一卷杜光庭撰

平都山仙都觀記二卷山在忠州陰長生成仙之所
神光寺聖跡記一卷　元始上真記一卷
紀聖賦一卷　山水宂實圖一卷
二十四化記三卷唐段道士世貴撰記蜀中二十四山神仙之所
正一真人二十四治圖一卷唐道士令狐見堯撰敘蜀中二十四治之所名山福地
演正一氣化圖一卷段世貴撰　元化圖一卷朱閑集敘福地十州之地
混元圖十卷唐道士杜光庭撰　太清宮簡要記一卷王坤撰
晉州羊角山唐觀記一卷道士李用能撰
太上老君青羊肆瑞甎應見記一卷
廣黃帝本行記一卷王瓘撰　真宗得道錄一卷王欽若撰
右記三十二部九十三卷
守白論一卷　任子道論一卷魏河東太守任嘏撰
夷夏論一卷顧歡撰　任嘏顧道士論三卷

顯正論一卷道士劉進喜撰
三玄精辨論一卷唐白履忠撰
神仙可學論一卷唐道士吳筠撰
玄綱論三卷吳筠撰
心目論一卷吳筠撰
復淳化論一卷吳筠撰
形神可固論一卷吳筠撰
辨疑論一卷唐施肩吾撰
中元論一卷李延章集
坐忘論三卷唐司馬承禎撰
又一卷吳筠撰
葛仙翁序一卷葛洪撰
龍虎篇一卷孫思邈撰
大道清曠論一卷王承祐撰
淨土論一卷
重真記一卷藍敏撰
學道登真論二卷
道生旨一卷谷神子撰或云裴鉶
大道形神論一卷上虞隱士玄黃子述
正一論一卷
答客論一卷
道體論一卷
保真養生論一卷
靈寶修真論一卷李道綱撰
靈信經旨一卷
太玄三破論一卷張融撰

太玄三教論一卷　明真辨僞論一卷唐吳筠撰蓋斥釋氏
輔正除邪論一卷吳筠撰　契真刊謬論一卷吳筠撰
道釋優劣論一卷吳筠撰　辨方正惑論一卷吳筠撰
陶陸問答一卷　會三教論一卷
三教解紛論十五卷孫夷中撰　千金養生論一卷孫思邈撰
混元正理論一卷　人元長生論一卷朱柃撰
大道攝生論一卷李泳撰　長生正義元門大論三十八卷
道典論三十卷　雲中子論一卷王鸛撰
養生論一卷廣成子撰　五嶽真形序論一卷
太易保生論一卷鮮遂撰　通真論一卷陶植撰
神仙祕論一卷　十異九迷論一卷道士李少卿撰
九霄君論一卷　吳天師論一卷
大道感應論三卷　幽傳福壽論一卷

一切道書音義序一卷唐道士史崇與學士崔湜薛稷等撰

畢夷祕照論五卷李淳風撰

右論五十八部一百五十一卷

真誥十卷梁陶弘景撰

登真隱訣六十卷陶弘景撰

上清握中訣三卷陶弘景撰

靈臺祕寶符書一卷寶子通撰

玉清祕籙二十卷太白山沖隱子集

襲古書三卷僞唐范朝撰

元珠龜鑑三卷黃仲山撰

左慈真人助相見規戒一卷

神異書三卷道士元真子撰

修行旨要三卷道士朱洞微撰

真誥抄二卷

先天紀三十六卷王欽若撰

上清文苑四十卷樂史撰

仙苑編珠一卷王松年撰

至言二卷范修然撰

玄門樞要一卷杜光庭撰

道門四子治國樞要二卷范乾九撰

道門樞要一卷杜光庭撰

玉清隱書一卷尹先注

潛真祕術一卷

歷鑒天元主物簿三卷　兩同書二卷羅隱撰
付道內真訣一卷陳七子撰　太上道鑑四卷道士張仙庭撰
上清天中真鑑錄一卷王松年撰　道德消魔略例一卷
威儀要訓二卷　道要三十卷
無上祕要七十二卷　學道要一卷杜沖和撰
上清紫書二卷　謫仙心鑑二卷
廣成集五十四卷　三洞珠囊三十卷
四子統略一卷　造化權輿一卷
晉簡文談疏六卷　遊玄桂林二十一卷張譏撰
玄書通義十卷張譏撰　太始天元玉冊元誥十卷扁鵲注
老君家令一卷　赤松子八誡錄一卷陳摶撰
許旌陽遺教一卷　遵戒避忌訣一卷

右書四十四部四百五十二卷

天真皇人經一卷

太上迴元九道飛行羽經一卷

上清洞玄內經一卷

靈寶度人經一卷

又四卷李少微注

又四卷道士成玄英疏義

靈寶五星祕授經一卷

靈寶玄微妙經一卷

混元聖紀經一卷道士尹文操撰

老子西升經四卷沖元子注

又二卷徐道邈注

又四卷道士李榮注

又二卷道士韋處玄注

又二卷劉仁會注

又二卷曹道沖注

又老子西升經疏三卷

老子存一經一卷

老子中經一卷

老子戒經一卷葛洪撰

老子修身經一卷

老子守三一經一卷

太上老君歷劫經一卷李通撰

太上玉歷經一卷

河圖龍文鮮甲元紀帝瑞神經二卷

入室思赤子經一卷　老子鎮元靈經一卷
皇人守三一經三卷　神寶經一卷裴真人撰
天童護命妙經一卷　紫府玄珠經十卷曹唐撰
靈奇墨子術經七卷崔知操撰　太上三天正法經一卷
太上正一修真玉經三卷　上清丹景隱地八術經二卷
上清鎮元靈策經一卷
天真皇人九仙經一卷唐葉靜能撰羅公遠僧一行注
太元真一本際經一卷
太上老君枕中保生祕密經一卷鄭元一注
太上黃素經一卷　上清青要紫書金根衆經一卷
太上洞玄靈寶部經一卷　九域經六卷
妙真經一卷　靈寶昇元經十卷
流珠丹經一卷　玉京山經一卷

成清經七卷
峨嵋赤城隱士伏藥經三卷
度生死經一卷
神仙歷藏經一卷
金泛丹經一卷
三陽經一卷
巫仙翁因緣經一卷
靈寶安生宅妙經一卷
靈寶滅度經一卷
靈飛六甲經一卷
三元真經一卷
中央元素經一卷
內真妙用經一卷
內真經二卷
大道法元君說太陽元精經二卷
老君說六丁六甲玉女真神祕經一卷
混元經二卷
狠狐經一卷
老子青囊經一卷
三甲經一卷
鴻寶萬畢經六卷
靈寶先師太山北斗神光經一卷
天尊禁戒妙經一卷
玄都律二十五卷

玄都律編八卷　上清神州七轉七變舞天經一卷
文始先生說道經一卷　老子說十三靈無經一卷
五公子問虛無道一卷　老子傳正一天師印經一卷
太上混元上德皇說常清淨經一卷董朝奇注
又一卷吴中起注　又一卷周申注
又一卷孫膺注　又別解一卷
又一卷劉本注　黃帝鑄鑑二儀通真經三卷

右經八十五部一百八十六卷

道家三

三洞奉道科誡二卷金明七真撰當考　玄都九真明科一卷
太上洞玄靈寶長夜之府九幽玉匱明真科一卷
五等朝儀一卷張萬福撰　三洞修道儀一卷孫夷中撰
修黃籙齋儀一卷　安鎮城邑宮闕醮儀一卷杜光庭撰

醮靈官位儀一卷
太上黃籙齋壇真文玉訣儀一卷杜光庭撰
天經醮儀一卷　醮南辰北斗儀一卷
元始靈寶五帝醮祭召真玉訣一卷
告元圖一卷王欽若等定　醮文一卷
許真君修九幽立成儀一卷亦名旌陽遺教
醮章奏議十八卷杜光庭撰
洞玄靈寶五嶽名山朝儀經一卷唐司馬子微撰
入靜儀一卷　新修旨要三卷宋同微撰
真壇刊誤論一卷張若海撰　評刊誤論三卷商回撰
太上三洞度人出家儀一卷　靈寶明真齋懺燈儀一卷杜光庭撰
靈寶玉匱明真大齋言功德儀一卷
祭玉女神法一卷　太上明真救護章儀一卷

太上三元醮儀一卷
太上河圖內元經禳災九壇醮儀一卷杜光庭撰
靈寶拜章儀一卷　靈寶九等齋壇式一卷張先生撰
靈寶奏醮普天衆真儀一卷　靈寶祈謝天神儀一卷
靈寶祈五穀醮儀一卷　靈寶起土僻神儀一卷僻字更考
靈寶安宅齋儀一卷杜光庭撰　靈寶自然行道儀一卷杜光庭撰
太上二十四化醮儀一卷　太上迎送壇儀一卷
上清露真奏表儀一卷　太元醮儀一卷
太上北醮儀一卷　紫庭醮科三卷
禹步儀訣一卷　太上高上太真科令一卷
修真秘旨朝儀一卷
唐明皇撰聖祖混元皇帝太清宮祠令一卷
步虛洞章一卷陸修靜撰　昇元步虛牢一卷陸修靜撰

靈寶步虛詞一卷（陸修靜撰）　金真飛元步虛玉章一卷

靈寶步虛經一卷　太宗御製金籙齋道詞一卷

真宗御製金籙齋道詞一卷　徽宗御製金籙道場詞一卷

右科儀（五十四部七十八卷）

墨子枕中記二卷　女青鬼律十卷

老子六甲祕符妙籙一卷　修六丁八史用事科法一卷

九天玄女六甲將軍手訣一卷　九天玄女妙法一卷

六丁通應玉女真籙手訣一卷　祭六丁神法一卷

老子六甲祕符妙籙一卷　黃帝六甲符訣一卷

靈飛六甲左右內名玉符一卷　天蓬神呪一卷

太上北帝天蓬壇場印圖一卷　五嶽真形圖文一卷（葛洪撰）

靈寶五嶽真形圖一卷　八卦仙人祕訣一卷

黃帝八卦真形圖一卷　太極左公說神符經一卷

太清越章一卷
太上洞玄靈寶元始五方赤書自然真文經一卷
太上習仙經契籙一卷　金書玉券一卷僞蜀任法知撰
金書祕字一卷　紫文丹章一卷
佩符五色券五卷
太上洞玄靈寶投簡符文要訣一卷
神虎隱文一卷　太上靈寶護身符籙一卷
上清太上元籙一卷　上清洞真紫闌北壁真文一卷
真教元符三卷戴簡撰　太上禳災解厄吉兆玉篆一卷
太上玉真章訣三卷　太上靈寶吞服真文玉字一卷
靈寶五符三卷
太上靈寶洞玄大道無極自然真一五稱符經二卷
天一太一日月星辰二十八宿行藏記一卷

洞真太上上皇氏籍定真玉籙一卷
洞真龍景九文紫鳳赤書一卷
太微帝君步天綱行地紀金簡玉字上經一卷
北帝三備經三卷　罔象成名圖一卷唐張果撰
北帝神呪經一卷　三尸經一卷
老子三尸經一卷　孫真人延生長壽經一卷
北帝靈文三卷唐道士葉靜能撰　太上北帝靈文一卷同上
延壽赤書一卷唐裴煜撰　天老神光經一卷蔡登撰
太上北帝治病道法一卷　高上紫虛法籙二卷
靈寶五始五老赤書玉篇真文經三卷
上清洞真瓊宮五帝靈飛六甲內文三卷
上清瓊宮靈飛六甲籙一卷　北帝元樞內章一卷
秦乾秘要三卷　九證心戒一卷楊嗣復撰

三五思神圖一卷　山栖要錄一卷
守庚申服藥法一卷楊遇撰　青崖子神仙金銀論一卷
掌訣圖一卷　太上三五禁氣步罡法一卷
三洞瓊綱三卷唐道士張仙庭撰　太上靈寶飛行三界妙經一卷
禁制虎獸符法一卷　太上洞真飛行羽經一卷
上清天心正法三卷　太上靈書三魂七魄經一卷
嘯旨一卷玉川子撰　天一神符行度記一卷紅金子撰
醮符傳一卷　左仙翁說神符一卷
靈飛符經一卷　白羽黑翮靈飛玉符一卷
通靈神印經一卷　六神經一卷
玉女秘法一卷　紫微元律經三卷
三部符籙四卷　金虎真符一卷
太上符鑑一卷　七元圖一卷

祝符文三卷　十二真君靈籤一卷

天皇內文一卷　內諱隱文一卷

紫微內庭祕籙二卷　房山長大篆符一卷

三皇內音一卷　雷篆玉牌三卷

三皇內文一卷　諸天隱語洞章玉訣一卷

聖祖歷代應見圖三卷杜光庭撰

亳州太清宮混元皇帝變見靈跡圖一卷薛玉撰

寧州寧真縣二十八宿真形圖一卷

五真圖一卷

太元金闕三洞八景陰陽仙班朝會圖五卷孫光憲撰

修真登昇三十六天位圖一卷　萬靈朝真圖五卷

三皇真形圖一卷　森羅萬象北斗星君圖一卷

右符籙一百三部一百五十九卷

氣經新舊服法三卷唐康仲熊撰
康真人氣訣一卷同上
服內元氣訣一卷同上
太無先生氣訣一卷唐大中人撰
修生養氣訣一卷唐司馬承禎撰
氣訣一卷孫思邈撰
張果氣訣一卷
達摩諸家氣訣一卷
養生服氣訣一卷
調元氣訣一卷
調三元氣訣一卷李真人撰
太和真氣訣一卷河上公述
中山玉櫃神氣訣一卷漢張道陵撰
服內元氣訣一卷煙蘿子撰
內指通真訣三卷陸知微撰
沈真人服氣長生祕訣六卷
王老咽氣經一卷
服氣口訣一卷樊宗師撰
真氣銘一卷孫處士撰
服氣經二卷
氣術經一卷
神仙抱一法一卷
調氣養生錄一卷
神仙密授三一訣一卷
出生入死法一卷王元正撰
四氣攝生錄一卷穆商撰

四氣攝生圖一卷道士劉鼎撰　修真府元洞幽訣一卷
谷神記一卷　指元篇一卷陳摶撰
九真中經二卷　元氣論一卷
靜氣論一卷　洞氣訣一卷
流珠行氣法一卷　法眼六氣法一卷
太清調氣經一卷　太清氣養生經一卷
太清不傳氣經一卷　太無先生氣經二卷李奉時撰
服氣要經一卷中皇子撰　道德上清氣經三卷
新舊氣經一卷延陵君刊集　服氣精義論三卷天台白雲先生撰
服氣要訣一卷申天師撰　周莊氣訣一卷
服氣訣一卷昇元真一法師撰　氣法要妙志訣一卷
玄宗商量氣訣一卷　纂諸家得道氣訣一卷
服氣長生度世經訣一卷　商量新舊服氣法一卷王弁撰

吐故納新除萬病法一卷　養形吐納六氣法一卷
神仙大道六字氣術一卷　神仙服食五牙氣真經一卷
六字氣訣一卷　三一帝君經一卷
中黄經一卷九仙君撰　金房內經一卷
紫陽金碧經三卷　保神經一卷
保聖長生經三卷　五廚經一卷
養生適元經一卷　風露仙經一卷
三洞上清真元子集錄一卷　十二時採一歌一卷
神仙食氣金櫃妙錄一卷京里先生撰　金鑠子訣一卷孫真人撰
運元真氣圖一卷葛仙翁撰　老子道氣圖一卷
內外神仙中經祕密圖一卷孫思邈撰　赤松子服氣經一卷

右吐納七十四部九十四卷

太上混元上德皇帝胎息精義論一卷

太上真君告王母服氣胎息令氣通訣一卷
證道胎息服氣絕粒長生訣一卷
胎息氣經三卷　胎息訣一卷
又一卷　又六卷
元君胎息經一卷　達磨胎息訣一卷
葛洪胎息要訣一卷　玉皇聖胎神用訣一卷
胎息旨要一卷　心印胎息蛻殼妙道訣一卷
元真胎息訣一卷　胎息委氣術一卷
胎息精微論三卷　修真胎息歌一卷
胎息元妙一卷　抱一胎息歌訣一卷楊羲撰
聖神歸真胎息訣一卷崔元真撰　胎息經頌一卷
胎息錄一卷　胎息還元祕訣一卷
養生胎息祕訣一卷賈遵化撰　服胎息留命術一卷

胎息泝流橘珠還元訣一卷
修養氣經一卷
胎息氣術一卷
六祖達磨真訣一卷王元正撰
諸家胎息口訣一卷

右胎息三十部三十九卷

靈寶內觀經一卷
大洞真經一卷
胎息定觀經一卷達磨撰
定觀經訣一卷
太上天帝青童大君傳一卷
大道存神五藏論一卷
內真通明歌一卷煙蘿子撰
九真祕訣一卷
內明訣一卷元九子撰
立內真通元訣一卷煙蘿子撰
修生存思行氣訣一卷
老子存思圖二卷
老子存三一妙訣圖一卷
皇人三一圖一卷
存五星圖一卷
五帝維修行圖一卷
老子道德經存想圖一卷
存神鍊氣銘一卷

元珠心鑑詩一卷唐女子崔少元撰　坐忘真一寶章一卷
了一歌一卷　老子內觀經一卷
又一卷嚴輔璨注
右內視二十三部二十五卷
老子五禽六氣訣一卷　六氣道引圖一卷
黃帝道引法一卷　按摩要法一卷
道引調氣經一卷　道引養生經一卷
服御五牙道引元精經一卷陸修靜撰　太清道引養生經一卷
黃帝道引圖一卷　十二月道引圖一卷
道引養生圖一卷　五禽道引圖一卷
許先生按摩圖一卷　道引圖三十六訣一卷
新說道引圖一卷　唐上官翼養生經一卷
道引圖一卷陶弘景撰　宋少陽道引錄三卷

五藏道引明鑑圖一卷　道引治身經一卷吳和撰

右道引二十部二十二卷

太上老君中黃妙經一卷　太清經斷穀諸要法一卷

太清斷穀法一卷　斷穀諸要法一卷

張果休糧服氣法一卷　無上道絕粒訣一卷

停廚圓方一卷　休糧諸方一卷

右辟穀八部八卷

黃元經一卷涓子傳李遵疏　天皇經一卷赤松子注

真子保一秘訣一卷　黃帝玉房秘訣一卷

黃帝玉櫃訣一卷　修真延秘集三卷隱士楊文人撰

煙蘿子內真通元訣一卷

王真人陰丹訣一卷東晉王長生撰　內真妙用訣三卷

金液頌一卷　金液中還秘訣一卷

正一真人十二時修神丹歌一卷
陰丹經一卷　　周易內秘訣一卷淳于成撰
攝生月令一卷吳興姚稱撰　　著生論一卷吳筠撰
修真君五精論一卷陰長生撰　　還丹金術黃老經一卷陶植撰
羅公遠記一卷　　真元妙道經一卷
修身歷驗一卷述內外丹法　　還元丹論一卷李元光撰
修真內煉秘妙諸訣一卷　　華林隱書陰丹妙論一卷裴氏撰
七返還元內丹訣一卷　　既濟龍虎訣一卷
內丹歌一卷廣德先生撰　　內丹秘藏一卷崔祐撰
姹姹歌一卷　　真一子還丹內象金鑰匙一卷
神仙煉內丹出入生死訣一卷　　紫河車訣一卷
南統大君內丹九章經一卷　　神仙內外七返七還指歸訣一卷
內丹書一卷　　諸真內丹口訣一卷

洞元子內丹訣一卷　陶真人內丹賦一卷
陳先生內丹訣一卷　青提帝君內丹訣一卷
右內丹四十部四十四卷
道家四
玉清內書二卷　黃帝九鼎神丹經訣二十卷
老君八純元鼎經一卷　老君丹經一卷
龍虎經一卷
太上真君石室秘訣服食還丹驗法一卷常子田撰
龍虎上經金丹訣一卷　三皇經一卷陰長生修
五金髓經一卷王白雲撰　日月混元經一卷元光撰
龍虎上經金碧潛通訣三卷劉演撰
大洞煉真寶經修服丹砂妙訣一卷唐陳少微撰
太清石壁記一卷晉蘇元明撰　太清金丹一卷

太易丹書一卷　太易陰陽備訣手鑑圖一卷
丹華經一卷　太洞煉真寶經一卷陳少微撰
九轉流珠神仙九丹經二卷　神仙庚辛經一卷
太丹記一卷魏伯陽撰　太丹九轉歌訣一卷魏伯陽撰
指黃芽成大還丹歌三十首一卷
中還丹糝製術一卷　龍虎糝製法一卷
秦鑑語一卷唐隱士守真子撰　金虎元君訣一卷
還金術一卷陶植撰　土兌訣一卷
龍虎丹一卷侯道華錄　洞源子龍虎歌一卷
五金龍虎歌一卷葛洪撰　龍虎太丹訣一卷
爐鼎要妙圖經一卷　金木萬靈訣一卷葛洪撰
靈砂聖石玉路丹訣一卷　黃輿金丹密訣一卷
剛子丹訣一卷張道陵撰　元君肘後方三卷

大還丹金虎白龍論一卷唐隱士還陽子撰
太上肘後玉經方一卷盧遵元撰　九真中經四鎮九方一卷
紫靈丹砂表一卷　太丹會明論一卷
玉碑子一卷　靈飛散傳信錄一卷齊推撰
大還心鑑一卷　丹論訣旨心鑑一卷張元德撰
金丹肘後訣玉清內書大樂終篇一卷
龍虎展掌訣一卷嚴真人撰
太上龍虎展九都金秘指仙經一卷河上公注
修煉太一三使還命大丹指訣經一卷太上老君撰
黃帝神竈經三卷孫思邈撰　黃壺經三卷陶植撰
草衣子還丹契秘圖一卷元子撰　金藏經二卷茅君撰
還金篇一卷唐海蟾子元英撰　黜假驗真一卷楊無名撰
太丹歌一卷通元子撰　張果進服丹砂訣一卷開元二十二年進

九室指元篇一卷陳圖南撰
七返靈砂歌一卷後漢魏伯陽撰黃君注
金丹賦一卷
青霞子龍虎訣妙簡一卷
太一真人五行重元論一卷
日月元樞一卷唐劉知古撰
火鑑周天圖一卷魏伯陽撰
中元論一卷唐李延章集
神仙金汋經三卷
燒煉秘訣一卷孫思邈撰
元君付道傳心訣一卷
道術指歸望江南一卷
金石相數篇一卷
金液歌一卷
證太丹訣一卷
巨勝歌一卷
陰君金木火丹論一卷
修丹砂狀一卷
丹樓子三卷
密付金丹大還丹口訣一卷
金液小還固命丹砂論一卷朱房撰
葛仙公歌訣一卷
靈砂受氣用藥訣一卷崔元真撰
龍虎丹訣一卷魏伯陽撰
龍虎丹櫃訣一卷
龍虎丹名別訣二卷

金陵子龍虎還丹訣四卷　龍虎指真訣一卷
通幽訣一卷　雜丹訣一卷
彭仲堪易成子大丹訣一卷　李真人還丹歌一卷
金精石液訣一卷　諸家丹訣一卷
上清真秘訣一卷　注金丹訣一卷陰長生撰
還金丹訣三卷陶植撰朱辭注　金丹真訣一卷
金液丹秘訣一卷羅浮真人撰　金液指掌論一卷蘇元素撰
得一歌一卷　丹臺新錄九卷夏有章撰
神丹中經一卷　九丹神秘經一卷
道證一卷左掌子撰　丹經訣要一卷孫思邈撰
石精大丹法一卷　神丹方一卷蘇游撰
紫金白丹訣一卷　煉五神丹法一卷
赤龍金虎中鉛煉七返丹砂訣一卷馬明生撰

靈寶還魂丹訣一卷
服金丹應候訣一卷
忠州仙都觀陰真君金丹訣一卷
鉛汞指真一卷
徐真君丹訣一卷
龍虎通元訣一卷孫思邈撰
道術藥徑歌一卷
大藥秘盟了議口訣一卷
龍虎還丹詩一卷和士安撰
五金雜訣二卷
王君立制丹砂訣一卷
茅魏真人詩一卷
鉛汞五行圖一卷曹聖圖撰
大丹至論一卷唐嚴靜撰
修真歷驗抄并圖一卷羅子一撰
九轉真訣一卷
黃白秘法一卷
又二十卷
真儀總鑑三卷夷真子撰
龍虎亂日篇一卷孫思邈撰
靈砂受氣用藥訣一卷
太丹詩一卷
太丹龜鑑一卷
龍虎太丹作用頌一卷

太白山十煉聖石神妙經二十一轉訣一卷

麻姑歌一首　狐剛子五金訣疏一卷

狐剛子粉圖四卷

唐朝鍊大丹感應頌一卷李林甫撰開元中道士孫太沖鍊神丹事

龍虎大還丹訣一卷　龍虎大丹行狀一卷

陶真人金丹訣一卷　神丹經訣十卷

金木萬齡訣一卷　魏伯陽感應訣一卷

龍虎還丹通元要訣二卷晉蘇元明撰　造化伏汞圖一卷昇元子撰

賢解錄一卷唐純于泉序　明真證道論一卷張寵撰

龍虎金液還丹通元論一卷晉蘇元明撰

四家要訣一卷集劉向陵陽子抱朴子狐剛子所記煉丹事

羣仙論金丹大藥歌訣一卷任逍遙撰　陶真人金丹訣三卷陶弘景撰

服龍虎丹訣一卷麥積山仙人誨老述　金液丹訣一卷陶植撰

青霞子寶藏論三卷蘇元明號青霞子　青霞子授茅君歌一卷青霞子晉太康時人

玄珠歌逍遙歌內指黃芽歌一卷通元先生撰

金碧經一卷　金碧潛通經一卷羊參微撰

金碧潛通入藥火鑑記一卷崔元真撰

白雲子通真秘旨五行圖一卷黃鶴白雲子撰

張子陽周易潛契神符白雪圖一卷

大還丹照鑑登仙集一卷　玉芝五大還丹訣一卷

鬼谷先生還丹歌一卷　元陽子還丹訣二卷

元陽九轉金丹歌一卷　馬明君龍虎傳一卷

真一子還丹內象龍虎訣一卷　龍虎變化神候訣一卷

達元子大道指歸金丹秘訣一卷

老君授尹喜煉丹訣一卷　丹砂妙訣一卷

服龍虎丹訣一卷　元悟真人還丹一卷

十二時龍虎神丹歌一卷　魏真人還丹訣一卷
金碧要旨一卷真人劉演集　金液神丹經三卷
金液神氣經十卷混元皇帝撰　金華玉女經一卷
東竈丹經三卷　蓬萊山東西竈還丹歌一卷魏伯陽撰
蓬萊西竈還丹歌一卷　金石真宰通微論一卷
金液還丹龍虎歌一卷元陽子撰　水簾洞大還丹賦一卷
通元秘要術三卷唐青蘿子道光撰　道書口訣秘法一卷
還陽先生鉛黃芽傳一卷　金液三魂法一卷
金石還丹術一卷狐剛子撰　丹房鑒源三卷獨孤滔撰
草金丹法一卷　蓬萊山草藥還丹訣一卷黃元鍾撰
靈劍子許真君撰　劍訣大丹法一卷
峨嵋山神異記三卷漢張道陵撰　黃芽河車法一卷
返魂丹方一卷　圃田通元秘術方三卷鄭元撰

右外丹二百另三部三百一十卷

金石靈臺記一卷　金石靈臺刊誤一卷

太清論石流黃經一卷　雲母論二卷唐崔元真撰

服雲母粉療病方一卷韓藏法師撰　太清真人煉雲母訣二卷孫思邈撰

金石藥法一卷　金石要訣一卷

太清諸石變化神仙方集要一卷陶弘景撰

仙翁煉石經一卷　石藥爾雅一卷梅彪撰

煉三十六水石法一卷　金石藥方一卷

小玉消丹應候訣一卷　伏藥經三卷

煉服雲母法一卷陶弘景撰　神仙餌石并行藥法一卷京里先生撰

淮南王煉聖石法一卷楊知元撰　赤松子金石論一卷

還金術一卷陶植撰　五金題術一卷

金石薄五九數一卷　服朱砂訣一卷

龍虎制伏丹砂雄黃法一卷　鍊金丹秋石訣一卷

橐籥子金石真宰通微論一卷　變煉二石術一卷

石藥異名要訣一卷王道沖撰　鐵粉論一卷唐蘇游撰

鐘乳論一卷褚知載撰　新修鍾乳論一卷尚藥吳升等撰

右金石藥三十一部三十五卷

靈寶神仙玉芝瑞草圖二卷　太上靈寶芝品一卷

芝經一卷　靈芝記五卷

種芝經九卷　芝草黃精經一卷

神仙芝草圖二卷　靈寶服食五芝晶經一卷

延壽靈芝瑞圖一卷　白雲仙人靈草歌一卷

經食草木法一卷陶隱居撰　神仙得道靈藥經一卷漢張道陵撰

養生神仙方三卷　洞靈仙方一卷梁丘子撰

仙茅根方一卷　黑髮酒方一卷葛洪撰

達靈經一卷陶弘景撰
菊潭法一卷記服薏苡似菊
採服松葉等法一卷司馬承禎撰
神仙長生藥訣一卷
辨服至藥人形神論一卷
漢武服餌法一卷
至藥詩一卷王賢芝撰
神武藥名隱訣一卷
神仙服食經一卷
老子妙術靈草一卷
老子服食方一卷
草石隱號一卷
神珠草藥證驗一卷
太清石壁靈草記一卷蘇元明撰
服餌仙方一卷
孫思邈枕中記一卷
大道靜神論一卷
攝生服食禁忌一卷
攝生藥忌法一卷
鍊花露仙醽法一卷
服餌保真要訣一卷
李八百方一卷
太清經諸藥草木方集要一卷
太清神仙服食經五卷
神仙服食經十二卷
服玉法并禁忌一卷

古今服食藥方三卷　服食神秘方一卷
神仙金櫃服食方二卷　孟氏補養方三卷
神仙服食經一卷　集錄古今服食道養方三卷
右服餌四十八部八十六卷
素女秘道經一卷　素女方一卷
彭祖養性一卷　郯子說陰陽經一卷
序房內秘術一卷葛氏撰　徐太山房內秘要一卷
新撰玉房秘訣一卷　冲和子玉房秘訣十卷
又一卷
右房中九部十八卷
太上玄道真經一卷　靈陽經一卷
養性延命集二卷陶弘景撰　又二卷孫思邈撰
修真秘錄一卷符虔仁撰　神仙修養法一卷孫思邈撰

養生訣一卷陶真人撰
修真指微訣一卷含光子撰
抱朴子別旨一卷葛洪撰
修真詩解一卷馮湘撰
養真要旨一卷徐元一撰
保生術一卷
鍊精存珠玉霞篇一卷
順四時理五穀谷神不死訣一卷趙遵撰
長生保聖纂要術一卷古詵撰
大道養生上仙雜法一卷
金房玉闕保生術一卷
陶仙公勸仙引一卷
樂真人秘訣一卷
施肩吾養生辨疑訣一卷
修真隱訣一卷
理化安民除病術一卷
太一真人固命歌一卷
薛君口訣一卷陳少微撰
長生秘訣一卷
新修攝生秘旨一卷逍遙子撰
神仙秘訣三論三卷
易元子一卷
道樞一卷
神氣養形論一卷

保生纂要一卷　養生自慎訣一卷
傳命寶銘一卷　修行要訣一卷李審真撰
頤神論一卷　谷神賦一卷趙大信撰
谷神秘妙三卷　茅君靜中吟一卷
混俗頤生錄二卷劉詞撰　羅浮山石壁記一卷太一仙師撰
繕生養性法一卷　繕生集略一卷
攝生經一卷唐郭霽撰　長生攝養仙經一卷
三真旨要玉訣一卷　修真秘旨十卷司馬道隱撰
修真秘旨訣一卷徐元一撰　十四家修行秘術一卷
煙蘿子養神關鑠秘訣圖一卷　養生月錄一卷姜蛻撰
養性雜錄一卷孫思邈撰　退居志一卷孫思邈撰
內指通真訣二卷韓知巖撰　胡諮玉景歌二卷
煙蘿子內真通元歌一卷　養生保神經一卷

鄧隱峯歌一卷　東良子遇道歌一卷

明先生詩一卷　崔元真歌一卷

赤松子歌一卷　雲中子還命訣一卷

性箴一卷　修真秘要經一卷

海蟾子詩一卷　元黃子擬漁父詩一卷

遠俗銘一卷　元陽子歌一卷

攝生錄三卷唐高福撰　攝生纂錄一卷唐王仲丘撰

養生要錄一卷孫思邈撰　鍾離授呂公靈寶畢法十卷

長生坐隅障五卷古說撰　修真內象圖要訣十二卷

右修養七十四部一百一十八卷

凡道類二十五種一千三百二十三部三千七百另六卷

釋家一　傳記　塔寺　論議　詮述　章鈔　儀律　目錄　音義　頌贊　語錄

名僧傳三十卷釋寶唱撰　高僧傳十四卷梁釋僧祐撰

江東名德傳三卷 釋法進撰
法師傳十卷 王巾撰
衆僧傳二十卷 裴子野撰
薩婆多部傳五卷 釋僧祐撰
尼傳二卷 皎法師撰
比丘尼傳四卷 釋寶唱撰
高僧傳六卷 虞孝恭撰
名僧錄十五卷 裴子野撰
高僧傳十四卷 僧惠皎撰
續高僧傳三十二卷 釋道宗撰
續高僧傳二十卷 釋道宣撰
後集續高僧傳十卷
大唐西域求法高僧傳二卷 僧義淨撰
師號一卷
真門聖胄集五卷 唐僧元偉撰
景德傳燈錄三十卷 宋朝僧道原纂
傳燈玉英集三十卷 楊億撰
法顯傳二卷
法顯行傳三卷
梁故草堂法師傳一卷 陶弘景撰
又一卷 蕭回理撰
稠禪師傳一卷
寶林傳十卷 唐僧智矩傳
高僧懶殘傳一卷
僧伽行狀一卷 辛崇撰
法琳別傳二卷 唐僧彥源撰

釋氏系傳一卷一行撰
一行傳一卷李吉甫撰
雲居和尚示化實錄一卷唐僧元偉撰
一宿覺僧傳一卷
六祖傳一卷
真覺大師傳一卷
蓮社十八賢行狀一卷
西峯行狀一卷
古清涼傳二卷
續清涼傳一卷
禪門法師傳五卷蜀居士句令元撰
往生淨土傳五卷唐僧飛錫集
開皇三寶錄十四卷
無上秘密小錄五卷宋朝魏德譽撰
潤文官錄一卷
國清道場百錄一卷隋僧灌頂纂智者事迹
釋迦譜十卷南齊佐律師撰
釋迦譜略二卷
歷代三寶記三卷費長房撰
釋氏譜略二卷
前代國王修行記五卷唐僧師哲撰
六祖法寶記一卷唐僧法海撰
迦葉祖裔記一卷
釋迦方志二卷
瑞像歷年記一卷偽吳僧十朋撰
皇帝菩薩清淨大捨記三卷謝吳撰

梁皇大捨記三卷嚴嵩撰　華嚴經纂靈記五卷唐僧賢首撰
古今譯經圖記一卷唐僧靖邁撰　續古今譯經圖記一卷唐僧智昇撰
四天王行藏記一卷　金剛經報應記三卷唐西川安撫使盧求撰
右傳記六十部三百六十一卷
廬山南陵精舍記一卷　洛陽伽藍記五卷後魏楊衒之撰
京師寺塔記十卷隋劉璆撰　華山精舍記一卷張光祿撰
京師寺塔記二卷釋雲景撰　金陵寺塔記三十六卷唐僧清徹撰
成都大慈寺記三卷　舍利塔記一卷僞唐高越撰
大唐京寺錄傳十卷僧彥琮撰　攝山栖霞寺記一卷唐僧靈偘撰
右塔寺十部七十卷
齊三教論七卷衛元嵩撰　笑道論三卷甄鸞撰
甄正論三卷杜義撰　又三卷唐僧元嶷撰
心鏡論十卷李思慎撰　崇正論六卷僧彥琮撰

福田論一卷唐僧彥琮撰序沙門不拜王者之事
沙門不拜俗議六卷彥琮撰

集古今佛道論衡四卷唐僧道宣撰
辨正論八卷唐僧法琳撰

破邪論二卷僧法琳撰
又一卷楚南撰

十門辨惑論二卷唐僧復禮撰
六趣論六卷楊上善撰

三教詮衡十卷楊上善撰
安養蒼生論一卷唐僧玄琬撰

三德論一卷僧玄琬撰
入道方便門二卷僧玄琬撰

鑑諭論一卷
內德論一卷唐李師正撰

辨量三教論三卷唐僧法雲撰
十王正業論十卷僧法雲撰

敬福論十卷唐僧玄惲撰
略論二卷僧玄惲撰

法寶記血脈一卷
釋疑論一卷

淨土論二卷唐僧道綽撰
八漸通真議一卷白居易撰

起信論二卷唐僧宗密撰
起信論鈔二卷僧宗密撰

起信論疏二卷唐僧法藏撰
釋摩訶衍論五卷馬鳴大師論龍樹菩薩釋

原人論一卷

略華嚴長者論一卷唐僧光仁撰

續古今佛道論衡一卷唐僧智昇撰

僧肇論二卷僞秦釋僧肇撰唐僧光瑤注

勸修破迷論一卷探微子撰

金沙論一卷

寶藏論三卷僞秦釋僧肇撰

通感決疑錄一卷僧道宣撰

渾混子三卷不知名氏所釋肇法師法藏論之義

參元語錄十卷唐僧神清撰

禪關八問一卷

玄聖蘧廬一卷唐李繁撰

天台止觀一卷隋僧智顗禪師撰

通應決疑二卷唐僧道宣撰

明道宗論一卷

統略淨住子淨行法門一卷齊蕭子良嘗夢佛授以淨行二十法因著爲二十卷唐僧道宣取其可用爲統略

慧海大師入道要門論一卷

達磨血脈一卷唐僧惠可撰

菩提心記一卷

東平大師默論一卷

棲賢法雋一卷唐僧惠明撰

荷澤禪師微訣一卷

大乘入道坐禪次第要論一卷三十一相道信撰

傅大士心王傳語一卷

竺道生法師十四科元贊義記一卷

無礙緣起一卷

湼槃無名論一卷

般若無知論一卷

觀心論一卷

三乘入道記一卷

大小乘觀門十卷僧玄惲撰

破胡集一卷會昌沙汰佛法詔敕

右論議六十四部一百七十五卷

法苑集十五卷梁釋僧祐撰

弘明集十四卷僧祐撰

內典博要三十卷虞孝恭撰

經論纂要十卷駱子義撰

廣弘明集三十卷唐僧道宣撰

法苑珠林集一百卷唐僧道世纂

四分律僧尼討要略五卷

元覺永嘉集十卷

希運傳心法要一卷

禪源諸詮集一百一卷唐僧宗密撰

石頭和尚參同契一卷唐僧希遷撰唐宗美注

僧美三卷唐僧智月撰

釋氏六帖四卷周顯德中僧義楚撰

內典序記集十卷無名氏

請禱集十卷僞吳僧十朋撰

內典編要十卷僧夢微撰

僧史略三卷宋朝僧贊寧撰

釋氏蒙求五卷宋朝程謙撰

尼蒙求一卷釋道誠撰

法門名義集一卷李師政撰

廣法門名義三卷宋朝僧修淨撰

高僧纂要五卷僧覺昱撰

法喜集二卷晉太子賓客致仕馬胤孫撰

感通賦一卷宋朝僧延壽撰

釋門要錄五卷

釋源集五卷

法要三卷僧宗正撰

釋氏化源三卷

三教名數十二卷

覺海元珠藏三卷

空門事鑑三卷

釋氏會要四十卷野僧仁贊撰

北山語錄十卷僧神清撰

眞言要集十卷唐僧賢明撰

輔教編三卷釋契嵩撰

右詮述三十五部四百七十二卷

三藏本疏二十二卷釋道岳撰　雜心玄章并鈔八卷釋道基撰
大乘章鈔八卷釋道基撰　華嚴疏十卷釋智正撰
雜心玄文三十卷釋慧淨撰　俱舍論文疏三十卷同上
大莊嚴論文疏三十卷　法華經纘述三十卷
義源文本四卷釋玄會撰　時文釋鈔四卷釋玄會撰
涅槃義章句四卷釋玄會撰　涅槃義疏十三卷釋靈潤撰
又玄章三卷　遍攝大乘論義鈔十三卷
又玄章三卷　攝論疏五卷釋辯相撰
攝論義疏八卷釋法常撰　又玄章五卷
金剛經口訣正義一卷六祖慧能撰　天台智者詞旨一卷隋僧灌頂私記
又義記一卷　五部區分鈔二十卷釋智首撰
四分疏十卷釋法礪撰　大乘要句三卷釋空藏撰
維摩經疏六卷釋神楷撰　大乘經要一卷釋良价撰

華嚴十地維摩纘義章十二卷釋慧覺撰

金剛經訣一卷唐太白和尚撰　華嚴法界觀門一卷僧法順撰

中觀論三十六門勢疏一卷沙門元康撰

四分律疏二十卷　那提大乘集議論四十卷

右章鈔三十二部三百四十八卷

十種讀經儀一卷唐僧玄琬撰　無盡藏儀一卷

發戒緣起二卷　法界僧圖一卷

十不論一卷並同上　百願文一卷玄惲撰

懺悔罪法一卷　禮佛儀式一卷並玄琬撰

注戒本二卷唐僧道宣撰　又疏記四卷

注羯磨二卷　又疏三卷僧法礪撰

又疏記四卷　行事刪補律議三卷

釋門正行懺悔儀三卷　釋門亡物輕重儀二卷

釋門章服儀二卷　釋門歸敬儀二卷
釋門護法儀二卷　捨懺悔儀一卷
輕重儀一卷　十誦私記十三卷（唐僧慧旻撰）
僧尼行事三卷（慧旻撰）　尼衆羯磨二卷
菩薩戒義疏四卷　禪門規式一卷（僧懷海撰）
無殷垂誡十卷　水陸法事儀式一卷
圓覺道場修證儀十八卷（唐僧宗密撰）
右儀律二十九部九十二卷
大唐貞觀內典錄十卷　大唐內典錄十卷（西明寺僧撰）
續大唐內典錄一卷（唐僧智昇撰）　內典目錄十二卷（唐王彥威撰）
開元內外經錄十卷（毋煚撰）　唐衆經目錄五卷
右目錄六部四十八卷
大唐衆經音義二十五卷（僧玄應撰）　郭逡音訣

藏經音義隨函二十卷（僧可洪撰）　大藏經音四卷

右音義四部五十九卷

龐蘊詩偈三卷　智閑偈頌一卷

寒山子詩七卷　省經贊一卷（晉馬胤孫撰）

見道頌一卷（唐寶覺禪師撰寓言居士注）　行道難歌一卷（梁傅大士撰）

禪宗理信偈一卷（僧道觀撰）　偈宗秘論一卷

雍熙禪頌三卷（宋朝僧辦隆撰）　法眼真贊一卷

淨慧偈頌一卷　寶誌歌一卷

浮漚歌一卷　達磨妙用訣一卷

了迷破妄訣一卷　達磨信心銘一卷

三祖信心銘一卷　空王銘一卷

王梵志詩一卷　心賦二卷

唐賢金剛贊一卷　永嘉和尚證道歌一卷（靈運注）

十六羅漢頌一卷　無相歌一卷

般若經品頌偈一卷 釋楚南撰　光仁四大頌一卷

激勵道俗頌偈一卷 唐僧良价撰　解金剛經贊頌一卷 梁傅大士與僧寶志頌

聖迹見在圖贊一卷　佛化東漸圖贊二卷

釋華嚴漩洑偈一卷 梁僧惟勁撰　惟勁禪師贊頌一卷

玄中語寶三卷 張雲表集禪門偈頌　顯宗集一卷

竹林集十卷 僧本先撰　龐居士歌一卷 唐居士龐蘊撰

清居牧牛頌一卷　清涼大法眼禪師偈頌一卷

右頌贊三十八部六十一卷

德山和尚語錄一卷　雲門和尚語錄一卷

漳州羅漢琛和尚法要三卷 弟子紹修纂

龐居士語錄一卷　大唐國師小錄法要集一卷

祖堂集一卷

永嘉一宿覺禪師宗集一卷 唐慶州刺史魏淨纂

法眼禪師集一卷

法眼前後錄六卷 元則等編

遺聖集一卷 雜鈔諸禪宗問對之語

楞伽山主小參錄一卷

忠國師語一卷 唐僧惠忠語

天台國師百會語要一卷 唐僧義榮纂天台般若和尚語

紫陵語一卷

僧齊堂禪師要三卷

百丈廣語一卷 僧懷和語

無住和尚說法記三卷 唐僧紼休集

龍濟和尚語要一卷

淨本和尚語論一卷

積玄集一卷

七科義狀一卷 雲南使段立之問唐僧悟達答

禪關一卷 唐楊士達問唐宗美對

裴休拾遺問一卷

仰山辨宗論一卷

相傳雜語要一卷

德山集一卷

廬山集十卷 晉僧惠遠集

釋氏要語一卷

妙中語三卷

五位語一卷　三轉語一卷
唐僧宗密與清涼國師書一卷　五峯集三卷
保寧語錄一卷　淨因語錄一卷
投子語錄一卷　秀禪師語錄一卷
懷和尚語錄一卷　海會語錄二卷
靈隱勝和尚法要五卷　寶華軻和尚語錄一卷
悅禪師掬泉集三卷　雪竇明覺大師住洞庭語錄一卷
明覺祖英集一卷　明覺添泉集一卷
明覺後集一卷　汾陽第二代語錄一卷
百丈常禪師語錄一卷　汾陽紹二和尚語錄一卷
法燈禪師拈古一卷　雲門正真大師對機語錄二卷
明覺拈古一卷　三角山和尚語錄一卷
風穴紹和尚語錄二卷　富沙信老投機語錄一卷

寶峯嚴和尚語錄三卷

右語錄五十六部九十一卷

凡釋類十種三百三十四部一千七百七十七卷

藝文略第五

藝文略第六　通志卷第六十八

法家

管子十八卷 齊相管夷吾撰漢劉向錄校

又十九卷 唐尹知章注舊有三十卷

又二十卷 唐房玄齡撰

管氏指略二卷 唐杜佑撰

商君書五卷 秦相衞鞅撰漢有二十九篇今亡三篇

愼子一卷 戰國時處士愼到撰舊有十卷漢有四十二篇隋唐分爲十卷今亡九卷三十七篇

韓子二十卷 韓非撰唐有尹知章注今亡

晁氏新書七卷 漢御史大夫晁錯撰

崔氏政論六卷 漢尚書崔寔撰

劉氏政論五卷 魏侍中劉廙撰

阮子政論五卷 魏清河太守阮武撰

劉氏法論十卷 魏劉邵撰

元氏世要論十二卷 魏大司農桓範撰

陳子要言十四卷 吳豫章太守陳融撰

治道集十卷 李文博撰

正論三卷 李敬玄撰

凡法家一種十六部一百六十一卷

名家

鄧析子一卷戰國時鄭大夫

尹文子二卷尹文周之處士遊齊稷下

公孫龍子一卷戰國時人舊十四篇今亡八篇

又一卷陳嗣古注

又一卷賈大隱注

人物志三卷魏劉邵撰僞涼劉昞注

廣人物志三卷唐杜周士撰

河西人物志十卷趙武孟撰

吳興人物志十卷唐宋璲撰

九州人士論一卷魏司空盧毓撰

士操一卷魏文帝撰

士緯新書十卷姚信撰梁人

姚氏新書二卷其書類士緯

辨名苑十卷范謐撰

兼名苑二十卷僧遠年撰

天保正名論八卷龍昌期撰

凡名家一種十六部八十四卷

墨家

墨子十五卷宋大夫墨翟撰墨翟與孔子同時漢志注在孔子後

又三卷樂臺注唐志不載當考

隨巢子一卷墨翟弟子

胡非子一卷墨翟弟子

董子一卷戰國時董無心撰其說本墨氏

凡墨家一種五部二十一卷

縱橫家

鬼谷子三卷皇甫謐注鬼谷先生楚人也生於周世隱居鬼谷

又三卷樂臺注　又三卷唐尹知章注

又三卷梁陶弘景注　補闕子十卷梁元帝撰

縱橫集二十卷李緯撰採六國至東漢辨說之詞

凡縱橫一種六部四十二卷

雜家

尸子二十卷秦相衛鞅上客尸佼撰　呂氏春秋二十六卷秦相呂不韋撰高誘注

淮南子二十一卷漢淮南王劉安撰許慎注　又二十一卷高誘注

淮南鴻烈音二卷　風俗通義三十卷應劭撰

嘿記三卷吳大鴻臚張儼撰　抱朴子外篇三十卷葛洪撰

金樓子十卷梁元帝撰　博物志十卷張華撰

又十卷　張公雜記一卷張華撰梁有五卷大概似博物志
雜記十一卷張華撰　廣志二卷郭義恭撰
又十卷　部略十五卷
博覽十三卷　崔豹古今注五卷
伏候古今注三卷　續古今注三卷唐周蒙撰
中華古今注三卷馬縞撰　古今善言二十卷宋車騎將軍范泰撰
闕文十三卷陸澄撰　記聞二卷宋後軍參軍徐益壽撰
備遺記三卷　方類六卷
袖中記二卷沈約撰　袖中略集一卷沈約撰
珠叢一卷沈約撰　採璧三卷梁中書舍人庾肩吾撰
物始十卷謝昊撰隋志昊作吳
事始三卷唐劉孝孫房德懋撰皆爲王府官以教諸王始學
續事始三卷唐劉睿撰　續事始五卷僞蜀馮鑑撰

鴻寶十卷 雜略十三卷

清神三卷 前言八卷

會林五卷 對林十卷

道言六卷北曜羨撰 文府五卷

語對十卷朱澹遠撰 語麗十卷梁朱澹遠撰

對要十卷 雜語三卷

衆書事對三卷 廊廟五格二卷王彬撰

名數十卷徐陵撰 物重名五卷

真注要錄一卷 天地體二卷

諸書要略一卷魏彥深撰 雜事鈔二十四卷

雜書鈔四十四卷 子鈔三十卷梁黟令庾仲容撰

子鈔三十卷沈約撰 子林二十卷薛克構撰

子書要略一卷盧藏用撰 子談論三卷

文章始一卷任昉撰　續文章始一卷姚察撰

翰墨林十卷　新舊傳四卷

文鑑五卷　典要三卷宋朝王曉撰

古今辨作錄三卷　博覽十五卷

統載三十卷韓潭撰　博雅志十三卷李文成撰

麟閣詞英六十卷唐高宗時勅撰　屬文要義十卷元懷景撰

意林三卷馬總撰　魏氏手略二十卷魏謩撰

博聞奇要二十卷　古今精義十五卷薛洪撰

諭善錄七卷庾敬休撰　諭蒙一卷馮伉撰

蒙求三卷唐李澣撰　又二十卷同

續蒙求三卷唐王範撰　唐蒙求三卷唐白廷翰撰

系蒙二卷李伉撰　羣書系蒙三卷劉潛撰

三足記二卷盧景亮撰　古今語要十二卷僞唐喬舜封撰

歷代創制儀五卷　五書一卷李愚撰
物類相感志十卷釋贊寧撰　近事會元五卷
格言六卷僞唐韓熙載撰　長短要術十卷唐趙䵄撰
凡雜家一種九十二部九百卅六卷

農家

范子計然十五卷問答　尹都尉書三卷
氾勝之書二卷漢議郎氾勝之撰　齊民要術十卷後漢賈思勰撰
春秋濟世六常擬議五卷隋楊瑾撰　武后兆民本業三卷
演齊民要術李淳風撰　大農孝經一卷宋朝賈元道撰
農家切要一卷　農子一卷
山居要術三卷王旻撰　本書三卷何亮撰
凡農家一種十二部四十七卷

小說

燕丹子一卷丹燕王喜太子　青史子一卷
宋玉子一卷楚大夫宋玉撰　語林十卷東晉處裴啓撰
瑣語一卷梁金紫光祿大夫顧協撰　郭子三卷東晉中郎郭澄之撰賈泉注
笑林三卷後漢給事中邯鄲淳撰　又三卷路氏撰
笑苑四卷　解頤二卷楊松玢撰
世說八卷宋臨川王劉義慶撰　世說抄一卷
續世說十卷劉孝標撰　俗說一卷
小說十卷梁武帝勅安右長史殷芸撰　又十卷劉義慶撰
邇說一卷梁南臺治書伏挺撰　辯林二十卷蕭賁撰
辯林二卷席希秀撰　瓊林七卷周虎門學士陰顥撰
座右方八卷庾元威撰　座右法一卷
類林三卷裴子野撰　啓顏錄十卷侯白撰
說林五卷孔衍撰　說林二十卷張太素撰

中樞龜鑑一卷唐蘇瓌撰

劇談錄三卷康軿撰

嵐齋集二十五卷唐李躍撰

幽閑鼓吹一卷唐張固撰

桂苑叢譚一卷

松窗錄一卷

醉鄉日月三卷唐皇甫松撰

牛羊日曆一卷唐劉軻撰

刊誤一卷唐李涪撰

炙轂子雜錄注解五卷唐王叡撰

家學要錄二卷唐柳珵撰

說纂四卷李繁撰

戎幕閑談一卷韋絢紀李德裕鎮蜀時話

廬陵官下記二卷唐段成式撰

雲溪友議三卷唐范攄撰

常侍言旨一卷

盧氏雜說一卷唐盧言撰

會昌解頤一卷

瀟湘錄十卷唐柳祥撰

笑林三卷唐何自然撰

猗犴子一卷元結撰

資暇三卷李匡文撰

杜陽雜編三卷蘇鶚撰

俳諧集十五卷劉訥言撰

劉公嘉話錄一卷韋絢撰

通微子十物志一卷

因話錄六卷唐趙璘撰
乾𦠆子一卷溫庭筠撰
酉陽雜俎三十卷段成式撰
演義十卷唐蘇鶚撰
雜說六卷李後主撰
談藪八卷隋楊松玠撰
摭言十五卷王定保撰
玉溪編事三卷僞蜀金利用撰
鄭氏談綺一卷
野人閑話五卷宋朝景煥撰
開顏集三卷周文玘撰
釋常談一卷
原化紀一卷皇甫氏撰
小說二卷劉孝孫撰
世說簡要十卷
賓朋宴語三卷丘時撰
山東野錄一卷賈同撰
續玉堂閑話一卷王仁裕撰
祕閣閑談四卷吳淑撰
友會談叢三卷上官融撰
丁晉公談諧一卷
宋景文公筆錄一卷
取笑筌蹄三卷
善謔集一卷寶莘撰
林下笑談二十卷
燈下閑談二卷

清夜錄一卷

三餘錄三卷涉禍撰

同歸小說三卷張齊賢撰

雜纂一卷李商隱撰

沈存中筆談二十卷

歐陽文忠公歸田錄五卷

東軒筆錄十卷魏泰撰

青瑣高議十八卷劉斧撰

炎州拾翠十卷蘇軾撰

塵史三卷王得臣撰

笑談可用集三卷郭思撰

事物紀源類集十卷高承撰

筆奩錄七卷

昭義記室別錄一卷

續同歸小說三卷安儀鳳撰

脞說前後集二十卷張君房撰

唐語林八卷

摭遺集二十卷

文房監古三卷李孝美撰

翰府名談二十五卷劉斧撰

冷齋夜話十卷僧惠洪撰

羣玉雜俎一卷

緗素雜記十卷黃朝英撰

凡小說一種一百一部五百七十七卷

兵家　兵書　軍律　營陣　兵陰陽　邊策

司馬兵法三卷 齊將司馬穰苴撰

孫子兵法三卷 吳將孫武撰魏武帝注

孫子兵法一卷 魏武王凌集解

又一卷 蕭吉注

又二卷 孟氏解詁

又二卷 吳沈友撰

又一卷 唐李筌撰

又一卷 杜牧撰

又一卷 唐陳皞注

又一卷 唐賈林注

又一卷 何延錫注

又一卷 張預注

又三卷 王晳注

又一卷 宋朝梅堯臣撰

孫武兵經三卷 張子尚注

鈔孫子兵法一卷 魏太尉賈詡鈔

續孫子兵法二卷 魏武帝撰

孫子遺說一卷 鄭友賢撰

吳起兵法一卷 魏將吳起撰賈詡注

又一卷 孫鎬注

尉繚子五卷 梁惠王時人隋志一卷

太公六韜五卷 世言太公撰蓋後人作

伍子胥兵法一卷

黃石公三略三卷 下邳神人撰成氏注

三略三卷（呂惠卿注）　黃帝兵法一卷（宋武帝所傳神人書）
太公陰謀一卷　又三卷（魏武帝注）
太公陰謀三十六用一卷　太公兵法二卷
又六卷　太公金匱二卷
太公枕中記一卷　周書陰符九卷
大將軍兵法一卷　兵書接要十卷（魏武帝撰）
兵法接要三卷　兵書略要九卷（魏武帝撰）
魏武帝兵法一卷　黃石公素書一卷（呂惠卿注）
素書二卷（呂惠卿注）　黃石公兵書三卷
黃石公祕經二卷　黃石公內記敵法一卷
黃石公記三卷　黃石公略注三卷
黃帝用兵法訣一卷　梁武帝兵法一卷
梁武帝兵書鈔一卷　梁武帝兵書要鈔一卷

玉韜十卷梁元帝撰
金韜十卷劉祐撰
金策十九卷
兵書要略五卷後周宇文憲撰
兵書要術四卷任景志撰
兵記八卷司馬彪撰
兵書要序十卷趙氏撰
軍勝見十卷許昉撰
戎決十三卷許昉撰
陰策二十二卷劉祐撰
陰策林一卷
戰略二十六卷金城公趙煚撰
金海三十卷蕭吉撰
成氏三略訓三卷
張良經一卷
張氏七篇七卷
孔衍兵林六卷
王略武林一卷
王佐祕書五卷樂產撰
隋高祖兵書二十卷
唐李衛公問對三卷
兵春秋一卷
武孝經一卷唐郭良輔撰
臨戎孝經一卷員半千撰
兵書論語三卷
承神兵書八卷

秦戰鬭一卷
戰鬭亭亭一卷
玉帳經一卷
玉帳新書十卷
軍謀前鑒十卷李嶠撰
兵家正史九卷吳兢撰
止戈記七卷劉秩撰
至德新義十二卷
統軍靈轄祕策一卷亦曰武記李光弼撰
王公亮兵書十八卷
新集兵書要訣三卷杜希全撰
張道古兵論一卷
韜珠祕訣十卷盧元撰
諸葛武侯十六策一卷
契神經一卷周顯德中劉可久撰
神武要略十卷
李靖兵家心術一卷
諸葛亮將苑一卷
元戎機二卷嚴洞撰
平朝陰府二十四機一卷諸葛武侯撰
六軍鏡心訣一卷諸葛武侯撰
明將祕要三卷李靖撰
韜鈐要訣一卷
三朝經武聖略十五卷
神武祕略二十卷
軍志總要十卷

百將傳十卷張預編　　譙子五卷

韋子二卷　　正元新書一卷

備急玉櫃訣一卷楊渭撰　　黎教授兵說二卷

閫外春秋十卷唐李筌撰起周至唐八代將帥　　改正六韜四卷

裴子兵馬六卷　　軍額目一卷

右兵書一百十二部五百五十卷

軍誡三卷裴守一撰　　裴子新令二卷裴緒撰

長慶人事軍律三卷燕僧利正撰　　人事軍律三卷符彥卿撰

行師類要七卷唐王公亮撰　　行軍賞罰符契勅一卷

刑兵律一卷

右軍律七部二十卷

孫子八陣圖一卷　　吳孫子牝八變陣圖二卷

黃石公五壘圖一卷　　隋朝雜兵圖一卷

吳孫子三十三壘經一卷　龍武玄兵圖二一卷解忠鯁撰

武德圖五兵八陣法要一卷　武侯八陣圖一卷

裴行儉安置軍營行陣等四十六訣一卷

五行陣圖一卷　八陣四象陣法一卷

神變隊陣圖一卷　風后握機圖經一卷

風后握奇八陣圖一卷　神機靈祕圖一卷

新法武備圖一卷　營陣圖經一卷

防城器具一卷　邊城器用圖一卷

行營要訣三卷李惟則撰

右營陣二十部二十四卷

孫子兵法雜占四卷　太公陰符鈐錄一卷

太公伏符陰陽謀一卷　黃帝兵法孤虛雜記一卷

太公三宮兵法一卷　太一兵法一卷

太一三宮兵法立成圖一卷
太公書禁忌立成集二卷
黃石公三奇法一卷
黃石公陰謀行軍祕法一卷
三宮用兵法一卷
玄女戰經一卷
黃帝問玄女兵法四卷
陰陽兵書五卷莫珍玄撰
黃帝軍出大師年命立成一卷
黃帝複姓符一卷許昉撰
辟兵法一卷
黃帝太一兵歷一卷
黃帝蚩尤風后行軍祕術二卷
黃帝蚩尤兵法一卷
老子兵書一卷
吳有道占出軍決勝負事一卷
風氣占軍決勝戰二卷太史令全範撰
對敵權變一卷吳氏撰
對敵占風一卷
黃帝夏后氏占氣六卷
兵法風氣等占三卷
對敵權變逆順一卷
兵法權儀一卷
六甲孤虛雜決一卷
六甲孤虛兵法一卷
孤虛法十卷

兵法遁甲孤虛斗中域法九卷　決勝孤虛集一卷
兵法日月風雲背向雜占十二卷
虛占三卷　兵書雜歷八卷
太一兵書十一卷　用兵祕法雲氣占一卷
兵法三家軍占祕要一卷李行撰　氣經上部占一卷
天大芒霧氣占一卷　鬼谷先生占氣一卷
五行候氣占災一卷　乾坤氣法一卷
雜匈奴占一卷漢王朔撰　對敵占一卷
黃石公陰陽乘斗魁罡行軍祕法一卷
葛洪兵法孤虛月時祕要法一卷
真人水鑑十卷陶弘景撰　握鏡方三卷
握鏡圖一卷　李靖六軍鏡三卷
李淳風懸鏡十卷　太白陰經十卷李筌撰

青囊括一卷李筌撰　兵殺歷一卷
神機武略兵要望江南詞一卷易靜撰
天事序議一卷韓滉撰　韜鈐祕錄五卷莊廷範撰
衞公手記一卷　鑒川漁子吟風詩一卷
周易占兵一卷　戰勝歌百首一卷
行軍月令一卷　諸葛亮兵機法一卷
軍軌兵鈐祕訣三卷　神兵苑三卷
六十甲子軍法一卷　兵機將略論一卷
彭門玉帳一卷　出軍祕訣一卷
會稽兵家術日月占一卷　兵書萬勝決二卷
至德元寶玉函經十卷唐董承祖撰　統戎式鑒一卷
白起神妙行軍法三卷李靖序　六甲五神用兵法一卷
要訣兵法立成歌一卷　六甲攻城破敵法一卷

馬前祕訣兵書一卷　靈關訣二卷
預知歌一卷　太一厭禳法一卷
太一行軍六甲禳厭詩一卷　通玄玉鑑占一卷
陰符握機運要五卷　出軍祕占五卷張良撰
大壬用兵太一心機要訣一卷李靖撰
三式風角用法立成十二卷王款撰
靈關集益智三卷李淳撰　氣神定行兵勝負立成一卷
小遊太一立成七十二局一卷　太一遊星圖一卷
玄女孤虛法一卷　遁甲出軍歷一卷
唐賢祕密書一卷　天老神老經一卷
備急玉櫃訣一卷
右兵陰陽九十九部二百四十卷
定邊安遠策三卷郭元振撰　開復西南夷事狀十七卷唐韋皐撰

西陲要略二卷 范傳正撰　禦戎新錄二十卷 李渤撰

西南備邊錄十三卷 李德裕撰　徐德占策三卷

清邊備要五十二卷 宋朝曾致光撰

右邊策七部一百一十一卷

凡兵家五種二百四十五部 九百四十五卷

天文類第七 天文 算術 歷數

天文 天象 雜星占　天文總占 日月占　竺國天文 風雲氣候占　五星占 寶氣

周髀一卷 趙嬰注　又一卷 甄鸞重述

又二卷 李淳風注　周髀圖一卷

靈憲圖一卷 張衡撰　渾天儀一卷 張衡撰

渾天象注一卷 吳散騎常侍王蕃注　石氏渾天圖一卷

渾天圖記一卷　昕天論一卷 梁姚信撰

安天論一卷 虞喜撰　定天論三卷

天儀說要一卷陶弘景撰　玄圖一卷
石氏星簿經贊一卷　星經五卷陶弘景撰
甘氏四七法一卷　錄軌象以頌其章一卷內有圖
天文要集四卷　天文集要鈔二卷
天文書二卷　天文横圖一卷高文洪撰
天文志十二卷吳雲撰　天文十二卷史崇注
天文十二次圖一卷　天官宿野圖一卷
石氏星經七卷陳卓記　星經七卷郭歷撰
中星經簿十五卷　星官簿贊十三卷
摩登伽經說星圖一卷　星圖一卷
二十八宿二百八十三宮圖一卷
二十八宿十二次一卷　二十八宿分野圖一卷
論二十八宿度數一卷　孝經內記星圖一卷

周易分野星圖一卷
太象玄文一卷（李淳風撰）
法象志七卷
天文大象賦一卷（唐黄冠子李播撰）
丹元子步天歌一卷（唐右拾遺內供奉王希明撰）
太象玄機歌三卷（試太子校書閭丘崇撰）
靈憲圖三卷（仲林子撰爲日紀太陰紀五星紀三篇）
天文錄經要訣三卷
隔子圖一卷
大象歷一卷
星經手集二卷
括星詩一卷
入象度一卷
通占大象曆星經三卷
宿曜度分域名錄一卷
大象垂萬列星圖三卷
甘氏星經三卷
小象賦一卷
陳卓星述一卷
天心紫微圖歌一卷（李淳風撰）
小象千字詩一卷（張華撰）
星經一卷（郭璞注）
大象列星圖一卷
正色列象注解圖一卷
史氏天官照一卷

玄象歷一卷　玄黃十二次分野圖一卷
司天監須知一卷　渾儀法要十卷祥符中作
渾儀略列一卷祥符中作
右天象六十七部一百六十八卷
天文集占十卷晉太史令陳卓定　天文要集四十卷晉太史令韓楊撰
石氏天文占八卷　甘氏天文占八卷
天文占六卷李暹撰　雜天文横占六卷
天文集占圖十一卷　天文五行圖十二卷
天文錄三十卷梁奉朝請祖暅之撰　天文志雜占一卷吳雲撰
陳卓四方宿占一卷　星占二十八卷孫僧化等撰
天官星占十卷陳卓撰　著明集十卷
天文外官占八卷　荊州占二十卷宋通直郎劉嚴撰
十二次二十八宿星占十二卷史崇撰

垂象志一百四十八卷　太史注記六卷

靈臺祕苑百二十卷（隋太史令庾季才撰）　玄機內事七卷（逢行珪撰）

乙巳占十二卷（祕閣郎李淳風撰）　乾坤祕奧七卷（李淳風撰）

古今通占鏡三十卷（唐武密撰）　大唐開元占經一百一十卷（今存三卷）

通乾論十五卷（董和撰）

荊州劉石甘巫占一卷（漢荊州牧劉表命武陵太守劉意集甘石巫咸等書之占今存一卷）

天文占一卷（李淳風撰）　長短經天文篇一卷（唐趙蕤撰）

天文總論十二卷（右上武衛兵曹康氏撰）　通玄玉鑑頌一卷（仲林子撰）

證應集三卷（徐彥卿撰）　星書要略六卷（徐承嗣撰）

天象應驗集二十卷　二十八宿分野五星巡應占一卷

太霄論璧一卷

景祐乾象新書三十卷（宋朝太子洗馬司天春官正楊惟德撰）

天元玉冊元誥十卷（扁鵲撰）　天元玉冊截法六卷

天元祕演十卷陳蓬撰
靈臺經三卷
星土占一卷
黃黑道內外坐休咎賦一卷
右天文總占四十三部七百八十四卷
婆羅門天文經二十一卷婆羅門捨仙人說
婆羅門天文一卷
婆羅門竭伽仙人天文說三十卷
西門俱摩羅祕術占一卷
僧不空譯宿曜二卷
一行大定露膽訣一卷
右天竺國天文六部五十六卷
巫咸五星占一卷
黃帝五星占一卷
五星占一卷丁巡撰
又一卷陳卓撰
長慶算五星所在宿度圖一卷徐昇撰
五星集占六卷
日月五星集占十卷
五星犯列宿占六卷
五緯合雜一卷

五星合雜說一卷　五星兵法一卷
京氏釋五星災異傳一卷　任常五星賦一卷
太白占一卷
太白會運逆兆通代記圖一卷李淳風袁天綱集
右五星占十五部三十四卷
雜星占七卷　又十卷
海中星占一卷　星圖海中占一卷
彗星占一卷　流星占一卷
妖星流星形名占一卷　彗孛占一卷
妖瑞星圖一卷宋均撰　妖瑞星雜氣象圖一卷
右雜星占十部二十五卷
京氏日占圖一卷　夏氏日旁氣一卷
日食暈候占一卷　魏氏日旁氣圖一卷

日旁雲氣圖五卷　日食占一卷
日變異食占一卷　天文洪範日月變一卷
洪範占一卷　日月暈三卷
日月暈圖二卷　黃道晷景占一卷
日行黃道圖一卷　日月交會圖一卷
月暈占一卷　日月蝕暈占四卷
日月薄蝕圖一卷　日月暈珥雲氣圖占一卷
右日月占十八部二十八卷
翼氏占風一卷　天文占雲氣圖一卷
雜望氣經八卷　候氣占一卷
章賢十二時雲氣圖二卷　天機立馬占一卷鐘湛然撰
推占龍母探珠詩一卷以望氣占說爲詩六十首
推占青霄玉鏡經一卷　占風九天玄女經一卷

定風占詩一卷（忠武軍節度巡官劉啓明撰）　雲氣圖一卷
象氣圖一卷　天涯地角經一卷
占風雲氣候日月星辰上下圖一卷
乾象占一卷　雲氣測候賦一卷（劉啓明撰）
占候風雨賦一卷（劉啓明撰）　至氣書七卷（見隋志）
雲氣占一卷（見隋志）
右風雲氣候占十九部三十三卷
望氣相山川寶藏祕記三卷（見隋志）
地鏡三卷　金婁地鏡一卷
孝子地鏡祕術三卷
右寶氣四部十卷
凡天文八種一百八十二部一千一百三十八卷
歷數　正歷　歷術　七曜歷　雜星歷　刻漏

四分歷三卷
又三卷漢修歷人李梵撰
又一卷趙隱居撰
劉歆三統歷一卷
魏甲子元三統歷三卷
姜氏三紀歷一卷姜岌撰
姜氏歷序一卷
乾象歷五卷漢會稽都尉劉洪撰
又三卷吳太子太傅闞澤撰
魏景初歷三卷晉楊偉撰
景初壬辰元歷一卷楊沖撰
正歷四卷晉太常劉智撰
河西甲寅元歷一卷涼太史趙毆撰
河西壬辰元歷一卷趙毆撰
甲寅元歷序一卷趙毆撰
宋元嘉歷二卷何承天撰
神龜壬子元歷一卷後魏將軍祖瑩撰
後魏甲子歷一卷李業興撰
壬子元歷一卷後魏校書郎李業興撰
魏武定歷一卷
齊甲子元歷一卷宋氏撰
周天和年歷一卷甄鸞撰
周大象年歷一卷王琛撰
壬辰元歷一卷
周甲寅元歷一卷馬顯撰
周甲子元歷一卷

梁大同歷一卷虞劇撰
後魏永安歷一卷孫僧化撰
北齊天保歷一卷散騎常侍宋景業撰
北齊甲子元歷一卷李業興撰
隋開皇甲子元歷一卷劉孝孫撰
隋開皇歷一卷李德林撰
隋大業歷十卷張冑玄撰
皇極歷一卷隋劉焯撰
又一卷
傅仁均唐戊寅歷一卷
唐麟德歷一卷
唐甲子元辰歷一卷瞿曇謙撰
合乾歷三卷曹士蔿撰
合乾新歷一卷楊緯撰
王勃千歲歷亡卷帙
僧一行開元大衍歷五十二卷
寶應五紀歷四十卷
建中貞元歷二十八卷
長慶宣明歷三十四卷
長慶宣明歷要略一卷
景福崇元歷四十卷邊岡撰
大衍通元鑑新歷三卷自唐貞元至大中
大唐長歷一卷起武德止天祐
天福調元歷二十卷晉司天監馬重績撰
廣順明元歷一卷周王處訥撰
顯德欽天歷十五卷周端明殿學士王朴撰

同光乙酉長歷一卷　武成永昌歷二卷 偽蜀司天監胡秀林撰

保大齊政歷十九卷 偽唐歷　萬分歷一卷 廣順中作

拔長元歷一卷 自唐乾符甲午至祥符丙辰　建隆應天歷六卷 宋朝司天少監王處訥撰

開寶歷一卷　太平乾元歷八卷 冬官正吳昭素等撰

咸平儀天歷十六卷 太子洗馬兼春官正史序等撰

熙寧奉元歷七卷　太宗長歷一卷

右正歷六十三部三百六十七卷

歷法三卷 劉歆撰　又一卷

歷術一卷 吳太史令吳範撰　景初歷術二卷

景初歷法三卷　歷術一卷 何承天撰

又一卷 崔浩撰　又一卷 王琛撰

又一卷 華州刺史張賓撰　姜氏歷術三卷

乾象歷術三卷 漢劉洪撰　玄歷術一卷 張胄玄撰

天圖歷術一卷　歷日義說一卷
律歷注解一卷　龍歷草一卷
光宅歷草十卷南宮說撰　歷草二十四卷
推漢書律歷志術一卷　歷疑質讞序二卷
興和歷疏二卷　算元嘉歷術一卷
陰陽歷術一卷趙畋撰　雜歷術一卷
太史記注六卷　又六卷
八家歷一卷　歷日義統一卷
歷日吉凶注一卷　麟德歷出生記十卷
歷議十卷　歷立成十二卷
宣明歷超捷例要略一卷　景福歷術一卷
真象論一卷　靈臺編一卷
大衍心照一卷　正象歷經一卷僞蜀胡秀林撰

雜注一卷　新修歷經一卷太平興國中作

歷注一卷　驗日食法三卷何承天撰

日食論一卷　頻月合朔法五卷

歷記一卷　元嘉二十六年度日景數一卷

朔氣長歷二卷皇甫謐撰　歷章句二卷

月令七十二候一卷　玉鈐步氣術一卷

三五歷說圖一卷　春秋去交分歷一卷

推二十四氣歷一卷

右歷術五十三部一百四十三卷

七曜本起三卷後漢甄叔遵撰　七曜小甲子元歷一卷

七曜歷術一卷　七曜歷法一卷

七曜歷算二卷　七曜要術一卷

陳天嘉七曜歷七卷　陳永定七曜歷四卷

推七曜歷一卷

陳天康二年七曜歷一卷

陳光大元年七曜歷二卷

陳太建年七曜歷十三卷

陳至德年七曜歷二卷

陳禎明年七曜歷二卷

開皇七曜年歷一卷

仁壽二年七曜歷一卷

七曜歷經四卷 張賓撰

七曜歷數算經一卷 趙敺撰

七曜歷疏一卷 李業興撰

七曜義疏一卷 李業興撰

七曜術算一卷 甄鸞撰

七曜雜術二卷 劉孝孫撰

七曜歷疏五卷 太史令張冑玄撰

七曜符天歷一卷 唐曹士蔿撰

七曜符天人元歷一卷 曹士蔿撰

人天定分經一卷

地輪七曜一卷 呂佐周撰

七曜氣神歌訣一卷 莊守德撰

七曜氣神歌訣一卷

七政長歷三卷

右七曜歷三十部六十七卷

都利聿斯經二卷 本梵書五卷唐貞元初有都利術士李彌乾將至京師推十一星行歷知人命貴賤

新修聿斯四門經一卷唐待詔陳輔重修

徐氏續聿斯歌一卷　都利聿斯歌訣一卷安修睦撰闞子明注

聿斯鈔略旨一卷　聿斯隱經一卷

羅濱都利聿斯大衍書一卷

文殊菩薩所說宿曜經一卷唐廣智三藏不空譯

應輪心照三卷蔣權卿撰　曹公小歷一卷唐曹蔿撰李思議重注本天竺歷

青蘿歷一卷青蘿山人王公佐撰

清霄玉鑑三卷終南山鮑該撰以十一星十二宮推知人命

秤星經一卷唐昧撰　符天行宮一卷

難逃論一卷　氣神經三卷

氣神鈐歷一卷　氣神隨日用局圖一卷

占課禽宿情性訣一卷　星宮運氣歌一卷

星禽進退歌一卷　紫堂經五卷李沂撰

紫堂元草歷二卷黃𩲡撰
紫堂指迷訣二卷黃𩲡撰
紫堂經三卷
紫堂局經一卷
紫堂隱微歌二卷
紫堂明暗曜局一卷
紫堂要錄三卷
太衍五行數一卷
九星行度歌一卷
九星長定歷一卷
大衍天心照歌一卷
細歷一卷
大歷一卷
草範治歷一卷
密藏金鎖歷一卷李瓊撰
九曜星羅立成歷一卷婆毗大衍撰
六甲周天歷一卷孫僧化撰
五星正要歷五卷
新集五曹時要術三卷魯靖撰

右雜星歷四十一部六十五卷

漏刻經一卷後漢待詔太史霍融撰
又一卷梁朱史撰
又一卷陳太史令宋景撰
又一卷祖暅之撰

又一卷梁代撰　天監五年修漏刻事一卷
雜漏刻法十一卷皇甫洪澤撰　晷漏經一卷
唐刻漏經一卷　東川蓮花漏圖一卷燕肅撰
蓮花漏法一卷　更漏圖一卷
造漏法一卷
晝夜刻漏日出長短圖經一卷趙業撰
刻漏記一卷

右刻漏一十五部二十五卷

凡歷數五種二百二部六百六十七卷

算術

竺國算法
九章算術十卷劉徽撰　九章算術二卷徐岳甄鸞重述
又一卷李遵義注　又九卷李淳風撰
九九算術二卷楊淑撰　九章別術二卷

九章算經二十九卷徐岳甄鸞等撰　又二卷徐岳注
九章六曹算術經一卷　九章重差一卷劉向撰
九章重差圖一卷劉徽撰　九章推圖經法一卷張峻撰
算經要用百法一卷徐岳撰　綴術六卷祖沖之撰
孫子算經二卷　趙敺算經一卷
謝察算經三卷　夏侯陽算經一卷
張丘建算經二卷　又三卷李淳風撰
數術記遺一卷徐岳撰　五經算術錄遺一卷
五經算術一卷甄鸞撰　又二卷李淳風撰
算經易義一卷張續撰　張去斤算疏一卷
黃鍾算法三十八卷　算律呂法一卷
衆家算陰陽法一卷　董泉三等數一卷
五曹算經五卷甄鸞撰　又五卷韓延夏侯陽等撰

韓延夏侯陽算經一卷　九經術疏九卷宋泉之撰
海島算經一卷劉徽撰　又一卷李淳風撰
九章雜算文二卷劉祐撰　七經算術通義七卷陰景愉撰
周髀算經二卷李淳風撰　九章算經要訣一卷李淳風撰
五曹孫子等算經二十卷李淳風注　甄鸞孫子算經三卷李淳風注
緝古算術四卷王孝通撰　算經表序一卷
一位算法二卷江本撰　得一算經七卷陳從運撰
心機算術括一卷　龍受益算法二卷
周易軌限算一卷
新易一法算軌九例要訣一卷龍受益撰
乘除算例一卷　法算細歷一卷
量田要例算法一卷　潁陽書三卷邢和璞撰
求一指蒙算術玄要一卷李紹穀撰　周髀算經音義一卷李籍撰

求一算法九例一卷　謝經算術三卷

九章算經音義一卷李籍撰　九章細草九卷賈憲撰

法算數古集二卷賈憲撰　算學通玄九章一卷青陽中山子撰

右算術六十二部二百二十九卷

婆羅門算法三卷　婆羅門陰陽算歷一卷

婆羅門算經三卷

右竺國算法三部七卷

凡算術二種六十五部二百三十六卷

五行類第八

易占　軌革　筮占　龜卜　射覆　占夢　雜占　風角

鳥情　逆刺　遯甲　太一　九宮　六壬　式經　陰陽

元辰　三命　行年　相法　相笏　相印　相字

堪餘　易圖　婚姻　產乳　登壇　宅經　葬書

五行一

周易林十六卷漢焦贛撰　又二卷費直撰

又三卷魯洪度撰　又四卷管輅撰
又五卷郭璞撰　又七卷張滿撰
又一卷陶弘景撰　周易守林三卷京房撰
周易集林十二卷京房撰　又十二卷伏曼容撰
又一卷伏氏撰　易林變占十六卷焦贛撰
易新林一卷後漢方士許峻撰　又四卷郭璞撰
又九卷　周易洞林三卷郭璞撰
又三卷梁元帝　周易集林律歷一卷虞翻撰
易贊林二卷　易立成林二卷郭氏撰
易立成四卷　易立成占三卷顏氏撰
易林體三卷陶弘景撰　周易經林雜纂一卷
周易紇骨林一卷　易法一卷
易林要訣一卷　易要訣一卷

周易卦林一卷　周易占十二卷
又一卷張皓撰　周易妖占十三卷京房撰
周易逆刺占災異十二卷京房撰一云費氏
周易雜占七卷許峻撰　又八卷尚廣撰
又八卷武靖撰　周易飛候九卷京房撰
又六卷京房撰　周易飛伏例一卷
周易四時候四卷京房撰　周易飛候六日七分八卷
周易渾沌四卷京房撰　周易委化四卷京房撰
易災條二卷許峻撰　易決一卷許峻撰
周易通靈決二卷魏少府丞管輅撰　周易通靈要訣一卷管輅撰
周易錯卦八卷隋志七卷　郭氏易腦一卷
易髓三卷陶隱居撰　周易卜法易髓三卷
周易髓腦二卷　周易玄品二卷

周易通真釋例一卷
神農重卦經二卷
文王幡音一卷
周易火竅一卷
周易三備三卷 上備言天文下備地理中備卜筮
又一卷
周易中備雜機要一卷
老子神符易一卷
連山三十卷 梁元帝撰
周易服藥法一卷
周易問卜十卷
周易骨髓決一卷 嚴遵撰
蔀首經一卷
周易八仙詩一卷
周易鬼谷林一卷
周易六神頌一卷
周易六十四卦歌一卷
周易十門要訣一卷
爻象雜占一卷
周易玄鑑林三卷
周易玄悟三卷 李淳風撰
周易薪冥軌一卷 李淳風撰
易鏡玄要一卷 袁天綱撰
周易律歷一卷 京房撰
文王版詞一卷

周易經類一卷　易鏡三卷中條山道士無惑子撰

周易卜經一卷　周易論一卷

周易天門子卜法一卷　周易太清易經訣一卷玉笥山人王曉撰

周易繚繞詞一卷仙人張晉祕訣　周易河圖術一卷靈隱子撰

周易通神歌一卷無惑先生撰　周易探玄九卷王守一撰

管公明隔山照一卷　君平占卦法一卷

周易靈真述一卷　周易靈真訣一卷

周易鬼靈經一卷　周易象罔玄珠五卷

周易備要一卷　周易斷卦夢江南一卷

杜陵賁周易歌一卷　八卦雜決一卷

周易竹木經一卷　周易卦纂神妙決一卷

周易八仙經疏一卷邢朝宗撰　周易卦頌一卷黃景元撰

周易玉鑑頌一卷阮兆撰　周易子夏十八章三卷

周易三十八章一卷　周易斷卦例頭一卷
周易飛燕繞梁歌一卷　周易飛燕轉關林竅一卷
周易玄悟髓決一卷鬼谷先生撰　周易轆轤關雜占一卷
周易夾神壽命歷一卷　易軌一卷
周易要訣占法一卷
右易占一百一十三部三百六十八卷
軌革入式例一卷　軌革歌象一卷
周易軌革指迷照膽訣一卷蒲乾貫撰
軌革六候詩一卷　軌革源命歌一卷
軌革易贊一卷　周易軌限算一卷
軌革心鑑內觀六卷　軌革時影一卷
軌限立成歷一卷　軌革金庭玉鑑經一卷
歷數緯文軌算三卷

右易軌革一十二部二十九卷

周易內卦神筮法二卷費直撰　周易筮占林五卷費直撰

周易筮占二十四卷晉處士徐苗撰　周易雜筮占四卷

周易初學筮要法一卷　揲蓍圖一卷

周易竅書三卷郭璞撰

右筮占七部四十卷

沈思經一卷晉掌卜大夫史蘇撰　龜經三卷史蘇撰曰十卷

又三卷柳彥詢撰　又三卷柳世隆撰

又一卷劉寶真撰　又一卷王宏禮撰

又一卷孫思邈撰　又一卷莊道名撰

又十卷齊廣撰　龜卜要訣四卷

龜經髓訣二卷　龜親經三十卷周子曜撰

龜經要略一卷　龜卜五兆動搖決一卷

五兆算經一卷　　鑽龜造卜經一卷黃法真撰

十二靈棊卜經一卷　　黃石公備氣三卷

神龜經一卷　　五兆連珠一卷

白龜經一卷毛賓撰　　巢父打瓦經一卷

春秋龜策經一卷　　齊人行兵天文龜眼王鈐經二卷

右龜卜二十四部七十五卷

易射覆二卷見隋志　　孔子通覆決三卷顏氏撰

十二將射覆法一卷　　鬼谷先生射覆歌一卷

閭丘淳射覆決一卷　　東方朔射覆經一卷

神應射覆決一卷

右覆射七部一十卷

占夢書三卷京房撰　　又一卷崔元撰

又三卷隋志一卷周宣等撰　　又一卷竭伽仙人撰

又四卷盧重元撰　　夢雋一卷唐柳璨撰
解夢錄一卷僧紹端撰
右占夢七部一十四卷
古今雜占三十卷
海中仙人占體瞤及雜吉凶書三卷
耳鳴書一卷　　目瞤書一卷
嚏書一卷　　和菟鳥鳴書一卷
王喬解鳥語經一卷　　郯子占鳥經一卷
太上占鳥法一卷　　百怪書一卷
白澤圖一卷　　武王須臾一卷
占燈經一卷李淳風撰　　淮南王萬畢術一卷
靈棊經一卷張良撰　　又一卷唐李遐撰
七術一卷　　人倫寶鑑卜法一卷

昭明太子響應經一卷
破躁經一卷管輅撰
七十二候法一卷

右雜占二十一部五十二卷

風角集要占十二卷
風角要占三卷京氏撰
風角占三卷
又七卷章仇太子翼撰
風角總占要決十一卷
風角雜占四卷
風角要集十卷
又一卷
風角要候十一卷翼奉撰
又一卷章仇太子翼撰
風角占候四卷
風角錄歷占二卷呂氏撰
兵法風角式一卷
戰鬬風角鳥情二卷
鳥情逆占一卷
逆刺二卷
風角五音六情經十三卷
風角兵候十二卷
陰陽風角相動法一卷
風角迴風卒起占五卷

風角地辰一卷　風角望氣八卷
風雷集占一卷　風角五音圖二卷
風角雜占五音圖五卷翼氏撰　又十三卷京房撰
五音相動法二卷　黃帝飛鳥歷一卷張衡撰
黃石公北斗三奇法一卷　黃帝四神歷一卷吳範撰
黃帝地歷一卷　黃帝斗歷一卷

右風角三十二部一百四十五卷

風角鳥情一卷翼氏撰　又二卷儀同劉孝恭撰
戰鬭風角鳥情三卷　鳥情占一卷王喬撰
鳥情逆占一卷管輅撰　鳥情雜占禽獸語一卷
占鳥情二卷　六情決一卷
六情鳥音內祕一卷焦氏撰　風角六情決一卷王琛撰

右鳥情一十部一十四卷

逆刺三卷京房撰隋志一卷

逆刺占一卷

逆刺總決一卷

王子決一卷

右逆刺四部六卷

黃帝陰陽遯甲六卷

遯甲決一卷吳相伍子胥撰

遯甲文一卷伍子胥撰

遯甲經三十三卷後魏信都芳撰

遯甲經要鈔一卷

遯甲萬一決二卷

遯甲九元九局立成法一卷

遯甲附後立成囊中祕訣一卷葛洪撰

遯甲囊中經一卷

遯甲囊中經疏一卷

遯甲立成六卷

遯甲敘三元玉歷立成一卷郭宏遠撰

遯甲立成法一卷劉孝恭撰

遯甲穴隱祕處經一卷

黃帝九元遯甲一卷王琛撰

黃帝出軍遯甲式一卷

陽遯甲用局法一卷劉孝恭撰

陽遯甲九卷釋智海撰

陰遯甲九卷　陰陽遯甲十四卷
三元遯甲圖三卷葛洪撰　三元遯甲立成圖一卷
遯甲九宮八門圖一卷　遯甲開山圖三卷榮氏撰
遯甲反覆圖一卷葛洪撰　遯甲年錄一卷
遯甲支干決一卷　遯甲行日時一卷
遯甲三卷　遯甲要用四卷葛洪撰
遯甲祕要一卷葛洪撰　三元遯甲六卷許昉撰
又六卷陳員外散騎常侍劉毗撰　又三卷杜仲撰
三元九宮遯甲二卷　三正遯甲一卷杜仲撰
遯甲九星歷一卷　遯甲三奇三卷
遯甲三元九甲立成一卷　遯甲推時要一卷
遯甲萬一決一卷　元中祛惑遯甲經三卷劉烜撰
遯甲十八局一卷唐一行撰　陰陽二遯萬一決四卷

遯甲搜玄經一卷

遯甲符寶萬歲經國歷一卷 唐司馬驤與弟裕撰

遯甲元樞二卷 盧山道士馮繼明撰　天一遯甲鈐歷一卷

天一遯甲圖一卷　天一遯甲陰陽局鈐圖一卷

天一遯甲兵機舉要歌一卷 茅山楊渭撰

遯甲玉女反閉局法一卷　玄女遯甲祕訣一卷

天一遯甲式一卷　遯甲天一指陳三卷

陰陽二遯甲局二卷 李靖撰　遯甲天目圖一卷 樊洞撰

遯甲二局鈐一卷　遯甲歷一卷

遯甲隨局舉要歌一卷 馮思古撰　天一遯甲歌一卷

陽陰二遯入式法一卷　天元陰陽局二卷

天一遯甲賦一卷 宋朝丘濬撰　遯甲孤虛記一卷 伍子胥撰

遯甲孤虛注一卷　斗中孤虛圖一卷

景祐遯甲符應經三卷宋朝楊惟德等撰

遯甲專征賦一卷貞卓撰　遯甲善奇金合盤一卷

遯甲九宮亭亭白姦一卷

右遯甲七十一部一百七十九卷

五行二

太一飛鳥歷一卷王琛撰　又二卷

太一十精飛鳥歷一卷　太一飛鳥立成一卷

太一飛鳥雜決捕盜賊法一卷　太一三合五元要決一卷

太一龍首式經一卷董注　太一經二卷宋琨撰

太一式雜占十卷　太一九宮雜占十卷

黃帝太一度厄祕術八卷　黃帝太一雜書十六卷

太一王佐祕珠五卷隋樂產撰　太一太游歷二卷

太游太一歷一卷　太一式經二卷

太一式經雜占十卷　太一元鑑三卷李淳風撰

太一樞會賦一卷　太一金鏡式經十卷王希明撰

天一太一經一卷僧一行撰　太一局遯甲經一卷

天寶太一靈應式記五卷唐馬先撰

太一時紀陰陽二遯立成歷二卷偽南漢胡萬頃撰

日遊太一五子元出軍勝負七十二局一卷

新修中樞祕頌太一明鑑法五卷唐劉啓明撰

太一細行草二卷　太一雜集算草一卷

太一集十卷杜惟韓撰　太一雜鑑一卷青溪子纂

陰陽二遯太一一卷　太一時計鈴一卷

太一遯甲萬勝時定主客立成訣一卷

十神太一巡遊分野立成圖一卷

太一陰陽二遯立成一卷　新修時遊太一立成一卷

太一陽九百六經一卷

新修太一青虎甲寅經一卷宋朝司天少監王處訥撰

太一神樞長歷一卷　太一歌五卷

又一卷　太一祕歌一卷茅山道士廣夷撰

太一循環歷一卷　景祐太一福應集要十卷宋朝楊惟德撰

黃帝集靈三卷　黃帝絳圖一卷

黃帝龍首經一卷　黃帝奄心圖一卷

右太一四十八部一百五十二卷

黃帝九宮經一卷　九宮經三卷鄭玄注

九宮行棊經三卷鄭玄注　又三卷

九宮行棊法一卷房氏撰　九宮行棊立成法一卷王琛撰

九宮行棊雜法一卷　行棊新術一卷

九宮行棊鈔一卷　九宮推法一卷

三元九宮立成一卷　九宮要集一卷丘盧晃撰
九宮經解二卷李氏注　九宮圖一卷
九宮變圖一卷　九宮八卦式蟠龍圖一卷
九宮郡縣錄一卷　九宮雜書一卷
右九宮二十八部二十五卷
六壬式經三卷　六壬式經雜占九卷
六壬釋兆經六卷　六壬歷一卷
六壬明鑑連珠歌一卷唐一行撰　六壬髓經三卷一行撰
六壬大玉帳歌十卷唐李筌撰　玉帳經一卷李靖纂
六壬軍鑒式三卷僞南漢長史胡萬頃撰　金匱經三卷
神樞靈轄十卷陳記室樂產撰　絳囊經一卷唐居士馬融撰
玄女青華經三卷　六壬瓶記一卷
推人鉤元法一卷　三傳四課鈐一卷

六壬括明林經一卷　六壬錄六卷
六壬鈐一卷　五真降符六壬神式經一卷
六壬元鑑一卷余琇撰　祕賓翠羽歌三卷沙門令岑撰
六壬心鑑歌三卷徐道符撰　六壬六十四卦名一卷
六壬軍帳賦一卷劉啓明撰　六壬戰勝歌一卷
六壬啓蒙纂要一卷唐徐琬撰　玉關歌一卷
六壬詩一卷　景祐六壬神定經十卷宋朝楊惟德等撰
六壬補闕新書十卷王升撰　六壬大橈經三卷
玉女課訣六卷　六壬透天關一卷
六壬六經歌一卷徐道符撰　六壬心鑑拾遺一卷
鬼料竅一卷　天復傳課天剛六壬一卷
夜叉經一卷　六壬式苑一卷
六壬明體經一卷　六壬神樞萬一決一卷

六壬精體經一卷　六壬事神歌一卷
六壬又妙歌一卷　截壬歌一卷
陰山道士經三卷　六壬竅甲經一卷
玄女關格經一卷　玉女肘後術一卷
肘後歌一卷　玉女面身術一卷
大六壬出時旦暮局一卷　太元新書一卷
六壬飛電歌三卷鄭德深撰　灰火經一卷
擷翠經一卷　虵體經一卷
九門經一卷　會靈經一卷
志公通課一卷　八門課一卷
六壬了了歌一卷　六壬賦三卷姜丘撰
六壬密旨一卷黃公達撰　六壬金經玉鑑一卷黃公達撰
六壬心照一卷高濟撰　六壬類苑一卷諸葛武侯撰

淘金歌一卷　太上寶鑑略一卷王希明撰
金匱八象統天元經一卷　梁簡文帝光明符十二卷
金英玉髓經一卷連肩吾撰　開雲觀月歌一卷蔣日新撰
六壬雕科三卷李靖撰　六壬髓經心鑑三卷
星禽氣神占一卷　星禽妙課一卷
禽宿妙談十卷　七曜神氣經三卷
景祐神氣經三卷楊惟德撰　大衍二十八宿要訣一卷
右六壬八十二部一百九十一卷
式經三卷桓安吳撰　式經雜要決九卷
式經立成九卷　伍子胥式經章句二卷
范蠡玉筒式二卷　宋琨式經一卷
雷公式經一卷　玄女式經要法一卷
黃帝式經三十六用一卷曹氏撰　連珠明鏡式經十卷唐拾遺供奉李鼎祚撰

景祐三式目錄一卷楊惟德等撰　式鑑經一卷
黃帝金式一卷　金匱入式法一卷
式例一卷　法式心經一卷
由吾裕式心經略二卷　課式法一卷
式精要節一卷李房撰　五行用式法事神一卷楊可撰
神機轉式經三卷　黃帝式用當陽經二卷
右式經二十二部五十六卷
天皇大神氣君注歷一卷　太史公萬歲歷一卷司馬談
千歲歷祠一卷任氏撰　萬歲歷祠二卷
萬歲歷二十八宿人神一卷　歷祀一卷
田家歷十二卷　師曠書三卷
海中仙人占災祥書三卷　東方朔書二卷
東方朔書鈔二卷　東方朔歷一卷

東方朔占候水旱下人善惡一卷

太歲所在占善惡書十卷

舉百事要略一卷

五姓歲月禁忌一卷

雜忌歷二卷 魏高堂隆撰

百忌大歷要鈔一卷

歷忌新書十二卷

太史百忌歷圖一卷

太史百忌一卷

周易神殺旁通歷一卷

雜殺歷九卷

唐七聖歷一卷 賈耽撰

廣濟陰陽百忌歷二卷 呂才撰

勝金歷要決一卷 僧德濟撰

濟家備急廣要錄一卷

天寶歷一卷 唐陳恭釗撰

五行家國通用圖歷一卷 珞琭子撰

明時總要歷一卷

橫推歷一卷

月帳金雞玉狗歷一卷 呂才撰

選日大衍要歷一卷 宋朝春官正史序撰

選日陰陽月鑑一卷

廣聖歷一卷 晉苗銳集

陰陽書三十卷 唐王璨撰

陰陽書五十三卷 呂才撰

乾坤寶典四百十七卷宋朝判司天監史序撰

五符圖一卷　洪範政鑒十二卷仁宗撰

黃帝枕中經一卷　西天陰符紫微七政經論一卷

天輪日直經一卷　六十花甲子歌一卷李淳風撰

六十甲子時辰星吉凶法一卷　天都經一卷

三元奇門法一卷　鐵掃帚年月一卷

選日精要四卷　活曜二十八宿日真星歌一卷

陰陽寶錄一卷　一行選日旁通法一卷

推葬呼歷一卷　大六壬葬送運詩一卷

五姓萬事歷四卷　萬年歷十七卷楊惟德撰

集聖歷四卷楊可撰　黃黑道經要纂一卷

三輪造作法一卷　晉災祥一卷

災祥集七十六卷　廣古今五行記三十卷竇維鋈撰

樵子五行志五卷唐陽夏撰　蓬瀛書三卷唐黎幹撰

三鑑三卷　含文嘉三卷

黃帝朔書一卷飾曠東方朔撰　月令圖一卷劉先之撰

四民福祿論三卷李淳風撰　年鑑一卷

福祿論三卷

右陰陽七十一部七百六十九卷

五行三

孝經元辰決九卷　孝經元辰二卷

又四卷　元辰本屬經一卷

推元辰厄會一卷　元辰事一卷

元辰救生削死法一卷　元辰要祕次序一卷

元辰章用二卷　雜推元辰要祕立成六卷

元辰立成譜一卷　元辰五羅算一卷

五行元辰厄會十三卷　孝經元辰會九卷
元辰歷一卷　雜元辰祿命二卷
滏河祿命三卷
右元辰一十七部五十八卷
玉鈐三命祕術一卷　三命韜鈐祕術三卷劉進平撰
三命鈔略二卷陶隱居撰　七殺三命歌一卷凝神子撰
三命通元歷一卷　三命金書五行一卷
三命立成算經一卷陶隱居撰　三命殺歷一卷陶隱居撰
三命九中歌一卷李燕撰　二十八家三命總要三卷公孫琥撰
河上公宿命要訣一卷　天立三命訣一卷
三命消息賦一卷珞琭子撰　又一卷僧叔昕撰
又一卷杜崇龜撰　三命消息賦七卷王班撰
桑道茂祿命要訣一卷　僧一行祿命詩一卷

穿珠三命一卷
三命金箱記一卷
三命測神歌一卷趙自勤撰
洞靈祕論二卷
八殺經一卷凝神子撰
解悟經一卷凝神子撰
楊備天心歌一卷
論建命法一卷
輪臺三命一卷
天三命一卷
支干定命圖一卷皮日休撰
釋三命一卷
定命歌一卷衞韜撰
三命金書五行妙術一卷
驛馬四位法一卷虞綽撰
胎骨經一卷
五命歌一卷
洪範要決一卷
洪範五行消息訣一卷蕭吉撰
洪範碎金五行一卷
洪範骨肉五行一卷
飛練三命一卷
拔元三命決一卷
髓鑑三命血脈論三卷白雲先生撰
五子元氣候決一卷
胎息運氣三命決一卷

胎息經一卷　羅浮山人和命篇一卷
三命洞元五行書一卷耿鋭撰　五行三命真書一卷
李遂通元三命三卷　三命立成算經要訣一卷
三命鈐一卷陳昉撰　三命鈐釋一卷
太陰三命歌一卷龍子平撰　三命機要決一卷徐鑑撰
三十二說三命一卷　三命竹輪經要略一卷
神傳三命一卷　金合盤三命要訣一卷
通元五命新格三卷　洞微經一卷
洞微飛宮法一卷　通天大命算一卷
主本五行祕要一卷　凝神子一卷
胎命三光一卷　金鑑祕靈一卷
五星明鑑經一卷　金河流水決一卷
金星八字決一卷劉進平撰　鬼谷先生五命一卷

了了經一卷
三命五行災論決一卷
十二宮八室歌一卷李乾撰
東方朔珞琭賦疏十卷
祿命書二十卷劉孝恭撰
三命決三卷隋孟遇撰
考評三命決一卷孟遇撰
人元祕樞三卷劉啓明撰
三命通元論三卷翰林待詔李申撰
穆護詞一卷李燕撰
司馬先生三十六禽歌一卷
風后三命一卷
洪範碎金訓字一卷
新集祿命書一卷
太原生定命決一卷
鮮鶚經十卷
三命鳳髓經一卷
五行九中歌一卷李燕撰
李虛中命術一卷
李虛中命書補遺一卷
林開五命祕訣一卷
劉沔五行衡鑑一卷
五命通靈括三卷
竹輪經一卷
聿師歌一卷
天地細微科決一卷

合乾頌一卷　五德定分經一卷
秤星經一卷　靈臺歌一卷
天陣三垣祕訣一卷
右三命一百一部一百六十四卷
大行年祕術三卷李吉甫撰　三元經三卷
祿命人元經三卷　推計祿命厄運詩一卷楊龍光撰
三命運氣法一卷　推太歲行吉年凶厄一卷唐王叔政撰
三命太行年入局韜鈐三卷李吉甫撰
推太歲行年吉凶厄一卷王叔政撰　行年五鬼轉運九宮法一卷
祿命人元經三卷　行年祿命骨一卷李吉甫撰
人元百六限一卷　九宮太行年法一卷
三運大運歌一卷　五運九氣人元三限一卷
費長房運氣歌一卷　道士梁嗣真洞微歌一卷

注洞微限一卷　定胎元祿限一卷
交陽坐祿限一卷　劉進平氣運一卷
氣元運本一卷楊元素撰　竹維三限幽妙集一卷
大小運行年要決一卷王靈辨撰
右行年二十四部三十四卷
相書四十六卷見隋志　相經要錄三卷蕭吉撰
相經三十卷鍾武隸撰　相書圖七卷
袁天綱相書七卷　趙蘩相術一卷
人倫龜鑑三卷孫知古撰　人倫龜鑑賦一卷袁天綱撰
姑布子卿相法三卷　麻子經三卷
肉眼通神論三卷唐舉撰
月波洞中記一卷老君記於太白山月波洞中凡九篇
元靈子相法一卷　顯光師相法一卷

柳隨風占氣色歌一卷　十七家集相書一卷
占氣色要訣圖一卷　袁天綱要決三卷
黃帝神光經一卷　唐舉相顯骨法一卷
論骨指歸心明決一卷　謝公論生死候法一卷
米昭形神外論一卷　黑寶經一卷
慶歷傳言集三卷孫知古撰　許負相書三卷
武侯相書一卷　袁天綱氣神經五卷
楊龍光相詩一卷　玉冊寶文七卷
玉冊寶文髓心記一卷周世明撰　張涉人倫真訣十卷
摩燈女相經一卷范峒纂　元珠囊一卷
李淳風元觀經一卷　通仙歌一卷李筌撰
孫元骨法一卷　相髓一卷
洞靈祕訣一卷　洞元靈要訣一卷

峨嵋氣法一卷　宋齊丘玉管照神局二卷
玉環經一卷　析微秘章一卷
金歌氣色祕訣一卷　十三家相書一卷
陳摶人倫風鑒一卷　危道士相法一卷
孤巖相法一卷　三輔學堂玉訣一卷劉虛白撰
三輔學堂論一卷　玉課三停決一卷
學堂氣骨心鑑訣一卷　學堂相法一卷劉虛白撰
五星相法一卷　洞天隱訣一卷
一行雜相歌一卷　心印相書一卷
鬼谷子觀氣色出相圖一卷　袁天綱骨法一卷
天花經一卷　天授先生胎息三方主一卷
丘先生定性情詩一卷　海淵經一卷
玉仙人相書一卷　龜鑑骨法一卷

形神祕要一卷　三輔奇術一卷
林秀翁傳神相一卷　金璜歌一卷
金麗相書一卷　許負金歌一卷
歷代史相錄一卷
右相法七十三部一百九十五卷
相手板經六卷　相笏經一卷陳混掌撰
又三卷　東方朔相笏經一卷
袁天綱相笏經一卷　郭先生相笏經一卷
右相笏六部十二卷
韋氏相板印法一卷　魏程申伯相印法一卷
右相印二部二卷
六神相押字法一卷　一行相字詩一卷
右相字二部二卷

五行四

二儀歷頭堪餘一卷　堪餘歷二卷

注歷堪餘一卷　地節堪餘二卷

堪餘歷注一卷　堪餘四卷

大小堪餘歷術一卷　堪餘天赦有書七卷

八會堪餘一卷　黃帝四序堪餘二卷殷紹撰

太史堪餘歷一卷後魏殷紹撰

右堪餘一十一部二十三卷

易通統卦驗玄圖一卷　易新圖序一卷

易八卦命錄斗內圖一卷　易斗圖一卷郭璞撰

易八卦斗內圖二卷　又二卷

八卦五行圖一卷　易斗中八卦絕命圖一卷

易斗中八卦推遊年圖一卷　易通統圖二卷

易分野星圖一卷　乾坤氣法一卷許辨撰

右易圖一十二部一十五卷

婚娶經四卷　陰陽嫁娶書四卷

婚嫁書二卷　婚嫁黄籍科一卷

六合婚嫁歷一卷　六合婚嫁書及圖二卷

嫁娶迎書四卷　嫁娶陰陽圖二卷

雜嫁娶房内圖術四卷　九天嫁娶圖一卷

婚書一卷　姚陳議婚書一卷

右婚嫁一十二部二十七卷

六甲貫胎書一卷　產乳書二卷

產經一卷　推產婦何時產法一卷王琛撰

推產法一卷　生產符儀一卷

產圖二卷　崔知悌產圖一卷

右產乳八部十卷

拜官書二卷　臨官冠帶書二卷

仙人務子傳神通黃帝登壇經一卷

壇經一卷　登壇經三卷

五姓登壇圖一卷　登壇史一卷

龍紀聖異歷一卷唐翰林待詔李遠撰　壇經一卷唐天寶中趙同珍撰

元法經一卷　上官祕決一卷

右登壇十一部十五卷

宅吉凶論三卷　相宅圖八卷

保生二宅經一卷　陰陽二神歌一卷王澄撰

寶鑑決一卷　修造法一卷

宣聖宮道書一卷　囊金二宅一卷張吁撰

諸家要術宅經一卷一行撰　金祕書三卷王澄撰

三元九宮修造法一卷　二宅黃黑道祕訣一卷一行撰
李淳風應上象修造妙訣一卷　魁綱庫樓修造法一卷一行撰
呂才陰陽遷造賓遑經一卷　王澄二宅髓脈經一卷
王澄陰陽二宅集要一卷　北斗行年修造一卷
龍子經一卷　天遷圖一卷
九星行年修造法一卷　活曜修造定吉凶法一卷
黃道修造法一卷　聽龍經一卷
天星歌一卷　相宅訣一卷
陰陽二宅圖經一卷　上象陰陽星圖一卷
天上九星修造吉凶歌一卷　陰陽二宅心鑑一卷
陰陽二宅相占一卷　陰陽二宅歌一卷
淮南王見機八宅經一卷　五姓宅經一卷蕭吉撰
牛欄經一卷　竈經十四卷梁簡文帝撰

祠竈經一卷

右宅經三十七部六十一卷

地形志八十七卷庾季才撰　大唐地理經十卷呂才撰

五音地理經十五卷一行撰　地理三寶經九卷

地理新書三十卷　地理指南三卷

地理斗中記一卷　地理八山神將圖一卷

地理六壬六甲八山經八卷　五姓合諸家風水地理一卷

冢書四卷　黃帝葬山圖四卷

五音相墓書五卷　五音圖墓書九十一卷

五姓圖山龍一卷　青烏子三卷

葬經八卷　又十卷

葬書地脈經一卷　墓書五陰一卷

雜墓圖一卷　墓圖立成一卷

六甲冢名雜忌要訣二卷

郭氏五姓墓圖要訣五卷

壇中伏尸一卷

胡君玄女彈指五音法相冢經一卷

由吾公裕葬經三卷

葬範三卷孫季邕撰

歷代山形圖一卷

山形總載圖一卷

寶星圖一卷

撥沙碎山形一卷

五音山崗決一卷

昭幽記一卷

周易枯骨經一卷

周易括地林一卷郭璞撰

葬書一卷郭璞撰

玉函經一卷丘延翰撰

曜氣細斷一卷丘氏撰

銅函記一卷丘氏撰

騰靈正決一卷

撥沙經論詩一卷丘氏撰

撥沙成明經一卷郭璞撰

撥沙經六卷呂才撰

一行相山取地決一卷

一行古墓圖一卷

靈山秀水經一卷呂才撰　秦皇青囊經解二卷
曾氏青囊子歌一卷　青囊經二卷郭璞撰
青囊經一卷曾楊仙撰　地理要決八卷
玄堂內範二卷　地理脈要三卷胡文翊撰
八山圖局一卷　地理通玄祕決一卷
地理解經祕訣一卷　天地鑑八山一卷
寶鑑經一卷　錦囊經一卷郭璞撰
連山鬼運正經一卷　搜玄歌一卷
山卦放水決一卷　雪心正經一卷
曾山人識山經一卷　李望嶺識山經一卷
翎毛經一卷　騰雲八曜歌圖一卷
天卦放水訣一卷　紫囊經一卷
黃囊氣曜一卷　黃囊大卦訣一卷丘延翰撰

真微正決經一卷
鼓角沙經一卷楊筠松撰
鑾福集三卷
五龍祕法眞決一卷毛漸撰
真機寶鑑治曜經一卷
枯骨枕中見經一卷
天華六龍經一卷
元堂品決三卷郭璞撰
亡魂八冢經頌一卷曾楊二仙撰
地理燈心祕決一卷
地理撥沙搜空論一卷
臨山寶鑑斷風決一卷
八分歌一卷
透天神殺百二十局一卷
寶曜騰雲決一卷
地理祕要九星決一卷
交星上山法一卷
天定六秀經二十卷
黃禪師星水正經一卷
五虎圖一卷
玉囊經一卷
叢金決一卷
羲皇論一卷
黃泉敗水吉凶一卷
撥沙正龍大形十三卷
八山微妙法一卷

斷塋法一卷
赤松子明鑑碎金六卷
地龍發水經一卷
金河流水決一卷
司馬頭陁名壁記一卷
山頭步水經一卷
撥沙山經一卷
九仙經二卷
駐馬經二卷
碎寶經一卷
天輪十二帝經一卷
天竹桃花正經一卷
六壬龍首經一卷
龍子觀珠經三卷
九龍經一卷
鑒龍脈決二卷
陰陽金車論一卷
玉鑑論一卷
地理走馬穿山通玄論一卷
五家通天局一卷
天曜博龍換骨經一卷
尋龍入式歌一卷
周易穿地林一卷郭璞撰
地理碎金式一卷郭璞撰
八仙山水經一卷郭璞等撰
諸葛武侯相山決三卷

大堂明鑑一卷諸葛武侯撰　白鶴子宅骨記一卷
司馬頭陀地理括一卷　司馬頭陀六神回水決一卷
司馬頭陀括地記一卷　青烏子相地骨一卷
赤松子決一卷　楊烏子星水地理決一卷
李淳風星水地理經一卷　馬上尋山決一卷李淳風撰
步穴要決一卷李淳風撰　金華覆墳經一卷李筌撰
稽古經一卷　地理賦詩論三卷朱仙桃撰
玄女碎山經一卷　塋穴經一卷
金匱正經一卷　地理手鑑一卷
骨髓經一卷鄭弘農撰　踏地賦一卷
地骨經一卷　塋穴神驗經一卷
玄胎葬經一卷　青囊玄女指決一卷
枯骨林祕決一卷

右葬書一百四十九部四百九十八卷

凡五行三十種一千一十四部三千二百三十九卷

藝文略第六

藝術類第九

射　奕碁　騎　博塞　畫錄　象經　畫圖　樗蒱　投壺　彈碁
打馬　彩選　雙陸　葉子格　打毬　雜戲格

古今藝術二十卷見隋志　藝術略序五卷孫暢之撰
今古藝術十五卷見唐志　伎術錄一卷孫暢之撰
述伎藝一卷見隋志
右藝術十五部四十二卷
射經一卷唐王琚撰　又一卷田逸撰
又四卷　射記一卷唐張守忠撰
射法一卷黄損撰　又一卷劉懷德撰
射口訣一卷張商撰　射書十五卷僞唐徐鍇歐陽陌撰
射鑒九圖一卷　九章射術三卷張商撰

神射訣一卷　集古今射法一卷
射訣要略一卷李廣撰　五善正鵠格一卷
五善射序一卷程正柔撰　射評一卷李廣撰
射訓一卷　射議一卷王越石撰
九鑑射經一卷　射法指訣一卷嚴悟撰
弓箭啓蒙論一卷任權撰　廣弓經一卷
弓訣一卷　射格一卷
金吾射法一卷　劉氏射法一卷
神射式一卷王德甫撰　射訣一卷王堅道撰
又一卷韋韞撰　又一卷馬思永撰
又一卷魏氏撰

右射三十一部五十卷

馬槊譜一卷見隋志　騎馬都格一卷梁朝書籍

騎馬變圖一卷見隋志　馬射譜一卷見隋志

右騎四部四卷

名手畫錄一卷　畫品錄一卷集唐世善畫人姓名

古今畫品一卷後魏謝赫撰起曹魏訖後魏中興年凡二十八人

續畫品一卷唐姚最撰採謝赫所遺以及梁朝凡十七人

又一卷蕭繹撰

畫後品一卷唐李嗣真撰以姚謝二家多失故始普通至上元三年凡三十人

續畫後品一卷　歷代名畫記十卷張彥遠撰

畫評一卷顧況撰　唐畫斷三卷宋景元撰

畫品錄一卷唐裴孝源撰　又畫品一卷僧彥悰撰

畫拾遺一卷唐竇蒙撰　吳恬畫山水錄一卷

梁朝畫目三卷宋朝胡嶠撰　不絕筆畫圖一卷王叡撰

益州名畫錄三卷宋朝王休復撰　荆浩筆法一卷唐荆浩子谷洪撰

唐采畫錄一卷　畫總載一卷張又新撰
廣畫錄一卷僧仁顯撰　名畫獵精錄二卷張彥遠撰
合畫筆訣一卷　五代名畫評一卷劉道醇撰
聖朝名畫評一卷劉道成撰　丁巳畫錄一卷劉道醇撰
圖畫見聞志六卷　貞觀公私畫錄一卷裴孝源撰
歷代畫評八卷唐竇蒙撰　翰林畫錄一卷
歷代畫斷一卷　四時設色一卷陸探微撰
畫史一卷朱芳撰　古今名畫記三卷
右畫錄三十四部六十四卷
漢賢王圖漢王元昌畫　玉華宮圖
鬬鷄圖　文成公主降蕃圖閻立德畫
秦府十八學士圖一卷閻立本畫　凌煙功臣二十四人圖
風俗圖范長壽畫　醉道士圖

本草訓誡圖王定畫　游春戲藝圖檀智敏畫
唐朝九聖圖殷巖韓無忝畫　唐高祖及諸王圖
太宗自定輦上圖　開元十八學士圖
盤車圖董蕚畫
後周北齊梁陳隋武德貞觀永徽朝臣圖曹元廓畫
高祖太宗諸子圖　望賢宮圖楊升畫
伎女圖張萱畫　乳母將嬰兒圖
按羯鼓圖張萱畫　鞦韆圖
武惠妃舞圖譚皎畫　佳麗寒食圖
佳麗伎樂圖　龍朔功臣圖韓幹畫
姚宋及安祿山圖　相馬圖
明皇試馬圖　寧王調馬打毬圖
明皇馬射圖　上黨十九瑞圖

鹵簿圖王象畫　洪崖子橘木圖田琦畫
內庫瑞錦對雉鬬羊翔鳳游麟圖竇師綸畫
天竺胡僧渡水放牧圖韋鶠畫
撲蝶按箏楊真人降真五星等四圖周昉畫
右畫圖三十七唐人所藏今容有傳模之迹行於世者故
存其名號或可尋訪庶可見當時典章人物之象焉
投壺經一卷郝沖虞譚撰　又一卷唐上官儀撰
投壺圖一卷張承斌撰　傾壺集三卷劉仁敏撰
投壺道一卷郝沖撰　投壺變一卷晉虞潭撰
右投壺六部八卷
碁勢四卷見隋志　又七卷湘東太守徐泓撰
又十卷王子沖撰　又十卷沈敞撰
齊高碁圖二卷　碁後九品序一卷袁遵撰

圍棊九品序錄五卷范汪等撰　圍棊勢二十九卷晉趙王倫舍人馬朗等撰

建元永明棊品二卷宋褚思莊撰　九品序錄一卷范汪撰

天監棊品一卷梁柳惲撰　梁武棊評一卷

梁武棊法一卷　竹苑仙棊圖一卷

棊圖一卷韋斑撰　棊訣一卷

圍棊品一卷梁武撰　棊要訣一卷

弈棊經一卷

金谷園九局圖一卷唐開元中王積薪馮汪二人於太原尉陳九言金谷第弈棊爲金谷園圖

金谷園九局譜一卷僞唐徐鉉撰　鳳池圖一卷王積薪撰

棊本一卷　王延昭棊論一卷

劉仲甫忘憂集一卷　角局圖一卷

應機子棊勢重元圖一卷　諸家精選新勢一卷

太宗皇帝棊圖一卷　國手綱格一卷

圍碁故事一卷

右弈碁三十一部九十二卷

博塞經一卷邵綱撰　皇博經一卷魏文帝撰

太一博法一卷梁東宮撰　雙博法一卷見隋志

大小博法二卷　大博經行碁戲法二卷

小博經一卷鮑宏撰　雜博戲五卷

二儀十博經一卷　二儀博經一卷隋煬帝撰

大博經二卷呂才撰　博經一卷董叔經撰

右博塞一十二部一十九卷

象經一卷周武帝撰　又一卷王褒注

又一卷何妥注　又三卷王裕注

象經發題義一卷見隋志

右象經五部七卷

樗蒲經三卷盧還京撰　又一卷

樗蒲經釆名一卷　樗蒲象戲格三卷

象戲格一卷尹洙撰　廣象戲格一卷晁補之撰

五木經一卷　樗蒲格一卷

右樗蒲八部一十二卷

彈棊譜一卷徐廣撰　彈棊經一卷張柬之撰

又一卷

右彈棊三部三卷

謝景初打馬格一卷　宋迪打馬格一卷

右打馬二部二卷

雙陸格一卷　大雙陸格一卷

右雙陸二部二卷

打毬儀注一卷張直佐撰　打毬要略一卷杳同章撰

右打毬二部二卷

骰子選格三卷唐李郃撰　漢官儀彩選三卷

新修彩選一卷宋朝劉蒙叟撰　文班彩選格三卷楊億撰

宋朝文武彩選三卷尹洙撰　又二卷張訪撰

春秋彩選一卷　新定彩選一卷趙明遠撰

刪繁彩選一卷　元豐官制彩選一卷

慶曆彩選圖一卷　尋仙彩選七卷

選仙格一卷洪濛子撰　選佛圖一卷

右彩選二十四部二十九卷

偏金葉子格一卷　新定偏金葉子格一卷

擊蒙小葉子格一卷僞唐李煜妃周氏撰　小葉子例一卷

右葉子格四部四卷

旋碁格一卷　謀戲格一卷

捉臥甕人格一卷趙昌言撰　釣鼇圖一卷
採珠局格一卷　金龍戲格一卷
玉燭詩一卷　款飲集一卷
樗蒱滿席歡一卷曹氏撰　改令式一卷
盡歡格一卷　角力記一卷
右雜戲十二部十二卷
凡藝術十七種一百七十五部三百五十二卷三十七圖

醫方類第十

脈經　明堂鍼灸　本草　本草音
本草圖　本草用藥　採藥　炮炙
方書　單方　胡方　寒食散
病源　五藏　傷寒　腳氣
嶺南方　雜病　瘡腫　眼藥
口齒　婦人　小兒　食經
香薰　粉澤

醫方上

黃帝素問九卷全元起注　黃帝素問二十四卷晉王冰撰
補注素問二十四卷林億補注　素問音釋一卷
黃帝甲乙經十二卷　黃帝八十一難經二卷唐志注秦越人
難經疏十三卷侯自然撰　黃帝衆難經二卷呂博望注
黃帝流注脈經一卷　丁德甫補注難經二卷
靈寶注黃帝九靈經十二卷
三部四時五藏辨候診色決事脈經一卷
脈經十卷晉王叔和撰　又二卷
耆婆脈經一卷　李勣脈經一卷
王子顒脈經二卷　甄權脈經二卷
黃帝脈訣一卷　扁鵲脈訣一卷
脈經祕錄一卷　韓氏脈訣一卷
徐氏脈經訣三卷徐裔撰　脈經鈔二卷許建吳撰

華佗觀形察色幷三部脈經一卷
秦承祖脈經六卷
康普思脈經十卷
黃帝內經明堂類成十三卷楊上善注
黃帝內經太素三十卷楊上善注
黃帝太素經三卷
黃帝傳太素脈訣一卷
清溪子脈訣一卷
寶應靈樞九卷
內經靈樞經九卷
金鑑集歌一卷
金寶鑑一卷唐衛嵩撰
脈經手訣一卷張及撰
百會要訣脈經一卷
鳳髓脈經機要五卷
醫鑑一卷
碎金脈訣一卷
延齡至寶診脈定生死三部要訣一卷
延齡寶鈔一卷張尚容撰
玄門脈訣一卷
太醫祕訣診候生死部一卷
脈訣賦一卷甄權撰
徐氏指下訣一卷徐裔撰
倉公訣生死祕要一卷

新集脈色要訣一卷醫博士譚延鎬撰　自經要集一卷
金匱指微訣一卷吳復圭撰　金匱錄五卷
素問入式鈐一卷藍先生撰　玄珠密語十卷
三甲運氣經三卷　六甲天元氣運鈐二卷
五運六氣玉璵子三卷　靈元經三卷
張仲景脈經一卷　孫子脈論一卷
診脈要訣一卷唐強明撰　診脈要會一卷
指難圖一卷　劉温舒素問論奧四卷
內經靈樞略一卷　沖真子內經指微十卷
鈐和子十卷賈和光撰　王叔和脈訣發蒙三卷
柴先生脈訣一卷李上交撰　相色經訣一卷華子顒撰
脈訣機要三卷晉王叔和撰　脈證口訣一卷
孫子脈訣論一卷

右脈經七十二卷三百一卷

黃帝明堂經三卷　又二卷楊玄注

黃帝明堂經三卷　路氏明堂經一卷

黃帝內經明堂十三卷　秦承祖明堂圖三卷

黃帝十二經脈明堂五藏圖一卷

明堂孔穴五卷　明堂孔穴圖三卷

要用孔穴一卷　明堂偃側圖八卷

偃側人經二卷秦承祖撰　神農明堂圖一卷

曹氏黃帝十二經明堂偃側人圖十二卷

明堂人形圖一卷　明堂論一卷唐朱遂撰唐志朱作米

明堂蝦蟆圖一卷　明堂元真經訣一卷

黃帝鍼經九卷

徐悅龍御素鍼幷孔穴蝦蟆圖三卷

程天祚鍼經六卷　玉匱鍼經十二卷
赤烏神鍼經一卷張子存撰　流注鍼經一卷
商元鍼經一卷　謝氏鍼經一卷
九部鍼經一卷　三奇六儀鍼要經一卷
黃帝岐伯鍼論二卷　皇甫謐黃帝三部鍼灸經十二卷
黃帝雜注鍼經一卷　黃帝鍼經一卷
鍼經鈔三卷甄權撰　玄悟四神鍼經一卷
扁鵲鍼傳一卷　許希鍼經要訣一卷
孫思邈鍼經一卷　鍼經鈔三卷
鍼方一卷　徐叔嚮鍼灸要鈔一卷
黃帝鍼灸蝦蟇忌一卷　鍼灸圖經十一卷
十二人圖一卷　扁鵲偃側鍼灸圖三卷
鍼灸經一卷　華佗枕中灸刺經一卷

釋僧康鍼灸經一卷　　黃帝鍼灸經十二卷

黃帝岐伯論鍼灸要訣一卷

銅人俞穴鍼灸圖經三卷宋朝翰林醫官王惟一編修天聖中詔以鍼灸之法鑄爲銅人式

山兆鍼灸經一卷　　公孫克鍼灸經一卷

灸經五卷見隋志　　曹氏灸經一卷

曹氏灸方七卷　　岐伯灸經一卷

雷氏灸經一卷　　楊齊顏灸經十卷

新集明堂灸法三卷　　崔知悌灸勞法一卷

右明堂鍼灸六十部一百九十三卷

神農本草八卷陶隱居集注　　神農本草四卷雷公集注

神農本草經三卷　　蔡邕本草七卷

吳普本草六卷　　本草經四卷蔡英撰

本草二卷徐大山撰　　本草經略一卷

秦承祖本草六卷　李氏本草三卷
王季璞本草經三卷　隨費本草九卷
唐本草二十卷李勣等修　新本草四十一卷王方慶撰
開寶重定神農本草二十一卷李昉等撰
新詳定本草二十卷宋朝盧多遜定　嘉祐補注本草二十卷掌禹錫撰
蜀本草二十卷僞蜀韓保昇等撰　證類本草三十二卷唐慎微撰
名醫別錄三卷陶隱居集　本草集錄二卷
本草鈔四卷　本草藥性三卷甄權撰
諸藥要性二卷　本草性類一卷杜善方纂
藥性要訣五卷王方慶撰　本草韻略五卷
四聲本草四卷蕭炳撰　本草拾遺十卷唐陳藏器撰
删繁本草五卷楊損之撰　四明人本草拾遺二十卷
本草括要三卷張文懿撰　本草要訣一卷梁嘉慶撰

海藥本草六卷李珣撰
胡本草七卷鄭虔撰
南海藥譜七卷
諸藥異名十卷沙門行矩撰
本草辨誤二卷崔源撰
本草衍義二十卷寇宗奭撰

右本草三十九部三百五十卷

本草音義三卷姚最撰
又七卷甄權撰
又二卷殷子嚴撰
又二卷李含光撰
又二十卷孔志約撰
本草音三卷

右本草音六部三十七卷

靈秀本草圖六卷原平仲撰
藥圖二十卷
圖經七卷並李勣等撰
新修本草圖二十六卷蘇敬撰
唐本草圖經七卷
本草圖經二十卷宋朝掌禹錫等編撰

右本草圖十六部八十六卷

本草經類用三卷
本草雜要訣一卷

本草要方三卷甘濬之撰
藥目要用二卷
藥類二卷
桐君藥錄二卷
本草用藥要妙九卷
藥對二卷北齊徐之才撰
療癰疽耳眼本草要鈔九卷甘濬之撰
新廣藥對三卷宗令祺撰
方書藥類三卷
藥總訣一卷
文潞公藥準一卷
醫門指要用藥立成訣葉傳古撰
陶隱居集藥訣一卷
藥林一卷
藥證一卷
藥證病源歌五卷蔣淮撰
象法語論一卷
刪繁藥詠三卷江承宗撰
藥錄二卷
太清草木方集要三卷陶隱居撰
本草病源合藥節度五卷
本草病源合藥要鈔五卷徐叔嚮撰
體療雜病本草要鈔十卷徐叔嚮等四家撰
小兒用藥本草二卷王永撰

右本草用藥二十六部八十卷

入林採藥法二卷　太常採藥時月一卷

四時採藥及合和四卷　種植藥法一卷

採藥論一卷

右採藥五部九卷

炮炙論三卷雷敩撰　陳雷炮炙論三卷

制藥法論一卷

乾寧晏先生制伏草石論六卷晏封撰

右炮炙四部十三卷

張仲景方十五卷　華佗方十卷華佗弟子吳普撰

秦承祖方四十卷　黃素方二十五卷謝泰撰

耿奉方六卷　葛洪肘後救卒方六卷

梁武帝坐右方十卷　如意方十卷

陶隱居效驗方十卷
補肘後救卒備急方六卷陶隱居撰
阮河南方十六卷阮炳撰
范東陽雜藥方百七十卷尹穆纂
集略雜方十卷
雜散方八卷
解散方十三卷
徐叔嚮解散消息節度八卷
范氏解散方七卷
釋慧義解散方一卷
湯丸方十卷
雜丸方十卷
胡居士治百病要方三卷胡洽
徐叔嚮雜療方十二卷
徐叔嚮體療雜病方六卷
姚大夫集驗方十二卷
徐文伯藥方二卷
徐大山試驗方二卷
徐大山巾箱中方三卷
徐氏效驗方三卷
徐嗣伯落年方三卷
徐大山墮年方二卷
小品方十二卷陳延之撰
千金方三卷范世英撰
徐王八世家傳効驗方十卷徐之才撰
姚僧垣集驗方十卷

許證備急草要方三卷　徐辨卿方二十卷
刪繁方十卷（謝士泰撰）　吳山居方三卷
單複要驗方三卷（釋莫滿撰）　釋道洪方一卷
療百病雜丸方三卷（釋曇鸞撰）　扁鵲陷冰丸方一卷
扁鵲肘後方三卷　大略丸五卷
經心錄方八卷（宋俠撰）　褚澄雜藥方十二卷
陳山提雜藥方十卷　釋僧深集方三十卷
名醫集驗方三卷　雜湯方八卷
百病膏方十卷　古今錄驗方五十卷
必效方十卷　崔氏纂要方十卷（唐崔行功撰）
袖中備急要方三卷　千金方三十卷（孫思邈撰）
千金髓方二十卷同上　千金翼方三十卷（孫思邈撰）
神枕方一卷　明皇開元廣濟方五卷

劉貺真人肘後方三卷　外臺祕要四十卷王燾撰

外臺祕要略十卷王燾撰　貞元集要廣利方五卷德宗撰

陸氏集驗方十五卷陸贄　兵部手集方三卷李絳方薛弘慶撰

薛景晦古今集驗方十卷　劉禹錫傳信方二卷

海上集驗方十卷崔玄亮撰　鄭注藥方一卷唐志鄭撰

韋氏獨行方十二卷唐韋宙撰　張文仲隨身備急方三卷

羣方祕要三卷唐蘇越撰　唐興集驗方五卷白仁敘撰

包會應驗方一卷　篋中方三卷唐許孝宗撰

梅崇獻方五卷道士梅崇獻撰　太和濟要方五卷唐宣成公撰

廣正集靈寶方一百卷僞蜀羅普宣撰　續傳信方十卷僞唐王顏撰

昇元廣濟方三卷僞唐華宗壽撰　博濟安衆方二卷

纂集韓待詔肘後方一卷　鄭氏惠心方三卷

千金祕要備急方一卷　新集應病通神方三卷裴孝封撰

普濟方五卷宋朝王守愚撰 鄭氏惠民方三卷
塞上方三卷 延齡至寶方十卷唐姚和衆撰
刪繁要略方一卷 備急方一卷
鄭氏纂祕要方二卷 萬全方三卷安埡撰
別集玉壺備急大方一卷 諸集纂驗方一卷
行要備急方一卷元希聲集 走馬備要方一卷段詠撰
北京要術一卷唐陳元撰 巾箱集一卷
千金纂錄一卷 集妙方三卷沈承撰
王氏祕方五卷 太平聖惠方一百卷宋朝王懷隱等奉詔撰
神醫普救方一千卷宋朝翰林學士賈黃中等撰
勝金方一卷 宋氏千金方三卷
陳太醫方一卷 張處環方三卷
初虞世必用方三卷 續必用方一卷

意外方三卷
二十八宿治病鬼鑑圖一卷
韋氏月錄方一卷
聖惠經用方一卷
王趙選祕方一卷
孫尚藥方三卷
劉氏十全博救方一卷劉甫集
千金一致方一卷錢象中集
玉臺備急方一卷
彭祖養政備急方一卷
金鍊神妙方一卷
太清經藥方一卷
胡愔方二卷
隋朝四海類聚方二千六百卷
簡要濟衆方五卷周應等撰
聖惠選方六十卷
晏相明効方五卷
王氏博濟方三卷王袞撰
瀉內景方一卷
聖苑方三卷
蘇沈良方十五卷
王氏醫門集二十卷
金鑒方三卷孫兼撰
孫用和傳家祕寶方三卷
慶曆善救方一卷
惠民局濟世方十卷

和劑局方五卷　靈方志一卷孔周翰述

右方書一百三十九部四千九百二十三卷

隋煬帝勅撰四海類聚單方三百卷唐只存十六卷

王世榮單方一卷　賈耽備急單方一卷

草木諸藥單方一卷張秀言撰　秦聞單方一卷

單方一卷崇文總目　葛懷敏單方一卷

葛氏單方三卷　姚大夫單方一卷

太平聖惠單方十五卷

右單方一十部三百二十五卷

龍樹菩薩藥方四卷　西域諸仙所說藥方二十三卷

香山仙人藥方二十卷　西域波羅仙人方三卷

西域名醫所集要方四卷　婆羅門諸仙藥方二十卷

婆羅門藥方五卷　耆婆所述仙人命論方二卷

乾陀利治鬼方十卷　新錄乾陀利治鬼方四卷

摩訶出胡國方十卷

右胡方一十一部一百卅五卷

寒食散論二卷　寒食散湯方二十卷

寒食散對療一卷釋道洪撰　解寒食散方二卷釋智斌撰

解寒食散論二卷　解寒食散方六卷徐叔嚮撰

寒食解雜論七卷釋慧義撰　解寒食方十五卷見唐志

寒食散方并消息節度二卷　太一護命石寒食散二卷宋尚撰

右寒食散一十部五十九卷

醫方下

醫方論七卷見隋志　王叔和論病六卷

張仲景評病要方一卷　體療雜病疾源三卷徐悅撰

吳景賢諸病源候論五十卷　巢氏諸病源候論五十卷隋巢元方撰

徐嗣伯雜病論一卷　醫門金鑑三卷衛嵩撰
許詠六十四問一卷唐許詠撰　病源手鏡一卷唐段元亮撰
伏氏醫苑一卷唐伏適撰　名醫傳七卷唐甘伯宗撰
素問醫療訣一卷　明醫顯微論一卷石昌璉撰
醫門括源方一卷吳希言撰　今體治世集三十卷五代劉翰撰
金匱玉函八卷　金匱玉函要略三卷
金匱錄五卷　萬病拾遺三卷
醫門簡要十卷華顒集　新集病總要略一卷張叔和撰
病源兆經一卷　醫明要略一卷
醫家要妙五卷孫思邈撰　通元經十卷周支義方撰
耆婆八十四問一卷　問答疾狀一卷
錄一卷　百一問答方三卷蕭存禮撰
太僕醫方一卷唐天授二年進　摭醫新說二卷

意醫紀曆一卷偽蜀吳羣撰　王勃醫語序一卷
醫語纂要論一卷　扁鵲祕訣一卷
醫鑑後傳一卷　青溪子萬病拾遺三卷
孫思邈禁經二卷　龍樹呪法一卷
右病源四十部二百三十一卷
五藏訣一卷　五藏論五卷見隋志
黃帝五藏論一卷　神農五藏論一卷
張仲景五藏論一卷　斐璡五藏論七卷唐裴璡撰
五藏傍通明鑑圖一卷唐道士裴元靈撰　五藏榮衞論一卷
五藏含鑑論一卷　大五藏論一卷張尚容撰
小五藏論一卷張尚容撰　五藏論應象一卷唐吳兢撰
五藏類合賦五卷唐劉清海撰　連方五藏論一卷
五色傍通五藏圖一卷唐裴光庭撰　藏府通元賦一卷唐張文懿撰

耆婆五藏論一卷　五藏鑑元四卷唐段元亮撰
五藏要訣一卷　燕臺要術五卷沙門應元撰
五鑑論五卷　太元心論一卷
醫門祕錄五卷道士梅崇獻撰
新修榮衛養生用藥補瀉論十卷翰林待詔李鉞撰
五藏類纂十二卷　華氏中藏經一卷
五藏傍通導養圖一卷孫思邈撰　諸家五藏論五卷
五藏攝養明鑑圖一卷　吳兢五藏論五卷
歧伯精藏論一卷　玄女五藏論一卷
天壽性術論一卷

右五藏三十三部九十卷

張仲景傷寒論十卷晉王叔和編次　療傷寒身驗方一卷
徐文伯辨傷寒一卷　傷寒總要二卷

巢氏傷寒論一卷　玉川傷寒論一卷
傷寒手鑑二卷田誼卿撰　傷寒證辨集一卷
張果先生傷寒論一卷　百中傷寒論三卷太常主簿陳昌祚撰
傷寒論後集六卷　石昌璉證辨傷寒論一卷
傷寒百問經絡圖一卷　傷寒集論方十卷
孫王二公傷寒論方二卷　上官均集傷寒要論方一卷
朱旦傷寒論一卷　明時政要傷寒論三卷
鄭氏傷寒方一卷　孫兆傷寒方二卷
曾誼傷寒論一卷　陰毒形證訣一卷宋迪撰
傷寒括要詩一卷通真子撰　傷寒類要方十卷
傷寒式例一卷劉君翰撰　傷寒總病論七卷龐安時撰
傷寒慈濟集三卷
右傷寒二十七部七十五卷

脚弱方八卷徐叔嚮撰　辨脚弱方一卷徐文伯撰

脚病論三卷　李暄嶺南脚氣論一卷

脚氣論三卷見唐志　李暄脚氣方一卷

脚氣論一卷唐蘇鑒徐王唐侍中三家之說　三家脚氣一卷集蘇徐唐三家之說稍異者

新撰脚氣論三卷唐李暄撰以三家之說不論風土述江淮嶺南秦川之異

右脚氣十九部二十二卷

嶺前急要方三卷見唐志　南中四時攝生論一卷唐鄭景岫撰

南行方三卷唐李繼皐撰　治嶺南衆疾經效方一卷

廣南攝生方一卷

右嶺南方五部九卷

風疾論一卷朱元朴撰　風論山兆經二卷吳希言撰

論三十六種風一卷楊天業撰　青烏子風論一卷

生風論一卷　發焰錄一卷唐司空輿述治風方

水氣論三卷蘭宗簡撰
西京巢家水氣論一卷
徒都子膜外氣方一卷即水氣也
青溪子消渴論一卷唐李暄撰
療消渴方一卷謝南郡撰
玄感傳屍論一卷唐蘇遊撰
骨蒸論一卷
五勞論一卷
治勞神祕方二卷
扁鵲療黃經一卷
療黃經歌一卷
療黃經三卷
烙三十六黃法幷明堂一卷
右雜病一十九部二十五卷
甘濬之療癰疽金創要方十四卷
又十五卷甘伯齊撰
甘濬之療癰疽毒埦雜病方三卷
癰疽論方一卷
療癰經一卷
療癰疽要訣一卷唐喻義纂
沈泰之癰疽論一卷
療癰疽諸瘡方二卷秦政應撰
瘡腫論一卷唐西川節度史藉喻義撰

癰疽論三卷　發背論一卷僧智宣撰
又一卷白岑撰　吞字帖腫方一卷唐波馳波利奉詔譯
療小兒丹法一卷　劉涓子鬼遺方十卷宋龔慶宣撰
療三十六瘻方一卷　瘰癧方一卷
右瘡腫一十七部五十八卷
療目方五卷陶氏撰　療耳眼方十四卷甘濬之撰
龍樹眼論一卷　醫眼鍼鈎方論一卷
穆昌敘眼方一卷　審的選要歌一卷
審的眼藥歌三卷　眼論準的歌一卷劉皓撰
經驗眼藥方十卷　眼論三卷
楚人劉豹子眼論一卷
右眼藥一十一部四十一卷
張仲景口齒論一卷　邵英俊口齒論一卷唐人

排玉集二卷唐邵英俊撰　唐陵正師口齒論一卷唐供奉僧普濟集
口齒論三卷沖和先生撰　口齒玉地論一卷唐供奉僧普濟撰
咽喉口齒方論五卷　療口齒雜方一卷
右口齒八部一十五卷
范氏療婦人方十一卷　張仲景療婦人方二卷
徐文伯療婦人瘕一卷　楊氏產乳集驗方三卷唐楊歸厚撰
婦人方二十卷見唐志　少女方十卷見唐志
少女雜方二十卷見唐志　產前後論一卷王守忠撰
產後論一卷楊全迪李壽集　集產後十九論一卷
家寶義囊一卷　崔氏產鑑圖一卷
產寶三卷僞蜀周挺撰　子母祕錄十卷許仁則撰
昝氏產寶三卷　王嶽產書一卷
右婦人一十六部八十九卷

小兒經一卷見隋志　俞氏療小兒方三卷
徐叔嚮療少小百病方三十七卷
療少小雜方二十卷　范氏療小兒方一卷
王末療小兒方十七卷　少小方一卷
俞寶小女節療方一卷　童子祕訣三卷唐姚和衆撰
衆童延齡至寶方十卷姚和衆撰　孫會嬰孺方十卷
嬰孩病源論一卷　崔氏小兒論一卷
療小兒眼論一卷劉皓集　小兒藥證一卷劉景裕撰
小兒五疳二十四候論一卷　小兒宮氣集三卷
小兒方術論一卷
孩孺明珠變蒸七疳方論一卷朱篆撰
小兒祕錄一卷　仙人水鑑圖訣一卷唐王超撰
保童方一卷僞蜀周挺撰　嬰兒論二卷

嬰孩雜方五卷　小兒水鑑論三卷
小兒玉匱金鎖訣一卷　小兒葱臺訣一卷
小兒備急方一卷　董子元感祕訣三卷
嬰童寶鑑三卷　幼幼方一卷
小兒病源六卷　小兒論三卷錢汶撰
小兒訣三卷　童子要訣三卷
錢氏小兒方八卷錢乙撰　張渙小兒方三卷
潘氏小兒方一卷　陳氏小兒方一卷陳宗望撰
陳琥小兒方一卷　王氏小兒方一卷

右小兒四十一部一百六十七卷

食經十四卷見隋志　崔氏食經四卷崔浩
馬琬食經三卷　盧仁宗食經五卷
竺暄食經四卷　劉休食經一卷齊冠軍將軍劉休撰

又十卷　食饌次第法一卷
四時御饍經一卷　梁太官食經五卷
梁太官食法二十卷　家政方十二卷
羹臛法一卷　食圖四時酒要方一卷
藏釀法一卷　膢胹法一卷
北方生醬法一卷　會稽郡造海味法一卷
淮南王食經百六十五卷大業中撰　膳羞養療二十卷
膳夫經手錄四卷唐楊曄撰　嚴龜食法十卷唐嚴龜撰
食目十卷　趙武四時食法一卷
太官食方十九卷　食療本草三卷唐孟詵撰
食性本草十卷僞唐陳士良撰　食醫心鑑三卷成都醫博士昝商撰
蕭家法饌三卷　侍膳圖一卷
江飧饌要一卷宋朝黃克明撰　饌林五卷

古今食譜三卷　王易簡食法十卷
諸家法饌一卷　珍庖備錄一卷
酒譜一卷　白酒方一卷
續法饌五卷曹子休撰　老子禁食經一卷
黃帝雜飲食二卷
右食經四十一部三百六十六卷
香方一卷宋明帝撰　雜香方五卷
龍樹菩薩和香法二卷
右香熏三部八卷
妝臺寶鑑集三卷楊氏撰
妝臺方一卷隋宇文士及撰士及之妻則南陽公主所傳之方
雜香膏方一卷見隋志
右粉澤三部五卷

凡醫方二十六種六百六十二部七千三百八十二卷

類書類第十一

何承天幷合皇覽一百二十二卷宋御史中丞何承天撰

徐爰幷合皇覽八十四卷

劉孝標類苑一百二十卷

壽光書苑二百卷劉杳編

華林遍略六百卷徐勉編

修文殿御覽三百六十卷北齊祖孝徵等編

長洲玉鑑二百三十八卷虞綽等編

玄門寶海百二十卷諸葛頴撰

張氏書圖泉海七十卷

檢事書目一百六十卷

帝王要覽二十卷

文思博要一千二百卷貞觀中高士廉等奉勑編

又目十二卷

許敬宗搖山玉彩五百卷

累璧四百卷

又目錄四卷

東殿新書二百卷

藝文類聚一百卷唐歐陽詢撰

北堂書鈔一百七十三卷隋秘書郎虞世南編
冊府五百八十二卷張太素編　武后玄覽一百卷
三教珠英一千三百卷唐武后編　又目十二卷
碧玉芳林四千五十卷孟利貞編　玉藻瓊林一百卷
筆海十卷王義方撰　明皇事類一百三十卷
初學記三十卷唐徐堅等編　十九部書語類十卷唐是光乂撰
政典三十五卷唐劉秩撰　通典二百卷唐杜佑撰
續通典二百卷宋朝宋白李宗諤等奉勑編自唐至德初至周顯德末
又目錄二卷　備舉文言二十卷陸贄撰
集類一百卷唐劉綺莊編　集類略三十卷唐高丘詞撰因劉綺莊之書而略之
陸羽警年十卷　詞圃十卷唐張仲素撰
元氏類集三百卷　白氏經史事類三十卷
六帖三十卷唐于立政編　事鑑五十卷唐郭道規編

青囊書十卷 唐竇蒙撰　瀛類十卷 唐韋稔編

應用類對十卷 唐韋稔編　韻對十卷 唐高測撰

四庫韻對九十八卷 僞蜀陳鄂撰　十經韻對二十卷 僞蜀陳鄂撰

學海三十卷 唐溫庭筠撰　修文海十七卷 唐王博古撰

記室新書三十卷 唐李途撰　錦繡谷五卷 唐孫翰撰錦繡谷乃所居山名

翰苑七卷 唐張楚金撰　鹿門家抄九十卷 唐皮日休編作五言詩類事

戚苑纂要十卷 唐劉揚名編記宗族內外親姻事　戚苑英華十卷 唐劉揚名撰

玉府新書三卷 梁齊逸人撰　編珠五卷 隋杜公瞻撰

史海十卷 顯德中曹化編　元穆類事十卷

金鑾秀集二十卷 顏真卿撰　金鑰一卷 李商隱撰

右類書上六十二部一萬二千四百三十一卷

太平御覽一千卷 太平興國中詔李昉等十四人編集八年書成初名太平總類後改曰太平御覽蓋以年號命名

又目錄十卷

太平廣記五百卷 李昉編御覽之外採其異而爲廣記

册府元龜一千卷 景德中詔王欽若楊億編歷代君臣事迹惟取經史國語戰國策管子孟子韓子淮南子晏子呂氏春秋韓詩外傳其餘小說雜說不取

天和殿御覽四十卷 晏殊等略采册府元龜

麟角一百二十卷

麟角抄十二卷

唐書類苑二卷 宋朝邵思撰

新修唐書事類十卷 僞蜀郭廷鈞編

九經類義二十卷 劉濟纂

資談六十卷 吳越范贊時撰

雕金集十卷 劉閏國撰

屬文寶海一百卷 僞蜀郭徽撰

文華心鑑六卷

經典正要三卷

修文異名錄十卷

類要七十四卷 晏殊編

白氏傳家記二十卷

玉屑二卷

廣略新書三卷

琱玉集二十卷

珊瑚木六卷

碎金抄十卷

儒林碎寶二卷

羊頭山記十卷徐叔暘撰
累玉集十卷李欽元撰
寶鑑絲綸二十卷馮洪敏撰
文選抄十二卷宋朝蘇易簡撰
仙凫羽翼三十卷宋朝僧智曉撰
古今纂類十四卷
御覽要略十二卷
禁垣備對十卷
淺學廣聞十卷
登瀛秘策三十卷宋弁撰
學選二十五卷
經語韻對五卷鄭嶰撰
韻類題選一百卷
續韻類選三十卷
慶曆萬題六十卷錢昌宗編
玉山題府三十卷
壬寅題寶十卷
熙寧題髓十五卷
羣書解題八十卷鄭齊編
注疏解題三十一卷周識編
千題適變十六卷
經傳集外注題五十卷楊損之編
解題四十五卷方龜年編
唐書解題三十卷樓郁編
新唐書解題二十卷章辟光編
題海八十卷

續題海八十卷　韻海五十卷許冠編
韻類解題五卷張孟纂　猪肉臠二十卷
邊崖類聚三十卷　羣書新語十卷方龜年撰
分門類海一百卷　典類一百卷釋守能編撰
珠玉鈔一卷張九齡撰　學林三十卷陳鉉編
採璧十五卷　鷄跖集二十卷
會史一百卷　廣會史二十五卷
諸史總要五十卷　策苑四十卷
書敘指南二十卷任廣撰　羣書數類一卷林扶編撰
經子史集名數六卷　事類賦三十卷吳淑撰
右類書下七十部四千五百五十八卷
凡類書二種一百三十二部一萬六千九百八十九卷
類第十二

楚辭　別集　總集　詩總集
賦　贊頌　箴銘　碑碣
制誥　表章　啓事　四六
軍書　案判　刀筆　俳諧
奏議　論　策　書
文史　詩評

楚辭

楚辭十七卷後漢校書郎王逸注　楚辭十一卷宋何偃刪王逸注

楚辭三卷郭璞注　楚辭音一卷徐邈撰

又一卷宋處士諸葛氏撰　又一卷釋道騫撰

離騷草木蟲魚疏二卷劉杳撰　離騷章句十七卷

離騷約二卷

凡楚辭一種九部五十五卷

別集一楚漢後漢魏蜀吳

楚蘭陵令荀況集二卷　楚大夫宋玉集二卷

右楚別集二部四卷

漢武帝集二卷　淮南王安集二卷
賈誼集四卷　鼂錯集三卷
弘農都尉枚乘集二卷　太常孔臧集二卷
中書令司馬遷集二卷　丞相魏相集二卷
太中大夫東方朔集二卷　文園令司馬相如集二卷
膠西相董仲舒集二卷　騎都尉李陵集二卷
左馮翊張敞集二卷　諫議大夫王褒集五卷
諫議大夫劉向集六卷　射聲校尉陳湯集二卷
丞相韋玄成集二卷　諫議大夫谷永集二卷
涼州刺史杜鄴集五卷　騎都尉李尋集二卷
司空師丹集五卷　光祿大夫息夫躬集五卷
太中大夫楊雄集五卷　太中大夫劉歆集五卷
成帝班婕好集一卷　班昭集三卷

王莽建新大尹崔篆集一卷　保成師友唐林集一卷

中謁者史岑集二卷

右漢二十九部八十一卷

東平王蒼集五卷　桓譚集二卷

司隸從事馮衍集五卷　徐令班彪集五卷

司徒掾陳元集一卷　王隆集二卷

雲陽令朱勃集二卷　處士梁鴻集二卷

車騎從事杜篤集五卷　車騎司馬傅毅集二卷

大將軍護軍司馬班固集十七卷

魏郡太守黄香集二卷　長岑長崔駰集十卷

侍中賈逵集一卷　校書郎劉騊駼集二卷

樂安相李尤集五卷　大鴻臚竇章集二卷

濟北相崔瑗集六卷　劉珍集二卷

河閒相張衡集十一卷　郎中籍順集一卷
太傅胡廣集二卷　黃門侍郎葛龔集六卷
司空李固集十二卷　南郡太守馬融集九卷
外黃令高彪集二卷　王逸集二卷
司徒掾桓驎集二卷　處士崔琦集一卷
酈炎集三卷　陳相邊韶集二卷
益州刺史朱穆集二卷　京兆尹延篤集一卷
司農卿皇甫規集五卷　太常卿張奐集二卷
王延壽集三卷　五原太守崔寔集二卷
趙壹集一卷　諫議大夫劉陶集三卷
外黃令張升集二卷　侯瑾集二卷
盧植集二卷　議郎廉品集二卷
司空荀爽集三卷　野王令劉梁集三卷

鄭玄集二卷　左中郎將蔡邕集二十卷
又蔡邕外文一卷　尚書令士孫瑞集二卷
太山太守應劭集四卷　別部司馬張超集五卷
少府孔融集十卷　侍御史虞翻集三卷
討虜長史張紘集二卷　處士禰衡集二卷
尚書右丞潘勗集二卷　丞相倉曹屬阮瑀集五卷
丞相主簿繁欽集十卷　丞相軍謀掾陳琳集十卷
丞相主簿楊修集二卷　侍中王粲集十一卷
尚書丁儀集二卷　黃門郎丁廙集二卷
曹大家集二卷
右後漢六十四部二百六十一卷
魏武帝集三十卷　武帝逸集十卷
武帝集新撰十卷　文帝集二十三卷

明帝集十卷　高貴鄉公集四卷
陳思王曹植集三十卷　又二十卷
司徒華歆集二卷　司徒王朗集二十四卷
司徒陳羣集五卷　給事中邯鄲淳集二卷
太子文學徐幹集五卷　太子文學應瑒集五卷
太子文學劉楨集四卷　魏國郎中令路粹集二卷
行御史大夫袁渙集五卷　魏國奉常王修集二卷
劉廙集二卷　侍中吳質集五卷
新城太守孟達集三卷　處士管寧集三卷
光祿勳高堂隆集十卷　光祿勳劉劭集二卷
散騎常侍繆襲集五卷　散騎常侍王象集一卷
光祿大夫韋誕集三卷　散騎常侍麋元集五卷
游擊將軍卞蘭集二卷　隰陽侯李康集二卷

陳郡太守孫該集二卷　尚書傅巽集二卷
章武太守殷褒集二卷　司空王昶集五卷
衛將軍王肅集五卷　桓範集二卷
中領軍曹羲集五卷　尚書何晏集十一卷
衛尉卿應璩集十卷　王弼集五卷
中書令劉階集二卷　太常卿傅嘏集二卷
樂安太守夏侯惠集二卷　校書郎杜摯集二卷
毋丘儉集二卷　征東軍司馬江奉集二卷
太常夏侯玄集三卷　車騎將軍鍾毓集五卷
步兵校尉阮籍集十三卷　中散大夫嵇康集十五卷
處士呂安集二卷　司徒鍾會集十卷
汝南太守程曉集二卷

右魏五十三部二百四十七卷

丞相諸葛亮集二十五卷　司徒許靖集二卷
征北將軍夏侯霸集二卷
右蜀三部二十九卷
輔義中郎將張温集六卷　士燮集五卷
偏將軍駱統集十卷　太子少傅薛綜集三卷
選曹尚書暨豔集二卷　姚信集二卷
謝承集四卷　楊文厚集二卷
丞相陸凱集五卷　侍中胡綜集二卷
東觀令華覈集五卷　侍中張儼集二卷
韋昭集二卷　中書令紀騭集三卷
陸景集一卷
右吳十五部五十四卷

晉宣帝集五卷　文帝集二卷
明帝集五卷　簡文帝集五卷
孝武帝集二卷　齊王攸集二卷
王沈集五卷　鄭袤集二卷
宗正嵇喜集二卷　散騎常侍應貞集五卷
司隸校尉傅玄集五十卷　著作郎成公綏集十卷
裴秀集三卷　金紫光祿大夫何禎集五卷
袁準集二卷　少傅山濤集十卷齊朝奉請裴聿注
向秀集二卷　平原太守阮种集二卷
阮侃集五卷　太傅羊祜集二卷
蔡玄通集五卷　太宰賈充集五卷
荀勗集三卷　征南將軍杜預集二十卷
輔國將軍王濬集二卷　處士皇甫謐集二卷

侍中程咸集三卷　光祿大夫劉毅集二卷
侍中庾峻集二卷　巴西太守郄正集一卷
散騎常侍薛瑩集三卷　散騎常侍陶濬集二卷
通仕郎江偉集六卷　宣舒集五卷
散騎常侍曹志集二卷　鄒湛集三卷
汝南太守孫毓集六卷　處士楊泉集二卷
司徒王渾集五卷　冀州刺史王深集五卷
處士閔鴻集三卷　光祿大夫裴楷集二卷
司空張華集十卷　尚書僕射裴頠集十卷
太子中庶子許孟集三卷　太宰何劭集二卷
光祿大夫劉頌集三卷　劉寔集二卷
散騎常侍王佑集三卷　驃騎將軍王濟集二卷
華嶠集八卷　秘書丞司馬彪集四卷

尚書庾儵集二卷　國子祭酒謝衡集二卷
漢中太守李虔集二卷　司隸校尉傅咸集三十卷
太子中庶子棗據集二卷　劉寶集三卷
馮翊太守孫楚集十二卷　散騎常侍夏侯湛集十卷
弋陽太守夏侯淳集二卷　散騎侍郎王讚集五卷
衛尉卿石崇集六卷　尚書郎張敏集五卷
黃門郎伏偉集一卷　黃門郎潘岳集十卷
太常卿潘尼集十卷　頓丘太守歐陽建集二卷
宗正劉訏集二卷　散騎常侍李重集二卷
光祿大夫欒廣集二卷　阮渾集三卷
侍中嵇紹集二卷　錢唐令楊建集九卷
長沙相戚彥集五卷　左長史楊乂集三卷
尚書盧播集二卷　欒肇集五卷

南中郎長史應亨集二卷　國子祭酒杜育集二卷
太常卿摯虞集十卷　祕書監繆證集二卷
齊王府記室左思集五卷　豫章太守夏靖集二卷
吳王文學鄭豐集二卷　大司馬東曹掾張翰集二卷
清河王文學陳略集二卷　揚州從事陸沖集二卷
平原內史陸機集四十七卷　清河太守陸雲集十二卷
少府孫拯集二卷　中書郎張載集七卷
黃門郎張協集四卷　著作郎束晳集五卷
征南司馬曹攄集三卷　散騎常侍江統集十卷
著作郎胡濟集五卷　中書令卞粹集五卷
光祿勳閭丘沖集二卷　太傅從事中郎庾敳集五卷
太子中舍人阮瞻集二卷　太子洗馬阮脩集二卷
廣威將軍裴邈集二卷　太傅郭象集五卷

廣州刺史嵇含集十卷　安豐太守孫惠集十卷
松滋令蔡洪集二卷　平北將軍牽秀集五卷
車騎從事中郎蔡克集二卷　游擊將軍索靖集三卷
隴西太守閻纂集二卷　秦州刺史張輔集二卷
交趾太守殷巨集二卷　太子洗馬陶佐集五卷
益陽令吳商集五卷　仲長敖集二卷
東晉鄱陽太守虞溥集三卷　太常卿劉宏集三卷
開府山簡集二卷　兗州刺史宗岱集二卷
侍中王峻集二卷　濟陽內史王曠集五卷
散騎常侍棗嵩集二卷　襄陽太守棗腆集二卷
太尉劉琨集十卷　劉琨別集十二卷
司空從事中郎盧諶集十卷　秘書丞傅暢集五卷
彭城王紘集二卷　譙烈王集九卷

會稽王道子集八卷　鎮東從事中郎傅毅集五卷
衡陽內史曾瓌集四卷　驃騎將軍顧榮集五卷
司空賀循集二十卷　散騎常侍張抗集二卷
車騎長史賈彬集三卷　光祿大夫衞展集十五卷
東晉太尉荀組集三卷　關內侯傅珉集一卷
光祿大夫周顗集二卷　太常謝鯤集二卷
秘書郎張委集五卷　驃騎將軍王廙集十卷
華譚集二卷　御史中丞熊遠集十二卷
湘州秀才谷儉集一卷　大鴻臚周嵩集三卷
弘農太守郭璞集十七卷　張駿集八卷
大將軍王敦集十卷　吳興太守沈充集三卷
散騎常侍傅純集二卷　光祿大夫梅陶集二十卷
金紫光祿大夫荀邃集二卷　散騎常侍王覽集五卷

著作佐郎王濤集五卷　廷尉卿阮放集十卷
宗正卿張悛集二卷　汝南太守應碩集二卷
金紫光祿大夫張闓集二卷　揚州從事陸沈集二卷
驃騎將軍卞壼集二卷　光祿勳鍾雅集一卷
衛尉卿劉超集二卷　衛將軍戴邈集五卷
光祿大夫荀崧集一卷　大將軍溫嶠集十卷
侍中孔坦集十七卷　臧沖集一卷
鎮南大將軍應詹集五卷　太僕卿王嶠集八卷
衛尉荀闓集一卷　鎮北將軍劉隗集二卷
大司馬陶侃集二卷　丞相王導集十卷
太尉郗鑒集十卷　太尉庾亮集二十卷
虞預集十卷　平越司馬黃整集十卷
護軍長史庾堅集十三卷　司空庾冰集二十卷

給事　著作郎王隱集二十卷
散騎常侍干寶集四卷　太常卿殷融集十卷
衞尉張虞集十卷　光祿大夫諸葛恢集五卷
車騎將軍庾翼集二十二卷　司空何充集四卷
御史中丞郝默集五卷　征西諮議甄述集十二卷
武昌太守徐彥則集十卷　散騎常侍王愆期集十卷
司徒左長史王濛集五卷　丹陽尹劉惔集二卷
益州刺史袁喬集七卷　尚書令顧和集五卷
尚書僕射劉遐集五卷　處士江淳集三卷
魏興太守荀述集一卷　平南將軍賀翹集五卷
李軌集八卷　李充集二十二卷
司徒蔡謨集十七卷　揚州刺史殷浩集五卷
吳興孝廉鈕滔集五卷　宣城內史劉系之集五卷

尋陽太守庾純集八卷　驃騎司馬王修集二卷
衞將軍謝尙集十卷　青州刺史王浹集二卷
西中郎將王胡之集十卷　中書令王洽集五卷
宜春令范保集七卷　處士范宣集十卷
建安太守丁纂集四卷　金紫光祿大夫王羲之集十卷
散騎常侍謝万集十六卷　司徒長史張憑集五卷
高涼太守楊方集二卷　處士許詢集三卷
征西將軍張望集十卷　餘姚令孫統集九卷
衞尉卿孫綽集十五卷　太常江逌集九卷
謝沈集十卷　李顒集十卷
光祿勳曹毗集十卷　郡主簿王篋集五卷
沙門支遁集八卷　劉或集十六卷
張重華酒泉太守謝艾集七卷　撫軍長史蔡系集二卷

護軍將軍江彬集五卷　范汪集十卷
尚書僕射王述集八卷　王度集五卷
中領軍庾龢集二卷　將作大匠喻希集一卷
吳興太守孔嚴集十一卷　大司馬桓溫集四十三卷
桓溫要集二十卷　豫章太守車灌集五卷
尚書僕射王坦之集七卷　左光祿王彪之集二十卷
中書郎郗超集十卷　南中郎桓嗣集五卷
平固令邵毅集五卷　太學博士滕輔集五卷
苻堅丞相王猛集九卷　顧夷集五卷
散騎常侍鄭襲集四卷　撫軍掾劉暢集一卷
太常卿韓康伯集十六卷　黃門郎范啓集四卷
豫章太守王恪集十卷　雲陵太守陶混集七卷
海鹽令祖撫集三卷　吳興太守殷康集五卷

太傅謝安集十卷　中軍參軍孫嗣集三卷
司徒左長史劉惔集二卷　御史中丞孔欣時集八卷
伏滔集十一卷　滎陽太守習鑿齒集五卷
秘書監孫盛集五卷　東陽太守袁宏集十五卷
黃門郎顧淳集一卷　尋陽太守熊鳴鵠集十卷
車騎司馬謝韶集三卷　金紫光祿大夫王獻之集十卷
瑯琊內史袁質集二卷　湘東太守庾肅之集十卷
太宰從事中郎袁邵集五卷　車騎長史謝朗集六卷
車騎將軍謝頠集十卷　新安太守郗愔集五卷
吳郡功曹陸法之集十九卷　太常卿王珉集十卷
中散大夫羅含集三卷　太宰中郎長史庾蒨集二卷
大司馬參軍庾悠之集三卷　司徒右長史庾凱集二卷
國子博士孫放集十卷　聘士殷叔獻集四卷

北中郎參軍蘇彥集十卷　太子左率王肅之集三卷
黄門郎王徽之集八卷　處士謝敷集五卷
太常卿孔汪集十卷　陳統集七卷
太常王愷集十五卷　右將軍王忱集五卷
太常殷允集十卷　處士戴逵集十卷
光祿大夫孫廞集十卷　太子前率徐邈集九卷
給事徐乾集二十一卷　冠軍將軍張玄之集五卷
員外常侍荀世之集八卷　袁山松集十卷
黄門郎魏逷之集五卷　驃騎將軍卞湛集五卷
金紫光祿大夫褚爽集十六卷　豫章太守范寗集十六卷
餘杭令范弘之集六卷　司徒王珣集十卷
處士薄蕭之集十卷　安北參軍薄要集九卷
薄邕集七卷　延陵令唐邁之集十一卷

孫恩集五卷
御史中丞魏叔齊集十五卷　殿中將軍傅綽集十五卷
臨海太守辛德遠集五卷　司徒右長史劉寧之集五卷
太保王恭集五卷　中騎參軍何瑾之集十一卷
荆州刺史殷仲堪集十二卷　殷覬集十卷
桓玄集二十卷　驃騎長史謝景重集一卷
光祿勳卞承之集十卷　丹陽令卞範之集五卷
司徒王謐集十卷　東陽太守殷仲文集七卷
右軍參軍孔璠集二卷　光祿大夫伏系之集十卷
光祿大夫祖台之集二十卷　衛軍諮議湛方生集十卷
太常卿劉瑾集九卷　通直常侍顧愷之集十三卷
秘書監滕演集十卷　左僕射謝混集三卷
太尉諮議劉簡之集十卷　司徒長史王誕集二卷
丹陽太守袁豹集十卷

廬江太守殷遵集五卷　興平令荀軌集五卷
西中郎長史羊徽集十卷　國子博士周祇集十一卷
相國主簿殷闡集十卷　太常傅迪集十卷
始安太守卞裕集十五卷　韋公藝集六卷
毛伯成集一卷　沙門支曇諦集六卷
沙門釋慧遠集十二卷　姚萇沙門釋僧肇集一卷
王茂略集四卷　曹毗集四卷
宗欽集二卷　中軍功曹殷曠之集五卷
太學博士魏說集十卷　征西主簿丘道護集五卷
柴桑令劉遺民集五卷　郭澄之集十卷
處士周元之集一卷　孔瞻集九卷
司徒王渾妻鐘夫人集五卷　晉武帝左九嬪集四卷
太宰賈充妻李扶集一卷　武平都尉陶融妻陳窈集一卷

都水使者妻陳玢集五卷　海西令劉鱗妻陳璆集七卷
劉柔妻王邵之集十卷　散騎常侍傅抗妻辛蕭集一卷
松楊令鈕滔母孫瓊集二卷　成公道賢妻龐馥集一卷
宣城太守何殷妻徐氏集一卷
江州刺史王凝之妻謝道韞集二卷
右晉三百七十二部二千四百九十八卷

別集三 宋齊梁

宋武帝集二十卷　文帝集十卷
孝武帝集三十一卷　廢帝景和集十卷
明帝集三十三卷　長沙王道憐集十卷
臨川王道規集四卷　臨川王義慶集八卷
江夏王義恭集十五卷　衡陽王義季集十卷
南平王鑠集五卷　竟陵王誕集二十卷

建平王休佑集十卷　新喻惠侯義宗集十二卷
散騎常侍祖柔之集二十卷　豫章太守謝瞻集三卷
征虜將軍沈林子集七卷　太常卿孔琳之集十卷
王叔之集十卷　太中大夫徐廣集十五卷
祕書監盧繁集十卷　侍中孔甯子集十五卷
建安太守卞瑾集十卷　太常卿蔡廓集十卷
尚書令傅亮集三十一卷　征南長史孫康集十卷
左軍長史范述集三卷　王韶之集二十四卷
太常卿鄭鮮之集十三卷　處士陶潛集二十卷
張野集十卷　零陵令陶階集八卷
東莞太守張元瑾集八卷　光祿大夫王曇首集二卷
中書郎荀昶集十五卷　卞伯玉集五卷
中散大夫羊欣集七卷　司徒王弘集二十卷

金紫光祿大夫沈演集十卷 廣平太守范凱集八卷
沙門釋惠琳集五卷 宋太常謝弘微集二卷
臨川內史謝靈運集二十卷 給事中丘深之集十五卷
義成太守祖企之集五卷 荆州西曹孫詔之集十卷
殷淳集二卷 揚州刺史殷景仁集九卷
國子博士姚濤之集二十卷 周祗集十一卷
殷闡之集一卷 處士宗炳集十六卷
處士雷次宗集三十卷 奉朝請伍緝之集十二卷
南蠻主簿衛令元集八卷 范曄集十五卷
撫軍諮議范廣集一卷 范晏集十四卷
司徒府參軍謝惠連集六卷 右光祿大夫王敬集五卷
任豫集一卷 御史中丞何承天集二十卷
太中大夫裴松之集三十卷 王韶之集二十卷

光祿大夫江湛集四卷
太尉袁淑集十一卷
祕書監王微集十卷
太子舍人王僧謙集二卷
金紫光祿大夫王僧綽集一卷
征北行參軍顧邁集二十卷
魚復令陳超之集十卷
平南將軍何長瑜集八卷
員外郎荀雍集二卷
國子博士范演集八卷
錢唐令顧昱集六卷
韓濬之集八卷
南陽太守沈亮之集七卷
國子博士孔欣集九卷
臨海太守江玄叔集四卷
尚書郎劉馥集十一卷
太子中舍人張演集八卷
南昌令蔡眇之集三卷
太學博士顧雅集十三卷
巴東太守孫仲之集十二卷
太尉諮議參軍謝元集一卷
南海太守陸展集九卷
棘陽令山謙之集十二卷
廣州刺史楊希集九卷
太常卿范泰二十卷
員外郎常侍周始之集十一卷

主客郎羊崇集六卷
太子舍人孔景亮集三卷
中書郎袁伯文集十一卷
丞相諮議蔡超集七卷
東中郎長史孫緬集八卷
賀道養集十卷
太子洗馬謝澄集六卷
新安太守張鏡集十卷
兼中書舍人褚詮之集八卷
特進顏延之集二十五卷
東揚州刺史顏竣集十四卷
大司馬錄事顏測集十一卷
護軍將軍王僧達集十卷
江寧令蘇寶生集四卷
兗州別駕范義集十二卷
吳興太守劉瑀集七卷
會稽太守張暢集十二卷
司空何尙之集十卷
吏部尙書何偃集十九卷
侍中沈懷文集十二卷
太子中庶子殷琰集七卷
北中郎長史江智深集九卷
武陵太守袁覬集八卷
荀欽明集六卷
安北參軍王詢之集五卷
越騎校尉戴法興集四卷

黃門郎虞通之集二十卷　司徒左長史沈勃集二十卷
金紫光祿大夫謝莊集十九卷　金紫光祿大夫謝協集三卷
三巴校尉張悅集十一卷　揚州從事賀頠集十一卷
領軍長史孔邁之集八卷　撫軍參軍賀弼集十六卷
本州秀才劉遂集二卷　建平王景素集十卷
征虜記室參軍鮑照集十卷　武康令沈懷遠集十九卷
裴駰集六卷　刪定郎劉鯤集五卷
宜都太尉費脩集十卷　太中大夫徐爰集六卷
護軍司馬孫勃集六卷　右光祿大夫張永集十六卷
陽羨令趙繹集十六卷　庾蔚之集十六卷
太子中舍人召不就王素集十六卷
豫章太守劉愔集十卷　費景運集二十卷
光祿大夫孫夐集十一卷　太尉從事中郎蔡頤集三卷

司空劉緬集二十卷　青州刺史明僧暠集十卷
吳興太守蕭惠開集七卷　沈宗之集十卷
大司農張辨集十六卷　金紫光祿大夫王瓚集十五卷
郭坦之集五卷　會稽主簿辛湛之集八卷
東海王常侍鮑德遠集六卷　會稽郡丞張綏集六卷
寧國令劉耆集七卷　江州從事吳邁遠集一卷
宛朐令湯惠休集四卷　南海太守孫奉伯集十卷
右將軍成元範集十卷　奉朝請虞喜集十一卷
延陵令唐思賢集十五卷　戴凱之集六卷
司徒袁粲集十一卷　婦人韋氏集一卷
後宮司儀韓蘭英集四卷
右宋一百六十二部一千七百一十六卷
齊文帝集十一卷　晉安王子懋集四卷

隨王子隆集七卷　竟陵王子良集四十卷
聞喜公蕭遙欣集十一卷　領軍諮議劉祥集十卷
太宰褚彥回集十五卷　黃門侍郎崔祖思集二十卷
中軍佐鍾蹈集十二卷　餘杭令丘巨源集十卷
太尉王儉集六十卷　東海太守謝顥集十六卷
謝瀹集十卷　豫州刺史劉善明集十卷
侍中褚賁集十二卷　劉虯集二十四卷
司徒主簿徵不就庾易集十卷　顧歡集三十卷
劉瓛集三十卷　射聲校尉劉璡集三卷
中書郎周顒集八卷　鮑鴻集二十卷
雍州秀才韋瞻集十卷　正員郎劉懷慰集十卷
永嘉太守江山圖集十卷　驃騎記室參軍荀憲集十一卷
前軍參軍虞羲集九卷　平陽令韋沈集十卷

車騎參軍任文集十一卷　卞鑠集十六卷
婁幼瑜集六十六卷　長水校尉祖沖之集五十一卷
中書郎王融集十卷　吏部郎謝朓集十二卷
又外集一卷　謝朓逸集一卷
司徒左長史張融集二十七卷　又張融玉海集十卷
又張融大澤集十卷　又張融金波集六十卷
羽林監庾韶集十卷　黄門郎王僧佑集十卷
太常卿劉悛集二十卷　祕書王寂集五卷
金紫光祿大夫孔稚珪集十卷　後軍法曹參軍陸厥集八卷
太尉徐孝嗣集十卷　侍中劉暄集二十一卷
通直常侍裴昭明集九卷　虞炎集七卷
吏部郎劉瑱集十卷　梁國從事中郎劉繪集十卷
侍中袁彖集五卷　中書郎江奐集十一卷

平西諮議宗躬集十三卷　太子舍人沈麟士集六卷

右齊五十六部八百七十三卷

梁武帝集三十二卷　武帝別集目錄二卷

武帝雜文集九卷　簡文帝集八十五卷

元帝集五十卷　元帝小集十卷

文帝集十八卷　昭明太子集二十卷

晉安成王集三十卷　岳陽王詧集十卷

梁主蕭歸集十卷　邵陵王綸集六卷

武陵王紀集八卷　蕭琮集七卷

安成煬王集五卷　司徒諮議宗夬集九卷

國子博士丘遲集十卷　謝朏集十五卷

金紫光祿大夫江淹集二十卷　江淹後集十卷

尚書僕射范雲集十一卷　太常卿任昉集三十四卷

晉安太守謝纂集十卷　撫軍將軍柳憺集二十卷
豫州刺史柳憕集六卷　尙書令柳忱集十三卷
義興郡丞何僩集三卷　撫軍中兵參軍韋温集十卷
鎮西錄事參軍到洽集十一卷　太子洗馬劉苞集十卷
南徐州秀才諸葛璩集十卷　特進沈約集一百卷
謝綽集十一卷　中軍府諮議王僧孺集三十卷
尙書左丞范縝集十一卷　護軍將軍周捨集二十卷
秘書張纖金河集六十卷　劉敲集八卷
玄貞處士劉訏集一卷　蕭洽集二卷
隱居先生陶弘景集三十卷　又陶弘景內集十五卷
處士魏道微集三卷　黃門郎張率集三十八卷
南徐州治中三囧集三卷　都官尙書江革集六卷
奉朝請吳均集二十卷　光祿大夫庾曇隆集十卷

儀同三司徐勉前集三十五卷　又徐勉後集十六卷
吏部郎王錫集七卷　尚書左僕射王暕集二十一卷
平西刑獄參軍劉孝標集六卷　鴻臚卿裴子野集十四卷
仁威府長史司馬褧集九卷　太子洗馬王筠集十一卷
又王筠中書集十一卷　王筠臨海集十一卷
王筠左佐集十一卷　王筠尚書集九卷
西昌侯蕭深藻集四卷　中書郎任孝恭集十卷
平北府長史鮑泉集一卷　雍州刺史張纘集十一卷
尚書僕射張綰集十一卷　度支尚書庾肩吾集十卷
太常卿劉之遴前集十一卷　又劉之遴後集二十一卷
豫章世子侍讀謝郁集五卷　安成蕃王蕭欣集十卷
中書舍人朱超集一卷　護軍將軍甄玄成集十卷
散騎常侍沈君攸集十三卷　蕭子暉集九卷

始興內史蕭子範集十三卷　建陽令江洪集二卷
鎭西府記室鮑纖集八卷　尚書祠部郎虞嚼集十卷
新田令費昶集三卷　蕭機集二卷
周興嗣集十卷　東陽郡丞謝瑱集八卷
通直郎謝琛集五卷　仁威記室何遜集七卷
安西記室劉綏集四卷　沙門釋智藏集五卷
太常卿陸倕集十四卷　廷尉卿劉孝綽集十四卷
都官尚書劉孝儀集二十卷　太子庶子劉孝威集十卷
東陽太守王揖集五卷　黃門郎陸雲公集十卷
國子祭酒蕭子雲集十九卷　征西府長史楊眺集十一卷
後梁明帝集一卷　臨安恭公主集三卷武帝女
征西記室范靖妻沈滿願集三卷
太子洗馬徐悱妻劉令嫻集三卷

右梁三九十八部一千三百五十卷

藝文略第七

別集四　後魏　北齊　後周　陳　隋　唐

後魏孝文帝集四十卷　司空高允集二十卷
司農卿李諧集十卷　太常卿盧元明集十七卷
司空祭酒袁躍集十三卷　著作佐郎韓顯宗集十卷
散騎常侍溫子昇集三十九卷　太常卿陽固集三卷
薛孝通集六卷　宗欽集二卷
魏孝景集一卷

右後魏十一部一百六十一卷

北齊特進邢子才集三十卷　尚書僕射魏收集七十卷
儀同劉逖集二十六卷　陽休之集三十卷

右北齊四部一百五十六卷

後周明帝集五十卷　趙平王集十卷

滕簡王集十二卷　　儀同宗懍集十二卷
沙門釋忘名集十卷　　小司空王褒集二十一卷
少傅蕭撝集十卷　　開府儀同庾信集二十一卷
又略集三卷　　王衡集三卷
右後周十部一百五十二卷
陳後主集五十五卷　　後主沈后集十卷
大匠卿杜之偉集十二卷　　金紫光祿大夫周弘讓集九卷
周弘讓後集十二卷　　侍中沈炯前集七卷
沈炯後集十三卷　　尚書僕射周弘正集二十卷
鎮南府司馬陰鏗集一卷　　左衛將軍顧野王集十九卷
尚書左僕射徐陵集三十卷　　右衛將軍張式集十四卷
度支郎張正見集十四卷　　司農卿陸琰集二卷
少府卿陸玢集十卷　　光祿卿陸瑜集十一卷

護軍將軍蔡景歷集五卷　御史中丞褚玠集十卷
安右府諮議司馬君卿集二卷　著作佐郎張仲簡集一卷
沙門釋標集二卷　釋洪偃集八卷
釋靈裕集四卷　釋瑗集六卷
策上人集五十卷　釋暠集六卷
右陳二十六部三百三十三卷
隋煬帝集五十五卷　王祐集一卷
武陽太守盧思道集三十卷　金州刺史李元操集十卷
蜀王府記室辛德源集三十卷　太尉楊素集十卷
懷州刺史李德林集十卷　吏部尚書牛弘集十二卷
司隸大夫薛道衡集三十卷　國子祭酒何妥集十卷
祕書監柳䛒集五卷　開府江總集三十卷
江總後集二卷　記室參軍蕭慤集九卷

著作郎諸葛頴集十四卷
著作郎魏彥深集三卷
著作郎王胄集十卷
殷英童集三十卷
尹式集五卷
虞茂世集五卷
劉興宗集三卷
李播集三卷
道士江旻集三十卷
劉子政母祖氏集九卷

右隋二十四部三百五十六卷

唐太宗集四十卷
高宗集八十六卷
中宗集四十卷
睿宗集十卷
武后垂拱集一百卷
武后金輪集十卷
陳叔達集十五卷
竇威集十卷
褚亮集二十卷
虞世南集三十卷
蕭瑀集一卷
沈齊家集十卷
薛收集十卷
楊師道集十卷

庾抱集十卷　孔穎達集五卷
王勣集五卷　耶楚之集五卷
魏徵集二十卷　許敬宗集八十卷
于志寧集四十卷　上官儀集三十卷
李義府集四十卷　顏師古集六十卷
岑文本集六十卷　劉子翼集二十卷
殷聞禮集一卷　陸士季集十卷
劉孝孫集三十卷　鄭世翼集八卷
崔君實集十卷　李百藥集三十卷
孔紹安集五十卷　高季輔集二十卷
温彥博集二十卷　李玄道集十卷
謝偃集十卷　沈叔安集二十卷
陸楷集十卷　曹憲集三十卷

蕭德言集二十卷　潘求仁集三卷
殷芊集三卷　蕭鈞集三十卷
袁朗集十四卷　楊續集十卷
王約集一卷　任希古集十卷
凌敬集十四卷　王德儉集十卷
徐孝德集十卷　杜之松集十卷
宋令文集十卷　陳子良集十卷
顏顗集十卷　劉頼集十卷
司馬僉集十卷　鄭秀集十二卷
耿義褒集七卷　楊元亨集五卷
劉綱集三卷　王歸一集十卷
馬周集十卷　薛元超集三十卷
高智周集五卷　褚遂良集二十卷

劉禕之集七十卷　郝處俊集十卷
崔知悌集五卷　李安期集二十卷
唐覲集五卷　張大素集十五卷
鄧元挺集十卷　劉允濟集二十卷
駱賓王集十卷　盧照鄰集二十卷
幽憂子集三卷盧照鄰撰　楊炯盈川集三十卷
王勃集三十卷　狄仁傑集十卷
李懷遠集八卷　盧受采集二十卷
王適集二十卷　喬知之集二十卷
蘇味道集十五卷　薛耀集二十卷
郎餘慶集十卷　盧光容集二十卷
崔融集六十卷　閻鏡機集十卷
李嶠集五十卷　喬備集六卷

陳子昂集十卷　元希聲集十卷
李適集十卷　沈佺期集十卷
徐彥伯前後集二十卷　宋之問集十卷
杜審言集十卷　谷倚集十卷
富嘉謨集十卷　吳少微集十卷
劉希夷集十卷　張柬之集十卷
桓彥範集三卷　韋承慶集六十卷
閭丘鈞集二十卷　郭元振集二十卷
魏知古集二十卷　閻朝隱集五卷
蘇頲集十卷　員半千集十卷
李乂集五卷　姚崇集十卷
丘悅集十卷　劉子玄集三十卷
盧藏用集三十卷　明皇集十卷

德宗集卷上　濮王泰集二十卷
上官昭容集二十卷　令狐德棻集三十卷
許彥伯集十卷　劉洎集十卷
來濟集三十卷　杜正倫集十卷
李敬玄集三十卷　裴行儉集二十卷
崔行功集六十卷　張文琮集二十卷
麴崇裕集二十卷　劉憲集三十卷
薛稷集三十卷　宋璟集十卷
蔣儼集五卷　趙宏智集二十卷
賀德仁集二十卷　許子儒集十卷
蔡允恭集二十卷　張昌齡集二十卷
杜易簡集二十卷　顏元孫集三十卷
姚璹集七卷　杜元志集十卷

楊仲昌集十五卷　崔液集十卷裴耀卿纂
張說集三十卷　又燕公外集一卷
蘇頲集三十卷　徐堅集三十卷
元海集十卷　李邕集七十卷
王瀚集十卷　張九齡集二十卷
康國安集十卷　孫逖集二十卷
趙冬曦集七卷　毛欽一集三卷
王助雕蟲集一卷　王維集十卷
康希銑集二十卷　張均集二十卷
權若訥集十卷　白履忠集十卷
鮮于向集十卷　許渾丁卯集二卷
康玄辨集十卷　崔國輔集七卷
嚴從集三卷從卒詔求其藁呂向集而進焉　高適集二十卷

陶翰集卷亡　崔輔國集
賈至集二十卷　又別集十五卷蘇冕編
張孝嵩集十卷　儲光羲集七十卷
蘇源明前集二十卷　李白草堂集二十卷李陽冰錄
又度北門集一卷　杜甫集六十卷
小集六卷潤州刺史樊晃集　岑參集十卷
盧象集十二卷　蕭穎士游梁新集三卷
又集十卷　李華前集十卷
中集二十卷　李翰前集三十卷
王昌齡集五卷　元結文編十卷
邵說集十卷　裴倩集五卷裴均父
又溢城集五卷　劉棠集三卷
樊澤集十卷　崔良佐集十卷

楊賁集十五卷　劉迥集五卷
武就集五卷元衡父　于休烈集十卷
元載集十卷　張薦集三十卷
劉長卿集十卷　隋州外集十卷
戎昱集五卷　崔祐甫集三十卷
常袞集十卷　楊炎集十卷
顏真卿吳興集十卷　又廬陵集十卷
又臨川集十卷　歸崇敬集二十卷
劉太真集三十卷　于卲集四十卷
梁肅集一十卷　獨孤及毗陵集二十卷
竇叔向集七卷　柳渾集十卷
李泌集二十卷　張建封集二百三十篇
顧況集二十卷皇甫湜編　鮑溶集五卷

齊抗集二十卷　鄭餘慶集五十卷
崔元翰集三十卷　楊凝集二十卷
歐陽詹集十卷　李觀集三卷陸希聲纂
又一卷　呂温集十卷
穆員集十卷　竇常集十八卷
鄭絪集三十卷　符載集十四卷
郄純集六十卷　戴叔倫述藁十卷
張登集六卷　陸迅集十卷
柳冕集七卷　姚南仲集十卷
李吉甫集二十卷　武元衡集十卷
權德輿童蒙集十卷　又集五十卷
韓愈集四十卷　柳宗元集三十卷
韋貫之集三十卷　李絳集二十卷

令狐楚漆奩集一百三十卷　韋武集十五卷
皇甫鑄集十八卷唐志作鏞　樊宗師集二百九十一卷
武儒衡集二十五卷　李道古文輿三十卷
董侹武陵集　劉禹錫集四十卷
元氏長慶集一百卷　又小集十卷
白氏長慶集七十五卷　白行簡集二十卷
張仲方集三十卷　鄭澣集三十卷
馮宿集四十卷　劉伯芻集三十卷
段文昌集三十卷　韋處厚集七十卷
劉栖楚集二十卷　李翺集十卷
温造集八十卷　王起集一百二十卷
崔咸集二十卷　皇甫湜集三卷
舒元輿集一卷　李德裕姑臧集五卷

又會昌一品集二十卷　又一品外集十卷
又窮愁志三卷　又別集八卷
杜牧樊川集二十卷　又外集一卷
又別集一卷　沈亞之集九卷
羅讓集三十卷　王涯集十卷
魏謩集十卷　秣陵子集一卷寶歷中應賢良來擇撰
柳仲郢集二十卷　陳商集十七卷
歐陽袞集二卷　温庭筠握蘭集三卷
又金荃集十卷　又漢南眞藁十卷
又詩五卷　陳陶文錄十卷
劉蛻文泉子十卷　孫樵經緯集三卷
周愼辭寧蘇集五卷　皮日休集十卷
又詩一卷　又胥臺集七卷

陸龜蒙笠澤叢書三卷　又詩編十卷
楊夔集五卷　又冗書十卷
又冗餘集一卷　沈栖遠景臺編十卷
司空圖一鳴集三十卷　陸扆集七卷
賈島長江集十卷　又小集三卷
秦韜玉技知小錄三卷　鄭賨集十卷
袁皓碧池書三十卷　鄭氏貽孫集四卷
養素先生遺榮集三卷　張玄晏集二卷
齊夔集一卷　黃璞霧居子集十卷
譚正夫集一卷　丘光庭集三卷
張安石浩江集一卷　張友正雜編一卷
沈光集五卷　程晏集七卷
李善夷集一卷　又江南集十卷

劉綺莊集十卷　孫郃集四十卷
又孫子文纂四十卷　又孫氏小錄集二卷
陳黯集三十卷　羅衮集二卷
顧雲苕川總載集十卷　又集遺具錄十卷
又鳳策聯華三卷　王秉集一卷
又編遺十卷　鄭準渚宮集一卷
李嵩集三卷　裴度集二卷
獨孤郁集一卷　牛僧孺集二卷
林藻集一卷　林蘊集一卷
陳詡集十卷　黃滔集十五卷
右唐三百四十六部六千四百三十五卷
別集五五代 僞朝宋 別集詩
羅紹威政餘集五卷　高輦丹臺集三卷

羅隱集二十卷　　又羅隱江東後集三卷
又吳越掌記集三卷　　李琪金門集十卷
崔拙集二卷　　賈緯集二十卷
又續草堂集一卷　　梁震集一卷
又乘億珠林集一卷　　張　飛集一卷
王仁裕紫閣集十一卷　　又乘軺集五卷
熊皦屠龍集五卷　　李愚白沙集十卷
李氏應歷小集十卷（李澣晉末人晉陷契丹以僞遼應歷年號名集）
和凝演編集五十卷　　又游藝集五十卷
酈炎集一卷　　孫光憲鞏湖編玩三卷
薛廷珪集一卷　　孫開物集十六卷
王朴集三卷　　馮道詩十卷
丘光業詩一卷　　劉昭禹詩一卷

右五代二十七部二百四十七卷

杜光庭集三十卷　韋莊浣花集二十卷蜀僞

王超洋源集二卷蜀僞　楊九齡要錄十卷蜀僞

馮涓龍吟集三卷蜀僞　又長樂集十卷

游恭集一卷吳僞　又小東里集三卷

又廣東里集四卷　湯文圭登龍集十卷吳僞

又冥搜集二十卷　周延禧百一集二十卷吳僞

沈顏聱書十卷吳僞　又解聱書十五卷

李後主集十卷唐僞　李後主集略十卷

宋齊丘集六卷唐僞　郭昭慶芸閣集十卷唐僞

李爲先斐然集五十卷唐僞　成文幹梅嶺集五卷唐僞

馮延己集一卷唐僞　孟拱辰集三卷唐僞

孫晟集五卷唐僞　徐鍇集十卷唐僞

潘舍人集二十卷偽唐潘佑　僧彙征集七卷吳越

章震詩十卷偽唐　孫魴詩三卷偽唐

廖光凝詩七卷偽唐　李建勳詩二卷偽唐

又鍾山公集二十卷　李叔文詩一卷偽唐

李存金陵古跡詩四卷偽唐　郭鵬詩一卷偽唐

江爲詩一卷偽唐　李明詩集五卷偽唐

右偽朝三十六部三百九十四卷

真宗御集三百卷　又注三百卷宋綬錢易李淑等注

仁宗御集一百卷　神宗御集一百六十卷

哲宗前後集　王溥集二十卷

趙正交集二十卷　范質集三十卷

薛居正集三十卷　高錫集一卷

又簪履編七卷　端揆集四十五卷右僕射竇儀

竇儀集五十卷　嘉善集五十卷吏部尚書張昭

陶穀集十卷　扈載集二十卷

王祜集二十卷　李至集四十卷

王禹偁小畜集三十卷　又別集二十卷

羅處約東觀集十卷　郭贄文懿集三十卷

宋白集一百卷　盧稹曲肱集六卷

孫何集二十卷　又西垣集四十卷

种隱君小集二卷种放　白稹集十卷

柳開河東先生集十五卷　徐鉉集二十卷

張洎集五十卷　李昉集五十卷

朱昂集三十卷　王旦集二十卷

劉賁集一卷　李瑩集十卷

鞠氏集二十卷鞠常　楊億武夷集二十卷

又蓬山集五十四卷
册府應言十卷劉筠
宋綬文館集五十卷
又託居集三卷
范魯公集三十卷范質
呂文穆集十卷呂蒙正
王文正公集五十卷王旦
陳文惠愚丘編三卷陳堯佐
寇忠愍集三卷寇準
丁給事集四卷丁謂
又丁晉公青衿集三卷
錢文僖集十卷錢惟演
又伊川集五卷
又典懿集三十卷
又擁旄集五卷
晏相臨川集三十卷晏殊
宋景文公集七十八卷宋祁
又出麾小集五卷
清風集五十卷龐籍
睢陽小集十卷孫復
楊徽君東里集一卷楊朴
徂徠集二十卷石介
蔣康叔小集一卷
鄭國文莊公集一百卷夏竦
范文正公集十五卷范仲淹
又丹陽編八卷

宋元憲公集五卷宋庠
又緹巾集十二卷
蘇子美集十五卷蘇舜欽
仲樸翁集十二卷仲訥
退居類藁十二卷李覯
蔡端明集三十卷蔡襄
曾子固集三十卷曾鞏
又雜文十五卷
六一居士全集一百五十卷歐陽修
又六一居士別集二十卷
許少張集一卷許安世
王岐公華陽集一百卷王珪
臨川集一百卷王安石
又臨川後集八十卷
劉恕澤畔集一卷
司馬溫公嘉謨前後集四十二卷司馬光
又文集八十卷
張微滄浪集十卷
沈存中集七卷
陳諫玉壺集二卷
王元澤集三十四卷王雱
楊傑無為集九卷
老蘇集五卷蘇洵
又嘉祐集三十卷

蘭臺前集一百卷蘇軾
又蘭臺後集七十卷
又蘭臺續集四十卷
大成集八十卷
蘇黃門集七十卷蘇轍
又欒城前集五十卷
又欒城後集二十四卷
又欒城第三集十卷
舒信道集二十卷舒亶
陸農師陶山集三十卷
馬子才集十卷馬存
秦太虛淮海集二十九卷秦觀
郭祥正青山集五卷
張文潛集一卷
南昌集九十一卷黃庭堅
又修水集二十六卷
後山陳無己集十五卷陳師道
晁補之緡城集八卷
又雞肋集七十卷
劉偉明集二十五卷
潘延之集六十卷潘興嗣
唐子西集五卷唐庚
又別集三卷
呂吉甫集二十卷呂惠卿
石懋橘林集三十卷
張無盡集五十三卷張商英

又別集十七卷　陳了翁前集三十卷陳瓘
又了翁後集二十五卷　甘露集九卷釋惠洪
張載正蒙集十卷　東溪集十二卷釋祖可
王逢原集十卷　王平甫集三十卷
錢子高集三十卷　鄭毅夫集六卷
錢易集六十卷　殷文圭鏤冰集二十卷
柴成務集二十卷　晁迥昭德新編三卷
又道院別集二十卷　劉筠榮遇集二十卷
又翰林新著一卷　又鍾山雜述二卷
又汝陰雜述一卷　又玉堂雜編一卷
又肥川後集一卷　李遵勉閑燕集二十卷
張乖崖集一卷　梅聖俞集十五卷
初寮先生後集十卷　淇水鈎翁文集八十卷李清臣

豫章前後集八十卷黄庭堅　李憲成公文集二十卷李諮

魏野東觀集十卷

右宋朝一百四十二部四千六百卅六卷

李嶠雜詠詩十二卷　劉希夷詩四卷

崔顥詩一卷　綦毋潛詩一卷

祖詠詩一卷　李頎詩一卷

孟浩然詩三卷　包融詩一卷

皇甫冉詩集三卷　嚴維詩一卷

張繼詩一卷　李嘉祐詩一卷

郎士元詩一卷　張南史詩一卷

暢當詩二卷　鄭常詩集四卷

蘇渙詩一卷　朱灣詩集四卷

吉中孚詩一卷　朱放詩一卷

劉方平詩一卷　常建詩一卷
麴信陵詩一卷　章八元詩一卷
秦系詩一卷　錢起詩一卷
李端詩三卷　韓翃詩集五卷
司空曙詩二卷　盧綸詩集十卷
耿湋詩集二卷　韋應物詩集十卷
崔峒詩一卷　許經邦詩集一卷
韋渠牟詩集十卷　劉商詩集十卷
王建詩十卷　張碧歌行集二卷
趙摶歌詩二卷　劉言史歌詩六卷
于濆古風一卷　雍裕之詩一卷
楊巨源詩一卷　孟郊詩集十卷
張籍詩集七卷　李涉詩一卷

李賀詩五卷　李紳追昔遊詩三卷
章孝標詩一卷　李敬方詩一卷
殷堯藩詩一卷　玉川子詩一卷盧仝
裴夷直詩一卷　姚合詩集十卷
韓琮詩一卷　玉溪生詩一卷
張祜詩三卷　李遠詩一卷
雍陶詩集十卷　朱慶詩一卷
喻鳧詩一卷　馬戴詩一卷
李羣玉詩三卷　又後集五卷
郁渾百篇集一卷　姚鵠詩一卷
項斯詩一卷　孟遲詩一卷
顧非熊詩一卷　章碣詩一卷
趙嘏渭南集三卷　又編年詩二卷

崔櫓無譏集四卷
薛逢詩集十卷
又別紙十三卷
于武陵詩一卷
李頻詩一卷
李郢詩一卷
曹鄴詩三卷
劉滄詩一卷
崔珏詩一卷
劉得仁詩一卷
高蟾詩一卷
高駢詩一卷
薛能詩集十卷
又繁城集一卷
陸希聲頣山詩一卷
施肩吾詩集十卷
又春山百韻一卷
津陽門詩一卷鄭嵎
于濆詩一卷
許棠詩一卷
公乘億詩一卷
聶夷中詩二卷
于鄴詩一卷
于鵠詩一卷
鄭谷雲臺編三卷
又宜陽集一卷

朱朴詩四卷　玄英先生詩集十卷方干

李洞詩一卷　吳融詩集四卷

韓偓詩一卷　又香奩集一卷

周賀詩一卷　劉干詩一卷

崔塗詩一卷　唐彥謙詩集三卷

張喬詩集二卷　王駕詩集六卷

吳仁璧詩一卷　王貞白詩一卷

張蠙詩集二卷　翁承贊詩一卷

褚載詠史詩三卷　江遵詠史詩一卷

周曇詠史詩八卷　胡曾詠史三卷

王轂詩集三卷　曹松詩集三卷

羅鄴詩一卷　周朴詩三卷

朱景元詩一卷　崔道融申唐詩三卷

陳光詩一卷
王德輿詩一卷
潛陽雜題詩三卷湯緒
韋靄詩一卷
張爲詩一卷
羅浩源詩一卷
薛瑩洞庭詩集一卷
謝蟠隱雜感詩二卷
譚藏用詩一卷
白巖集十卷鄭良士
嚴郾詩二卷
劉威詩一卷
鄭雲叟詩集三卷
來鵬詩一卷
陸元皓詠劉子詩二卷
任翻詩一卷
李山甫詩一卷
行朝詩一卷楊復恭
曹唐大遊仙詩一卷
又小遊仙詩一卷
桂香詩一卷喬舜
杜荀鶴詩集一卷
沈彬詩二卷
崔曙詩一卷
惠蹟集八卷
玄範集二十卷

法琳集三十卷　靈徹詩集一十卷

皎然詩集十卷　清塞詩一卷

尙顏詩一卷　自牧詩一卷

無願詩一卷　處默詩一卷

虛中詩一卷　修睦詩一卷

智暹詩一卷　禪月詩三十卷貫休

康白詩一卷　子蘭詩一卷

白蓮集十卷齊己　又外編十卷

道士吳筠集十卷　天台道士主父果詩一卷

李季蘭詩一卷唐女道士李裕字季蘭

右別集詩一百六十九部五百四十卷

凡別集二十種一千六百五十三部二萬四百二十九卷二百三十篇

總集

文章流別集六十卷摯虞集
文章流別志論二卷摯虞
文章流別本十二卷謝混集
續文章流別三卷孔寧集
集林鈔十一卷
善文四十九卷杜預撰
名文集四十卷謝混集
集苑六十卷謝混集
集林二百卷宋臨川王劉義慶集
集鈔十卷沈約撰
集鈔四十卷
集略二十卷
撰遺六卷
翰林論三卷李充撰
文苑一百卷孔逭集
文苑鈔三十卷
文選三十卷梁昭明太子集
文選音十卷蕭該撰
又十卷釋道淹撰
又十卷許淹撰
又十卷公孫羅集
注文選三十卷唐呂延濟等五臣注
又六十卷李善注
又六十卷公孫羅注

文選辨惑十卷李舍撰　駁文選異義二十卷康國安撰
續文選十三卷唐孟利正集　又三十卷唐卜長福集
擬文選三十卷唐卜隱之集　詞林五十八卷
文海五十卷蕭圓集　漢書文府二卷
吳朝文士集十三卷　巾箱集七卷
小辭林五十三卷　集古今帝王正位文章九十卷
辭苑麗則三十卷康明貞集　類文三百七十七卷庾自直集
西府新文十卷蕭淑集　新文要集十卷
類集百十三卷虞綽等集　文苑詞英八卷
文館詞林一千卷許敬宗集　麗正文苑二十卷
芳林要覽三百卷　翰苑三十卷張楚金集
文府二十卷徐堅集　大和通選三十卷裴潾集
古今文集略二十卷李吉甫集　西漢文類四十卷唐柳宗直集

東漢文類三十卷唐竇嚴集
三國志文類六十卷
梁苑文類三卷令狐楚集
文藪十卷皮日休集
孫子文纂四十卷
文苑英華一千卷宋朝宋白集
唐文粹一百卷宋朝姚鉉集
唐史文類三十卷
古文苑十卷
五代文章一卷
文選菁英二十四卷蘇易簡編
文選類聚十卷
文選彙聚十卷
文房百衲一十卷
西蜀賢良文類二十卷
名賢集選一百卷晏殊集
宋文粹十五卷
宋新文粹三十卷
宋文藪四十五卷
宋賢文集三十卷
續宋賢文集二十三卷
宋文選二十卷

凡總集一種七十二部四千八百八十二卷

詩總集

詩集五十卷謝靈運集
補謝靈運詩集一百卷宋張敷袁淑補

古今五言詩美文五卷荀綽集
詩鈔十卷謝靈運集

詩集鈔十卷謝靈運集
六代詩集鈔四卷許凌集

又四卷徐陵集
詩英九卷謝靈運集

詩集新撰三十卷宋明帝撰
詩集二十卷劉和集

詩集一百卷顏竣集
古詩集九卷

今詩英九卷
古今詩苑英華二十卷梁昭明太子集

詩林英選十一卷
詩纘十二卷

詩錄二十卷
衆詩英華一卷

詩類六卷
玉臺新詠十卷徐陵集

百志詩集五卷干寶集
婦人詩集二卷顏竣集

又三十卷殷淳集
瑤池新詠三卷唐蔡省風集唐婦人所作

百一詩八卷應璩集
又二卷李彪集

文林館詩府八卷
百國詩四十三卷崔光集
續古今詩苑英華集二十卷唐僧惠淨集
古今類聚詩苑三十卷劉孝孫集
古今詩類七十九卷郭瑜集
歌錄集八卷
玉臺後集十卷李康集
珠英學士集五卷唐崔融集
正聲集三卷唐孫季良集
續正聲集五卷後唐王正範集
南薰集二卷唐竇常集
篋中集一卷元結集沈千運趙微明輩七人詩
起予集五卷唐曹恩集
才調集天歸集十卷唐韋縠集
麗文集五卷唐劉明素集
麗則集五卷自梁至唐開元間歌詩
唐詩類選二十卷唐顧陶集
唐詩三卷李戡集
奇章集四卷
同題集十卷唐柳玄集
丹陽集一卷唐殷璠集
極玄集一卷唐姚合集
極玄律詩例一卷
又玄集一卷僞蜀韋莊集
江南續又玄集十卷僞唐劉吉集

擬玄集十卷 梁陳康圖集
正風集十卷 集唐人詩
垂風集十卷 采張籍等十人詩
搜玉集十卷 唐人集當時詩
連璧詩集三十二卷 檀溪子道民集
詩纂三卷 梁陳康圖集
資吟集五卷 梁鍾安禮集
臨沂子觀光集三卷 梁王轂集禮部所投詩卷
國風總類五十卷 王仁裕集
名公攢錦集十二卷 宋朝段子昂集
騷雅菁英三卷 宋朝僧簡微集
備遺綴英二十卷 僞蜀王承範集
名賢絕句詩一卷 並唐人詩
前輩詠題詩集二卷 采唐開元至大中以來詠題之詩三百五十篇
中書省試詠題詩一卷 集唐中元以來中書省試詩筆
唐五僧詩一卷 鴻漸筆
唐十哲僧詩一卷 清江等
抒情集二卷 唐盧瓌集
本事詩一卷 唐孟棨集
續本事詩二卷
宜陽集六卷 五代劉松集其里中人之所作
王右軍蘭亭詩集一卷
燕歌行一卷 梁元帝撰僕射王褒以下皆和

晉元正宴會詩集四卷　元嘉西池宴會詩集三卷顏延之集

齊釋奠會詩集十卷　齊宴會詩十七卷

清溪詩三十卷齊宴會作　徐伯陽文會詩集四卷

石城寺詩一卷　池陽境內詩記一卷

湖州碧瀾堂詩一卷　江夏古今記詠一卷

青城山丈人觀詩二卷　岳陽樓詩一卷

浮雲樓詩一卷　華林書堂詩一卷

廬山簡寂觀詩一卷　廬山瀑布詩一卷

唐集賢院壁記詩二卷

虎丘寺題真娘墓詩一卷唐劉禹錫等二十三人

道林寺詩二卷唐袁皓集

謝亭詩一卷唐李遜鎮襄陽以所送行詩筆於襄陽謝亭

諸朝彥過顧況宅賦詩一卷　鴈蕩山詩一卷

麻姑山詩三卷　留題惠山詩一卷
九華山錄一卷唐僧應物集　道塗雜題詩一卷采唐人道塗閒詩
廬山遊覽集二十卷宋朝姜嶼集　新安累政詩二卷宋朝高德光集
李氏花萼集二十卷　韋氏兄弟集二十卷
竇氏聯珠集五卷　廖氏家集一卷唐末廖光圖集其家詩
唐翰林歌詞一卷　大歷年浙東聯唱集二卷
斷金集一卷李逢吉令狐楚酬唱　元白繼和集一卷
又三州唱和集一卷　汝洛集一卷
許昌詩一卷　洛陽集七卷
彭陽唱和集三卷　桃源詩一卷
吳蜀集一卷　裴均壽陽唱詠集十卷
又渚宮唱和集二十卷　峴山唱詠集八卷
荊潭唱和集一卷　盛山唱和集一卷

荆夔唱和集一卷　劉白唱和集三卷

僧廣宣與令狐楚唱和一卷　唐名公唱和集二十二卷

漢上題襟集十卷 段成式温庭筠余知古酬荅詩牋

松陵集十卷 皮日休與陸龜蒙酬唱松陵乃吳江地名

僧靈徹酬唱集十卷

李昉唱和詩一卷 宋朝李昉等與國中從駕至鎮陽過舊居

西崑酬唱集二卷 景德中楊億與錢惟演劉筠等

翰林酬唱集一卷 宋朝王溥與李昉湯悅徐鉉等

應制賞花集十卷　瑞花詩賦一卷 宋朝館閣應制作

嘉祐禮闈唱和集三卷　明良集五百卷 真宗御制及羣臣進和歌

賀監歸鄉詩集一卷　送白監歸東都詩一卷

贈朱少卿詩三卷　追榮考德集六卷

蘇明允哀挽二卷　榮觀集五卷

九老詩一卷　潼川唱和集一卷張逸楊諤

李定西行唱和集三卷　續九華山歌詩一卷

南犍唱和詩三卷　西湖蓮社集一卷

續西湖蓮社集一卷　潼川集三卷

杭越寄和詩一卷　中山唱和集五卷

咸平唱和詩一卷　潁陰聯唱集二卷

秘閣雅會一卷

凡詩總集一種一百五十四部一千八百五卷

賦

賦集九十二卷謝靈運集　又四十卷宋明帝集

又五十卷宋新喻惠侯集　又八十六卷後魏秘書丞崔浩集

續賦集十九卷　賦集鈔一卷

歷代賦十卷梁武帝集　五都賦五卷張衡及左思撰

司馬相如上林賦一卷
述征賦一卷
神雀賦一卷後漢傅毅撰
獻賦集十卷卞鑠集
班固幽通賦一卷曹大家注
又一卷項岱注
子虛上林賦一卷郭璞注
張衡二京賦二卷薛綜注弁音
又二卷晁矯注
又二卷傅巽注
左思三都賦三卷
左思齊都賦一卷
齊都賦音一卷李軌撰
百賦音一卷褚令之撰
賦音二卷郭微之撰
三京賦音一卷綦毋邃撰
又三京賦一卷李軌撰
皇帝瑞應賦頌十卷
圍碁賦一卷梁武帝撰
觀象賦一卷
洛神賦一卷孫壑注
顏之推稽聖賦一卷李淳風注
木玄虛海賦一卷蕭廣濟注
庾信哀江南賦一卷唐張庭芳注
又一卷崔令欽注
又一卷魏彥淵注

枕賦一卷張君祖撰　海潮賦一卷唐宣歙團練盧肇撰
通屈賦一卷盧肇撰　大統賦二卷林絢撰盧肇注安裕重箋
又二卷盧肇撰　愍征賦一卷唐盧獻卿撰
謝觀賦八卷　高邁賦一卷
大隱賦一卷皇甫松撰　數賦十卷唐崔葆撰乾寧中進士王克昭注
宋言賦一卷　弔梁郊賦一卷唐張策撰
陳汀賦一卷　樂朋龜賦一卷
蔣凝賦一卷　公乘億賦集十二卷
林嵩賦一卷　王翃賦一卷
賈嵩賦三卷　李山甫賦一卷
李德裕賦二卷　玉溪生賦一卷李商隱撰
朱鄴賦一卷　薛逢賦四卷
顧雲賦二卷　陸龜蒙賦六卷

羅隱賦一卷

桑維翰賦二卷

徐寅賦一卷僞唐人

又探龍集一卷

倪曉賦一卷僞唐人

又獲藁三卷倪曉既亡得其遺藁二十一首賦

郭貢體物賦集一卷僞唐人

邱明　卷僞唐人

江翰林賦集三卷僞唐江之蔚

江都宮賦一卷後唐侯圭撰楊守業注

魯史分門屬類賦二卷崔昇撰

懷泰賦一卷僞蜀馮涓撰

大紀賦一卷僞吳沈顏撰

沃焦山賦一卷

謝壁賦一卷不詳何代人

薛氏賦集九卷唐薛廷珪集

唐吳英雋賦集七十卷僞吳楊氏撰

賦苑二百卷僞吳徐錯歐陽集唐人及近代律賦

賦選五卷李魯集唐人律賦

廣類賦二十五卷採唐人雜賦

典麗賦集六十四卷宋朝楊翺集古今律賦

靈仙集賦二卷採唐人賦靈仙神異事

凡賦一種八十二部八百一十六卷

贊頌

靖恭堂頌一卷 晉涼王李暠撰　頌集二十卷 王僧綽集

木連理頌二卷 太元十九年羣臣上　寶圖贊一卷 唐崔融撰王起注

武成王廟十哲贊一卷 唐奉天縣令盧挺撰

贊集五卷 謝莊集

兩廟贊文一卷 太宗真宗御製文宣武成王等贊

畫贊五卷 漢明帝殿閣畫曹桓贊　唐孝悌贊五卷 宋朝樂史撰

凡贊頌一種九部四十一卷

箴銘

古今箴銘集十四卷 張洪集　衆賢誡集十五卷

誡林三卷 綦毋邃撰　四市誡三卷 王誕撰

諸葛武侯誡一卷　雜誡箴二十四卷

霸國箴一卷 唐李靖撰

凡箴銘一種七部六十一卷

碑碣

碑集十卷謝莊集

諸寺碑文四十六卷釋僧祐集

碑文二十卷晉將作大匠陳勰集

蜀國碑文集八卷唐劉贊集唐人所撰蜀中碑文

朝賢墓誌一百卷

金石錄二十卷趙明誠集

玄門碑誌三十八卷

寶刻叢章三十卷

碑籍一卷

釋氏碑文三十卷梁元帝集

雜碑二十二卷

碑文十卷車灌集

朝賢神道碑三十卷

類碑三十八卷

王氏神道碑二十卷唐王方慶集

竇氏集古錄一卷

翠琰集一卷

凡碑碣一種十七部四百三十五卷

制誥

梁武帝制旨連珠十卷梁邵陵王綸注　又十卷陸緬注

詔集區分四十一卷後周獸門學士宋幹集

魏朝雜詔二卷　錄魏吳二志詔一卷

晉咸康詔四卷　晉雜詔書一百卷

又二十八卷　晉詔書黃素制五卷

晉定品制一卷　晉太元副詔二十一卷

晉崇安元興大亨副詔八卷　晉義熙詔十卷

義熙副詔十卷　宋永初詔十三卷

宋孝建詔一卷　宋元嘉詔二十卷

元嘉副詔十五卷　齊中興二年詔三卷

後魏詔集十六卷　後周雜詔八卷

雜赦書六卷　陳天嘉詔草三卷

霸朝雜集五卷李德林集　隋詔集九卷

隋朝陳事詔十三卷　東漢詔儀二十卷
古今詔集三十卷溫彥博集　古今詔集一百卷李義府集
唐德音錄三十卷　太平內制五卷
明皇制詔錄一卷　元和制集十卷
王言會最十卷馬文敏集　唐舊制編錄六卷
擬狀注制十卷唐宋中書擬狀及所下制命　王元制敕書奏一卷
咸通後麻制一卷僞蜀毛文晏纂　東壁出言三卷唐制詔毛文晏纂
唐批荅一卷李紳撰　唐雜詔冊誥命二十一卷
陸贄制集二卷　元稹制集二卷李紳撰
常詔袞集六十卷　楊炎制集十卷
權德輿制集五十卷　武儒衡制集二十卷
段文昌詔誥二十卷　鄭畋鳳池藁草三十卷
又玉堂集二十卷　續鳳池藁草三十卷

吳融詔誥一卷
令狐綯表制一卷
封敖翰藁八卷
中和制集十卷唐中書舍人劉崇望撰
崔嘏制誥集十卷
舟中錄二卷唐中書舍人錢翊撰
李磎制集四卷
李虞仲制集四卷
鳳閣書詞十卷唐中書舍人薛廷珪撰
李白度北門集一卷
金馬門待詔集十卷劉允濟撰
綸閣集十卷唐樂朋龜撰
盧文度制集一卷
陸贄翰苑集十卷
王仲舒制集十卷
獨孤霖玉堂集二十卷唐懿宗朝
朱梁制誥二卷
五代制誥一卷
吳越石壁記二卷吳越王錢鏐以唐末貢奉荅詔刻石于臨安
江南揖遜錄七卷僞吳陳岳撰
玉堂遺範三十卷梁李琪纂唐以來禁林書詔
宣底八卷梁貞明中四季宣行除授之文
兩制珠璣一卷
制集三卷集唐末五代拜官制
五代制詞一卷

麻囊集三卷後唐麻制表章　梁雜制一卷
開平麻制一卷　長興制集四卷後唐拜節度觀察制詞
紅藥編五卷晉和凝所撰制誥　顯德制詔一卷周顯德中賜外國書詔
李愼儀集二十卷後唐至周制詞表狀　雜書一卷蜀人雜錄制詔及鄰國書疏後唐與復赦辭
內外雜編十卷五代至宋初制詔及祠祭之文　雜麻制十五卷建隆至景德麻制
西掖雅言五卷　宣獻公詔勑五卷
范景仁外制集五卷　崇寧手詔十五卷
分門要覽二十卷　初寮先生內制十八卷
初寮先生外制八卷　承明集十卷王禹偁撰
王內翰制誥集十二卷　翰苑制草集二十卷
絲綸集十卷　宸章集二十五卷
常山別制集二十卷　絲綸點化十卷
扈蒙龜山集十卷　李昉內制十卷

晏殊翰苑制詞二十卷　楊大年外制二十卷
常山禁林甲乙集十卷
凡制誥一種一百五部一千三百三十七卷
表章
梁中表十一卷邵陵王撰　梁中書表集二百五十卷
上法書表一卷虞和撰　類表五十卷唐世章奏分爲門類
唐初表草十卷顏師古張九齡等十人所作
掌記略十五卷唐太華集晟奏表狀書檄自晉至唐又集唐者爲新掌記
新掌記略十卷唐有九卷　續掌記略十卷唐林逢集
管記苑十卷張銑集　李磎表疏一卷
朱朴雜表一卷　張濬表狀一卷
李程表狀一卷　劉三復表狀一卷
又別紙五卷　趙璘表狀一卷

繡囊五卷　雜表疏一卷石晉陽昭儉等表疏
黄台江西表狀二卷　陳蟠隱集五卷
苑咸集一卷李林甫撰　賀知章入道表一卷
薛逢別紙十三卷　安定集十卷胡曾奏表
金臺倚馬集九卷唐朱閱撰　淮海寓言七卷羅隱撰
桂苑筆耕二十卷唐崔致遠表牋文檄　記室集三卷唐沈文昌表狀
張次宗牋記六卷　段全緯集二十卷
王虬集十卷　纂新文苑十卷顧雲別紙
甘棠集三卷唐劉鄴撰　愈風集十卷唐盧嗣業撰
昌城後寓集五卷僞蜀毛文晏撰　湘南應用三卷羅隱撰
飲河集十五卷唐張澤撰　金臺鳳藻集五十卷後梁人作
敬翔表奏十卷梁人　新集寶囊五卷梁嚴虔崧撰
李琪應用集三卷　公乘億珠林集三卷後唐人

劉鎬表奏七卷　令狐楚表奏十卷
裴休狀三卷　眞珠集五卷漢李崧撰
乘軺集一卷周王仁裕撰　林鼎吳江應用集二十卷僞吳人
湯文圭筆耕二十卷僞吳人　啓霸集三十卷僞吳朱潯撰
李洪皐表狀一卷湖南馬氏撰　金行啓運集十卷僞蜀庾傳昌集
韋文靖牋表一卷僞蜀韋莊撰　潛龍筆職集二卷僞蜀趙仁撰
南燕染翰集十卷王鐸鎮滑州日牋記　磨盾集十卷唐人表疏
孔光憲荊臺集四十卷光憲爲荊南高季興記室所作牋奏
又筆傭集十卷　蘇易簡章表十卷
虢略集七卷楊億撰　夏英公牋奏三卷
劉氏表奏集六卷　翰林牋奏集三十卷
王襄敏章表三卷　時格章表十五卷
文館詞林彈事四卷唐許敬宗集晉宋齊梁以來者舊有千卷

凡表章一種六十六部八百六十六卷

啓事

山公啓事三卷　范甯啓事三卷

薦文十二卷見隋志　又薦文七卷

善文五十卷杜預撰　梁魏周齊陳隋聘使雜啓九卷

唐顧雲啓事一卷　雜狀啓一卷唐彬𤅢撰

羅貫書啓二卷後唐人　臨淮尺題二卷武元衡西川從事撰

顧垂象投知己啓事一卷　羅隱啓事一卷

凡啓事一種十二部九十二卷

四六

樊南四六甲集二十卷李商隱撰　又樊南四六乙集二十卷

崔致遠四六一卷唐人　李巨川四六一卷唐人

樊景四六集五卷唐人　鄭準四六一卷五代人

白巖四六五卷後唐人　關郎中四六一卷
蹇蟠翁四六一卷　丘光庭四六一卷
殷文圭四六三卷趙文翼注　王禹偁四六一卷
丁謂四六二卷　宋齊丘四六一卷
蕭貫四六一卷
凡四六一種十五部六十四卷

軍書

魏武帝露布九卷　雜露布十二卷梁書籍
雜檄文十七卷見隋志　羽書三卷唐處士臧嘉猷集今古軍書符檄誥命
續羽書六卷自唐五代以來
總戎集十卷唐沈常集軍中詔令表檄自戰國至隋舊三十卷
王紹顏軍書十卷僞唐人
止戈書五十卷宋朝趙化基集歷代軍中書檄表狀碑頌捷布禡牙祭纛之文

湯筠戎機集五卷（偽吳人）　從軍藁二十卷（偽吳湯文圭撰）

凡軍書一種十部一百四十二卷

案判

百道判一卷（駱賓王撰）　又一卷（唐鄭寬撰）

又一卷（白樂天撰）　又一卷（唐崔銳撰）

穿楊集四卷（唐馬昌撰）　龍筋鳳髓十卷（唐張文成撰）

判格三卷（唐張伾撰）

代耕心鑑甲乙判一卷（唐南華張集唐代諸家判）

判範一卷（陳岠撰）　究判妙微一卷（方仲舒撰）

書判幽燭四十卷　五經評判六卷（周明辨撰）

吳康仁判一卷（不詳爵里）　張詠判辭一卷

拔萃判一卷（毛詢撰）　百道判圖一卷

尹師魯書判一卷　甲乙平等及第判二卷

唐諸公試判一卷　唐諸公案判一卷

凡案判一種二十部七十九卷

刀筆

王勃刀筆一卷　薛逢刀筆一卷

丁晉公刀筆一卷　劉鄴鳳池刀筆一卷

楊文公刀筆三卷　宋景文刀筆二卷

東坡書簡一卷　豫章書簡一卷

楊㒰書啓一卷　劉筠中山刀筆一卷

漁陽刀筆一卷

凡刀筆一種十一部十四卷

俳諧

俳諧文三卷　俳諧文十卷袁淑撰

俳諧文一卷沈宗之撰　任子春秋一卷杜嵩撰

博陽春秋一卷宋零陵令辛邕之撰

凡俳諧一種五部十六卷

奏議

漢名臣奏三十卷　魏名臣奏三十卷陳長壽撰

晉諸公奏十一卷　漢孔羣奏二十二卷

漢丞相康衡大司馬王鳳奏五卷

陸宣公奏議十二卷　晉中丞虞谷奏事六卷

晉中丞高崧奏事五卷　唐名臣奏七卷吳兢集

奏議集二十卷馬總集唐人奏疏論議　諫書八十卷集歷代君臣父子朋友諫諍之說

九諫書一卷郭元振撰　唐諫諍集十卷僞蜀趙元拱集

李絳論事三卷　令狐綯表疏一卷

大唐直臣諫奏七卷僞唐張易纂　奏議駁論一卷唐人集

韋相諫草一卷　諫垣遺藁五卷

范文正公奏議十七卷　包孝肅奏議一卷
熙寧臺諫章疏七卷　呂獻可章疏十五卷
勸農奏議二卷　王黄州奏議三卷
直言集一卷皇朝曾致堯撰　曲臺奏議二十卷僞唐陳致雍撰
郭子儀章奏一卷　范景仁章奏一卷
宋景文奏議一卷　元城劉公諫草二十卷
石待問諫史一百卷
凡奏議一種三十二部四百四十六卷

論

劉楷設論集三卷　謝靈運設論集五卷
又連珠集五卷　商仲堪雜論九十五卷
明真論一卷晉兖州刺史宗岱撰　黄芳引連珠一卷
梁武連珠一卷沈約注　東西晉興亡論一卷

唐興替論一卷丁友亮撰　才命論一卷張鷟撰劉昂注一云張悅撰潘詢注

牛僧孺論一卷　質論二卷皇朝徐鍇集

經緯略一百卷蜀李爲撰　昊　楊偉時務論十二卷

皇朝三賢良論三十卷　治平經綸集十二卷

孫珠經緯集十五卷

凡論一種十七部二百八十六卷

策

商仲堪策集一卷　秀孝對策十二卷隋志

宋元嘉策秀孝文十卷　魏鄭公時務策一卷

元和制策三卷賢良元稹獨孤郁白居易三人制策

古今類聚策苑十四卷唐周仁瞻集漢唐制策奏議

兩漢策要六卷陶叔獻纂　五子策林十卷唐許南容等五人策問

禮部策十卷唐白居易應制舉目著策問而以禮部試策附于卷末

文館詞林策二十卷(崔元暐訓注)　宋伯宜策集六卷
郭元振安邦策一卷　劉蕡策一卷
前賢策三卷
凡策一種十四部九十八卷

書

書集八十八卷(晉散騎常侍王履集)　書林十卷
雜逸書六卷　應璩書林八卷(夏赤松集)
司徒書三卷(蔡謨撰)
晉左將軍王鎮惡與劉丹陽書一卷
後周與齊軍國書二卷　高澄與侯景書一卷
吳武陵書一卷　唐賢長書一卷
夏侯韞大中年與涼州書一卷
凡書一種十一部一百二十二卷

文史

翰林論三卷晉李充撰　文章始一卷梁任昉撰

文心雕龍十卷梁劉勰撰　孫郃文格二卷

制朴三卷白居易撰　又三卷宋朝李淑撰

王瑜文旨一卷　范傳正賦訣一卷唐人

紇干俞賦格一卷渭南尉　張仲素賦樞三卷

浩虛舟賦門一卷唐人　任博文章妙格一卷

柳氏釋史一卷　劉餗史例三卷

折公史例一卷田弘正客撰　裴傑史漢異義三卷開元人

唐書直筆新例四卷呂惠卿撰　馮鑑修文要訣一卷

應求類二卷唐劉蘧集　僧神郁四六格一卷

金馬統例一卷　制格一卷

文心雕龍十卷辛處信

凡文史一種二十三部四十九卷

詩評

河岳英靈集一卷唐殷璠撰　顏竣詩例錄二卷

鍾嶸詩評三卷　李嗣真詩品二卷

元兢宋約詩格一卷　王昌齡詩格一卷

晝公詩式五卷　僧皎然詩評一卷

王起大中新行詩格一卷　姚合詩例一卷

賈島詩格一卷　炙轂子詩格一卷唐王叡撰

元兢古今詩人秀句二卷　黃滔泉山秀句集三十卷

王起文場秀句一卷　李洞集賈島句圖一卷

文章龜鑑一卷唐倪宥集前人律詩　倪宥詩圖一卷

徐蛻詩律大格一卷　騷雅式一卷

吟體類例一卷　寡和圖三卷僧定雅撰

詩點化祕術一卷任傳撰　風雅拾翠圖一卷僧惟鳳撰
詩林句範五卷　杜氏詩律詩格一卷
徐三極律詩洪範一卷　徐衍風騷要式一卷
續金針詩格三卷　歷代吟譜二十卷
風騷格五卷閻東叟撰　楊氏筆苑句圖一卷華鑑編
續句圖一卷　九僧選句圖一卷
唐詩主客圖三卷張爲撰　詩話二十卷
歐陽永叔詩話一卷　司馬君實詩話一卷
王禹玉詩話一卷　劉貢父詩話一卷
蘇子瞻詩話一卷　洪駒父詩話一卷
瑤溪集十卷　天廚禁臠一卷

凡詩評一種四十四部一百四十六卷

藝文略第八

秦不絕儒學論二篇

陸賈秦之巨儒也酈食其秦之儒生也叔孫通秦時以文學召待詔博士數歲陳勝起二世召博士諸儒生三十餘人而問其故皆引春秋之義以對是則秦時未嘗不用儒生與經學也況叔孫通降漢時自有弟子百餘人齊魯之風亦未嘗替故項羽既亡之後而魯爲守節禮義之國則知秦時未嘗廢儒而始皇所阬者蓋一時議論不合者耳

蕭何入咸陽收秦律令圖書則秦亦未嘗無書籍也其所焚者一時間事耳後世不明經者皆歸之秦火使學者不覩全書未免乎疑以傳疑然則易固爲全書矣何嘗見後世有明全易之人哉臣向謂秦人焚書而書存諸儒窮經而經絕蓋爲此發也詩有六亡篇乃六笙詩本無辭書有逸篇仲尼之時已無矣皆不因秦火自漢

已來書籍至于今日百不存一二非秦人亡之也學者自亡之耳

編次必謹類例論六篇

學之不專者爲書之不明也書之不明者爲類例之不分也有專門之書則有專門之學有專門之學則有世守之能人守其學學守其書書守其類人有存沒而學不息世有變故而書不亡以今之書校古之書百無一存其故何哉士卒之亡者由部伍之法不明也書籍之亡者由類例之法不分也類例分則百家九流各有條理雖亡而不能亡也巫醫之學亦經存沒而學不息釋老之書亦經變故而書常存觀漢之易書甚多今不傳惟卜筮之易傳法家之書亦多今不傳惟釋老之書傳彼異端之學能全其書者專之謂矣

十二野者所以分天之綱即十二野不可以明天九州者所以分地之紀即九州不可以明地七略者所以分書之次即七略不可以

明書欲明天者在於明推步欲明地者在於明遠邇欲明書者在於明類例噫類例不明圖書失紀有自來矣臣於是總古今有無之書爲之區別凡十二類經類第一禮類第二樂類第三小學類第四史類第五諸子類第六星數類第七五行類第八藝術類第九醫方類第十類書類第十一文類第十二經一類分九家九家有八十八種書以八十八種書而總爲九種書可乎禮一類分七家七家有五十四種書以五十四種書而總爲七種書可乎樂一類爲一家書十一種小學一類爲一家書八種史一類分十三家十三家爲書九十種朝代之書則以朝代分非朝代書則以類聚分諸子一類分十一家其八家爲書八種道釋兵三家書差多爲四十種星數一類分三家三家爲書十五種五行一類分三十家三十家爲書三十三種藝術一類爲一家書十七種醫方一類爲一家書二十六種類書一類爲一家分上下二種文類一類分二

家二十二種別集一家爲十九種書餘二十一家二十一種書而已總十二類百家四百二十二種朱紫分矣散四百二十二種書可以窮百家之學歛百家之學可以明十二類之所歸

易本一類也以數不可合於圖圖不可合於音讖緯不可合於傳注故分爲十六種詩本一類也以圖不可合於音音不可合於譜名物不可合於詁訓故分爲十二種禮雖一類而有七種以儀禮雜於周官可乎春秋雖一類而有五家以啖趙雜於公穀可乎樂雖主於音聲而歌曲與管絃異事小學雖主於文字而字書與韻書背馳編年一家而有先後文集一家而有合離日月星辰豈可與風雲氣候同爲天文之學三命元辰豈可與九宮太一同爲五行之書以此觀之七略所分自爲苟簡四庫所部無乃荒唐

類書猶持軍也若有條理雖多而治若無條理雖寡而紛類例不患其多也患處多之無術耳

今所紀者欲以紀百代之有無然漢晉之書最爲希闊故稍略隋唐之書於今爲近故差詳崇文四庫及民間之藏乃近代之書所當一一載也

類例既分學術自明以其先後本末具在觀圖譜者可以知圖譜之所始觀名數者可以知名數之相承讖緯之學盛於東都音韻之書傳於江左傳注起於漢魏義疏成於隋唐覩其書可以知其學之源流或舊無其書而有其學者是爲新出之學非古道也

編次必記亡書論三篇

古人編書皆記其亡闕所以仲尼定書逸篇具載王儉作七志已又條劉氏七略及二漢藝文志魏中經簿所闕之書爲一志阮孝緒作七錄已亦條劉氏七略及班固漢志袁山松後漢志魏中經晉四部所亡之書爲一錄隋朝又記梁之亡書自唐以前書籍之富者爲亡闕之書有所系故可以本所系而求所以書或亡於前而

備於後不出於彼而出於此及唐人收書只記其有不記其無是致後人失其名系所以崇文四庫之書比於隋唐亡書甚多而古書之亡尤甚焉

古人亡書有記故本所記而求之魏人求書有闕目錄一卷唐人求書有搜訪圖書目一卷所以得書之多也　　下詔幷書目一卷惜乎行之不遠一卷之目亦無傳焉臣今所作羣書會紀不惟簡別類例亦所以廣古今而無遺也

古人編書必究本末上有源流下有沿襲故學者亦易學求者亦易求謂如隋人於歷一家最爲詳明凡作歷者幾人或先或後有因有革存則俱存亡則俱亡唐人不能記亡書然猶紀其當代作者之先後必使具在而後已及崇文四庫有則書無則否不惟古書難求雖今代憲章亦不備

書有名亡實不亡論一篇

書有亡者有雖亡而不亡者有不可以不求者有不可求者文言略
例雖亡而周易具在漢魏吳晉鼓吹曲雖亡而樂府具在三禮目
錄雖亡可取諸三禮十三代史目錄雖亡可取諸十三代史常鼎
寶文選著作人名目錄雖亡可取諸文選孫玉汝唐列聖實錄雖
亡可取諸唐實錄開元禮目錄雖亡可取諸開元禮名醫別錄雖
亡陶隱居已收入本草李氏本草雖亡唐慎微已收入證類春秋
括甲子雖亡不過起隱公至哀公甲子耳韋嘉年號錄雖亡不過
起漢後元至唐中和年號耳續唐歷雖亡不過起續柳芳所作至
唐之末年亦猶續通典續杜佑所作至宋初也毛詩蟲魚草木圖
蓋本陸機疏而爲圖今雖亡有陸機疏在則其圖可圖也爾雅圖
蓋本郭璞注而爲圖今雖亡有郭璞注在則其圖可圖也張頻禮
粹出於崔靈恩三禮義宗有崔靈恩三禮義宗則張頻禮粹爲不
亡五服志出於開元禮有開元禮則五服志爲不亡有杜預春秋

公子譜無顧啓期大夫譜可也有洪範五行傳無春秋災異應錄
可也丁副春秋三傳同異字可見於杜預釋例陸淳纂例京相璠
春秋土地名可見於杜預地名譜桑欽水經李騰說文字源不離
說文經典分毫正字不離佩觿李舟切韻乃取說文而分聲天寶
切韻卽開元文字而爲韻內外轉歸字圖內外傳鈐指歸圖切韻
樞之類無不見於韻海鏡源書評書論書品書訣之類無不見於
法書苑墨藪唐人小說多見於語林近代小說多見於集說天文
橫圖圓圖分野圖紫微圖象度圖但一圖可該大象賦小象賦周
髀星述四七長短經劉石甘巫占但一書可備開元占經象應驗
錄之類卽古今通占鑑乾象新書可以見矣李氏本草拾遺删繁
本草徐之才藥對南海藥譜藥林藥論藥忌之書證類本草收之
矣肘後方鬼遺方獨行方一致方及諸古方之書外臺秘要太平
聖惠方中盡收之矣紀元之書亡者甚多不過紀運圖歷代圖可

見其略編年紀事之書亡者甚多不過通歷帝王歷數圖可見其略凡此之類名雖亡而實不亡者也

編次失書論五篇

書之易亡亦由校讎之人失職故也蓋編次之時失其名帙名帙既失書安得不亡也按唐志於天文類有星書無日月風雲氣候之書豈有唐朝而無風雲氣候之書乎編次之時失之矣按崇文目有風雲氣候書無日月之書豈有宋朝而無日月之書乎編次之時失之矣四庫書目並無此等書而以星禽洞微之書列於天文且星禽洞微五行之書也何與於天文

射覆一家於漢有之世有其書唐志崇文目並無何也

軌革一家其來舊矣世有其書唐志崇文目並無四庫始收入五行類

醫方類自有炮灸一家書而唐隋二志並無何也

人倫之書極多唐志只有袁天綱七卷而已婚書極多唐志只有一部崇文只有一卷而已四庫全不收

見名不見書論二篇

編書之家多是苟且有見名不見書者有看前不看後者尉繚子兵書也班固以爲諸子類寘於雜家此之謂見名不見書隋唐因之至崇文目始入兵書類顏師古作刊謬正俗乃雜記經史惟第一篇說論語而崇文目以爲論語類此之謂看前不看後應知崇文所釋不看全書多只看帙前數行率意以釋之耳按刊謬正俗當入經解類

按漢朝駮議諸王奏事魏臣奏事魏臺詔議南臺奏事之類隋人編入刑法者以隋人見其書也若不見其書卽其名以求之安得有刑法意乎按唐志見其名爲奏事直以爲故事也編入故事類況古之所謂故事者卽漢之章程也異乎近人所謂故事者矣是之

謂見名不見書按周易參同契三卷周易五相類一卷爐火之書也唐志以其取名於周易則以爲卜筮之書故入周易卜筮類此亦謂見名不見書

收書之多論一篇

臣嘗見鄉人方氏望壺樓書籍頗多問其家乃云先人守無爲軍日就一道士傳之尚不能盡其書也如唐人文集無不備又嘗見浮屠慧邃收古人簡牘宋朝自開國至崇觀間凡是名臣及高僧筆迹無不備以一道士能備一唐朝之文集以一僧能備一宋朝之筆迹況於堂堂天府而不能盡天下之圖書乎患不求耳然觀國家向日文物全盛之時猶有遺書民間所有祕府所無者甚多是求之道未至耳

闕書備於後世論一篇

古之書籍有不足於前朝而足於後世者觀唐志所得舊書盡梁書

卷帙而多於隋蓋梁書至隋所失已多而卷帙不全者又多唐人
按王儉七志阮孝緒七錄搜訪圖書所以卷帙多於隋而復有多
於梁者如陶潛集梁有五卷隋有九卷唐乃有二十卷諸書如此
者甚多孰謂前代亡書不可備於後代乎

亡書出於後世論一篇

古之書籍有不出於當時而出於後代者按蕭何律令張蒼章程漢
之大典也劉氏七略班固漢志全不收按晉之故事卽漢章程也
有漢朝駮議三十卷漢名臣奏議三十卷並爲章程之書至隋唐
猶存奈何闕於漢乎刑統之書本於蕭何律令歷代增修不失故
典豈可闕於當時乎又況兵家一類任宏所編有韓信軍法三篇
廣武一篇豈有韓信軍法猶在而蕭何律令張蒼章程則無之此
劉氏班氏之過也孔安國舜典不出於漢而出於晉連山之易不
出於隋而出於唐應知書籍之亡者皆校讎之官失職矣

亡書出於民間論一篇

古之書籍有上代所無而出於今民間者古文尚書音唐世與宋朝並無今出於漳州之吳氏陸機正訓隋唐二志並無今出於荆州之田氏三墳自是一種古書至熙豐間始出於野堂村校按漳州吳氏書目算術一家有數件古書皆三館四庫所無者臣已收入求書類矣又師春二卷甘氏星經二卷漢官典義十卷京房易鈔一卷今世之所傳者皆出吳氏應知古書散落人間者可勝計哉求之之道未至耳

求書遣使校書久任論一篇

求書之官不可不遣校書之任不可不專漢除挾書之律開獻書之路久矣至成帝時遣謁者陳農求遺書於天下遂有七略之藏隋開皇間奇章公請分遣使人搜訪異本後嘉則殿藏書三十七萬卷祿山之變尺簡無存乃命苗發等使江淮括訪至文宗朝遂有

十二庫之書唐之季年猶遣監察御史諸道搜求遺書知古人求書欲廣必遣官焉然後山林藪澤可以無遺司馬遷世爲史官劉向父子校讎天祿虞世南顏師古相繼爲祕書監令狐德棻三朝當修史之任孔穎達一生不離學校之官若欲圖書之備文物之興則校讎之官豈可不久其任哉

求書之道有八論九篇

求書之道有八一曰卽類以求二曰旁類以求三曰因地以求四曰因家以求五曰求之公六曰求之私七曰因人以求八曰因代以求當不一於所求也

凡星曆之書求之靈臺郎樂律之書求之太常樂工靈臺所無然後訪民間之知星曆者太常所無然後訪民間之知音律者眼目之方多眼科家或有之疽瘍之方多外醫家或有之紫堂之書多亡世有傳紫堂之學者九曜之書多亡世有傳九星之學者列仙傳

之類道藏可求此之謂即類以求
凡性命道德之書可以求之道家小學文字之書可以求之釋氏如素履子玄真子尹子鬻子之類道家皆有如倉頡篇龍龕手鑑郭迻音訣圖字母之類釋氏皆有周易之書多藏於卜筮家洪範之書多藏於五行家且如邢璹周易略例正義今道藏有之京房周易飛伏例卜筮家有之此之謂旁類以求
孟少主實錄蜀中必有王審知傳閩中必有零陵先賢傳零陵必有桂陽先賢贊桂陽必有京口記者潤州記也東陽記者婺州記也茅山記必見於茅山觀神光聖迹必見於神光寺如此之類可因地以求
錢氏慶系圖可求於忠懿王之家章氏家譜可求於申公之後黃君俞尚書關言雖亡君俞之家在興化王棐春秋講義雖亡棐之家在臨漳徐寅文賦今莆田有之以其家在莆田潘佑文集今長樂

有之以其後居長樂如此之類可因家以求
禮儀之書祠祀之書斷獄之書官制之書版圖之書今官府有不經
兵火處其書必有存者此謂求之公
書不存於祕府而出於民間者甚多如漳州吳氏其家甚微其官甚
卑然一生文字間至老不休故所得之書多蓬山所無者兼藏書
之家例有兩目錄所以示人者未嘗載異書若非與人盡誠盡禮
彼肯出其所祕乎此謂求之私
鄉人李氏曾守和州其家或有沈氏之書前年所進褚方回清慎帖
蒙賜百匹兩此則沈家舊物也鄉人陳氏嘗爲湖北監司其家或
有田氏之書臣嘗見其有荆州田氏目錄若迹其官守知所由來
容或有焉此謂因人以求
胡旦作演聖通論余靖作三史刊誤此等書卷帙雖多然流行於一
時實近代之所作書之難求者爲其久遠而不可迹也若出近代

人之手何不可求之有此謂因代而求

編次之訛論十五篇

隋志所類無不當理然亦有錯收者謚法三部已見經解類矣而汝南君謚議又見儀注何也後人更不考其錯誤而復因之按唐志經解類已有謚法復於儀注類出魏晉謚議蓋本隋志一類之書當集在一處不可有所間也按唐志謚法見於經解一類而分爲兩處置四庫書目以入禮類亦分爲兩也

唐志於儀注類中有玉璽國寶之書矣而於傳記類中復出此二書

四庫書目既立命書類而三命五命之書復入五行卜筮類

遁甲一種書耳四庫書目分而爲四類兵書見之五行卜筮又見之壬課又見之命書又見之既立壬課類則遁甲書當隸壬課類中

月令乃禮家之一類以其書之多故爲專類不知四庫書目如何見於禮類又見於兵家又見於農家又見於月鑑按此宜在歲時類

太元經以諱故崇文改爲太真今四庫書目分太玄太真爲兩家書
貨泉之書農家類也唐志以顧烜錢譜列於農至於封演錢譜又列
於小說家此何義哉亦恐是誤耳崇文四庫因之並以貨泉爲小
說家書正猶班固以太玄爲揚雄所作而列於儒家後人因之遂
以太玄一家之書爲儒家類是故君子重始作若始作之訛則後
人不復能反正也

有歷學有算學隋志以歷數爲主而附以算法雖不別條自成兩類
後人始分歷數爲兩家不知唐志如何以歷與算二種之書相濫
爲一雖曰歷算同歸乎數各自名家

李延壽南北史唐志類於集史是崇文類於雜史非吳紀九卷唐志
類於編年是隋志類於正史非海宇亂離志唐志類於雜史是隋
志類於編年非

唐藝文志與崇文總目既以外丹煆法爲道家書矣奈何藝文又於

醫術中見太清神丹經諸丹藥數條崇文又於醫書中見伏火丹
砂通玄祕訣數條大抵爐火與服餌兩種向來道家與醫家雜出
不獨藝文與崇文雖隋志亦如此臣今分爲兩類列於道家庶無

雜揉

歲時自一家書如歲時廣記百十二卷崇文總目不列於歲時而列
於類書何也類書者謂總衆類不可分也若可分之書當入別類
且如天文有類書自當列天文類職官有類書自當列職官類豈
可以爲類書而總入類書類乎

諫疏時政論與君臣之事隋唐志並入雜家臣今析出按此當入儒
家大抵隋唐志於儒雜二家不分

古今編書所不能分者五一曰傳記二曰雜家三曰小說四曰雜史
五曰故事凡此五類之書足相紊亂又如文史與詩話亦能相濫

凡編書每一類成必計卷帙于其後如何唐志於集史計卷而正史

不計卷實錄與詔令計卷而起居注不計卷凡書計卷帙皆有空
别唐志無空别多爲抄寫所移
隋志最可信緣分類不考故亦有重複者嘉瑞記祥瑞記二書旣出
雜傳又出五行諸葛武侯集誡衆賢誡曹大家女誡正順志娣姒
訓女誡女訓凡數種書旣出儒類又出總集衆僧傳高僧傳梁皇
大捨記法藏目錄玄門寶海等書旣出雜傳又出雜家如此三種
實由分類不明是致差互若迺陶弘景天儀說要天文類中兩出
趙政甲寅元歷序歷數中兩出黃帝飛鳥歷與海中仙人占災祥
書五行類中兩出庾季才地形志地里類中兩出凡此五書是不
校勘之過也以隋志尚且如此後來編書出於衆手不經校勘者
可勝道哉於是作書目正訛

崇文明於兩類論一篇

崇文總目衆手爲之其間有兩類極有條理古人不及後來無以復

加也道書一類有九節九節相屬而無雜揉又雜史一類雖不標別然分上下二卷卽爲二家不勝冗濫及覩崇文九節正所謂大熱而濯以清風也雜史一類隋唐二志皆不成條理今觀崇文之作賢於二志遠矣此二類往往是一手所編惜乎當時不盡以其書屬之也

泛釋無義論一篇

古之編書但標類而已未嘗注解其著注者人之姓名耳蓋經入經類何必更言經史入史類何必更言史但隨其凡目則其書自顯惟隋志於疑晦者則釋之無疑晦者則以類舉今崇文總目出新意每書之下必著說焉據標類自見何用更爲之說且爲之說也已自繁矣何用一一說焉至於無說者或後書與前書不殊者則強爲之說使人意怠且太平廣記者乃太平御覽別出廣記一書專記異事奈何崇文之目所說不及此意但以謂博採羣書以類

分門凡是類書皆可博採羣書以類分門不知御覽之與廣記又何異崇文所釋大槩如此舉此一條可見其他

書有不應釋論三篇

實錄自出於當代按崇文總目有唐實錄十八部既謂唐實錄得非出於唐人之手何須一一釋云唐人撰

凡編書皆欲成類取簡而易曉如文集之作甚多唐人所作自是一類宋朝人所作自是一類但記姓名可也何須一一言唐人撰一一言宋朝人撰然崇文之作所以爲衍文者不知其爲幾何此非不達理也著書之時元不經心耳

有應釋者有不應釋者崇文總目必欲一一爲之釋間有見名知義者亦彊爲之釋如鄭景岫作南中四時攝生論其名自可見何用釋哉如陳昌胤作百中傷寒論其名亦可見何必曰百中者取其必愈乎

書有應釋論一篇

隋志於他類只注人姓名不注義說可以睹類而知義也如史家一類正史編年各隨朝代易明不言自顯至於雜史容有錯雜其間故爲之注釋其易知者則否惟霸史一類紛紛如也故一一具注蓋有應釋者有不應釋者不可執一槪之論按唐志有應釋者而一槪不釋謂之簡崇文有不應釋者而一槪釋之謂之繁今當觀其可不可

不類書而類人論三篇

古之編書以人類書何嘗以書類人哉人則於書之下注姓名耳唐志一例削注一例大書遂以書類人且如別集類自是一類總集自是一類奏集自是一類令狐楚集百三十卷當入別集類表奏十卷當入奏集類如何取類於令狐楚而別集與奏集不分皮日休文數十卷當入總集類文集十八卷當入別集類如何取類於

皮日休而總集與別集無別詩自一類賦自一類陸龜蒙有詩十卷賦六卷如何不分詩賦而取類於陸龜蒙

按隋志於書則以所作之人或所解之人注其姓名於書之下文集則大書其名於上曰某人文集不著注焉唐志因隋志係人於文集之上遂以他書一概如是且春秋一類之學當附春秋以顯如曰劉向有何義易一類之書當附易以顯如曰王弼有何義

唐志以人寘於書之上而不著注大有相妨如管辰作管輅傳三卷唐省文例去作字則當曰管辰管輅傳是二人共傳也如李邕作狄仁傑傳三卷當去作字則當曰李邕狄仁傑傳是二人共傳也又如李翰作張巡姚誾傳三卷當去作字則當曰李翰張巡姚誾傳是三人共傳也若文集置人於上則無相妨曰某人文集可也卽無某人作某人文集之理所志惟文集置人於上可以去作字可以不著注而於義無妨也又如盧槃佐作孝子傳三卷又作高

士傳二卷高士與孝子自殊如何因所作之人而合爲一似此類極多炙轂子雜錄注解五卷乃王叡撰若從唐志之例則當曰王叡炙轂子雜錄注解五卷是王叡復爲注解之人矣若用隋志例以其人之姓名著注於其下無有不安之理

編書不明分類論三篇

七略惟兵家一略任宏所校分權謀形勢陰陽技巧爲四種書又有圖四十三卷與書參焉觀其類例亦可知兵況見其書乎其次則尹咸校數術李柱國校方技亦有條理惟劉向父子所校經傳諸子詩賦冗雜不明盡採語言不存圖譜緣劉氏章句之儒胸中元無倫類班固不知其失是故後世亡書多而學者不知源別凡編書惟細分難非用心精微則不能也兵家一略極明若他略皆如此何憂乎斯文之喪也

史家本於孟堅孟堅初無獨斷之學惟依緣他人以成門戶紀志傳

則追司馬之蹤律歷藝文則躡劉氏之迹惟地里志與古今人物表是其胸臆地里一學後代少有名家者由班固修書之無功耳古今人物表又不足言也

古者修書出於一人之手成於一家之學班馬之徒是也至唐人始用衆手晉隋二書是矣然亦皆隨其學術所長者而授之未嘗奪人之所能而彊人之所不及如李淳風于志寧之徒則授之以志如顏師古孔穎達之徒則授之紀傳以顏孔博通古今于李明天文地理圖籍之學所以晉隋二志高於古今而隋志尤詳明也

編次有敘論二篇

隋志每於一書而有數種學者雖不標別然亦有次第如春秋三傳雖不分爲三家而有先後之列先左氏次公羊次穀梁次國語可以次求類唐志不然三傳國語可以渾而雜出四家之學猶方圓冰炭也不知國語之文可以同於公穀公穀之義可以同於左氏

者乎

隋志於禮類有喪服一種雖不別出而於儀禮之後自成一類以喪服者儀禮之一篇也後之議禮者因而講究遂成一家之書尤多於三禮故爲之别異可以見先後之次可以見因革之宜而無所紊濫今唐志與三禮雜出可乎

編次不明論七篇

班固藝文志出於七略者也七略雖疏而不濫若班氏步步趨趨不離於七略未見其失也閒有七略所無而班氏雜出者則躓矣揚雄所作之書劉氏蓋未收而班氏始出若之何以太玄法言樂箴三書合爲一總謂之揚雄所序三十八篇入於儒家類按儒者舊有五十二種固新出一種則揚雄之三書也且太玄易類也法言諸子也樂箴雜家也奈何合而爲一家是知班固胸中元無倫類舊類有道家有道書道家則老莊是也有法家有刑法法家則申韓

是也以道家爲先法家次之至於刑法道書別出條例刑法則律令也道書則法術也豈可以法術與老莊同條律令與申韓共貫乎不得不分也唐志則併道家道書釋氏三類爲一類命以道家可乎凡條例之書古人草昧後世詳明者有之未有棄古人之詳明從後人之紊濫也其意謂釋氏之書難爲在名墨兵農之上故以合於道家殊不知凡目之書只要明曉不如此論高卑況釋道二家之書自是矛盾豈可同一家乎

漢志於醫術類有經方有醫經於道術類有房中有神仙亦自微有分別奈何後之人更不本此同爲醫方同爲道家者乎足見後人之苟且也

唐志別出明堂經脈一條而崇文總目合爲醫書據明堂一類亦有數家以爲一條已自疎矣況合於醫書而其類又不相附可乎

漢志以司馬法爲禮經以太公兵法爲道家此何義也疑此二條非

任氏劉氏所收蓋出班固之意亦如以太玄樂箴爲儒家類也
漢志以世本戰國策秦大臣奏事漢著記爲春秋類此何義也
唐志以選舉志入職官類是崇文總目以選舉志入傳記非

校讎略第一

圖譜略第一　通志卷第七十二

索象

河出圖天地有自然之象洛出書天地有自然之理天地出此二物以示聖人使百代憲章必本於此而不可偏廢者也圖經也書緯也一經一緯相錯而成文圖植物也書動物也一動一植相須而成變化見書不見圖聞其聲不見其形見圖不見書見其人不聞其語圖至約也書至博也即圖而求易即書而求難古之學者爲學有要置圖於左置書於右索象於圖索理於書故人亦易爲學學亦易爲功舉而措之如執左契後之學者離圖即書尚辭務說故人亦難爲學學亦難爲功雖平日胸中有千章萬卷及寘之行事之間則茫茫然不知所向秦人雖棄儒學亦未嘗棄圖書誠以爲國之具不可一日無也蕭何知取天下易守天下難當衆人爭取之時何則入咸陽先取秦圖書以爲守計一旦干戈既定文物

悉張故蕭何定律令而刑罰清韓信申軍法而號令明張蒼定章程而典故有倫叔孫通制禮儀而名分有別且高祖以馬上得之一時間武夫役徒知詩書爲何物而此數公又非老師宿儒博通古今者若非圖書有在指掌可明見則一代之典未易舉也然是時挾書之律未除屋壁之藏不啓所謂書者有幾無非按圖之效也後世書籍既多儒生接武及乎議一典禮有如聚訟玩歲愒日紛紛紜紜縱有所獲披一斛而得一粒所得不償勞矣何爲其然哉歆向之罪上通於天漢初典籍無紀劉氏創意總括羣書分爲七略只收書不收圖藝文之目遞相因習故天祿蘭臺三館四庫內外之藏但聞有書而已蕭何之圖自此委地後之人將慕劉班之不暇故圖消而書日盛惟任宏校兵書一類分爲四種有書五十三家有圖四十三卷載在七略獨異於他宋齊之間羣書失次王儉於是作七志以爲之紀六志收書一志專收圖譜謂之圖譜

志不意末學而有此作也且有專門之書則有專門之學有專門之學則其學必傳而書亦不失任宏之略劉歆不能廣之王儉之志阮孝緒不能續之孝緒作七錄散圖而歸部錄雜譜而歸記注蓋積書猶調兵也聚則易固散則易亡積書猶賦粟也聚則易贏散則易乏按任宏之圖與書幾相等王儉之志自當七之一孝緒之錄雖不專收猶有總記內篇有圖七百七十卷外篇有圖百卷未知譜之如何耳隋家藏書富於古今然圖譜無所繫自此以來蕩然無紀至今虞夏商周秦漢上代之書具在而圖無傳焉圖既無傳書復日多茲學者之難成也天下之事不務行而務說不用圖譜可也若欲成天下之事業未有無圖譜而可行於世者作圖譜略

原學

何爲三代之前學術如彼三代之後學術如此漢微有遺風魏晉以

降日以陵夷非後人之用心不及前人之用心實後人之學術不及前人之學術也後人學術難及大槪有二一者義理之學二者辭章之學義理之學尙攻擊辭章之學務雕搜耽義理者則以辭章之士爲不達淵源玩辭章者則以義理之士爲無文彩要之辭章雖富如朝霞晚照徒焜燿人耳目義理雖深如空谷尋聲靡所底止二者殊途而同歸是皆從事於語言之末而非爲實學也所以學術不及三代又不及漢者抑有由也以圖譜之學不傳則實學盡化爲虛文矣其間有屹然特立風雨不移者一代得一二人實一代典章文物法度紀綱之盟主也然物希則價難平人希則人罕識世無圖譜人亦不識圖譜之學張華晉人也漢之宮室千門萬戶其應如響時人服其博物張華固博物矣此非博物之效也見漢宮室圖焉武平一唐人也問以魯三桓鄭七穆春秋族系無有遺者時人服其明春秋平一固熟於春秋矣此非明春秋之

效也見春秋世族譜焉使華不見圖雖讀盡漢人之書亦莫知前代宮室之出處使平一不見譜雖誦春秋如建瓴水亦莫知古人氏族之始終當時作者後世史臣皆不知其學之所自況他人乎臣舊亦不之知及見楊佺期洛京圖方省張華之由見杜預公子譜方覺平一之故由是益知圖譜之學學術之大者且蕭何刀筆吏也知炎漢一代憲章之所自歆向大儒也父子紛爭於章句之末以計較毫釐得失而失其學術之大體何秦人之典蕭何能收於草昧之初蕭何之典歆向不能紀於承平之後是所見有異也逐鹿之人意在於鹿而不知有山求魚之人意在於魚而不知有水劉氏之學意在章句故知有書而不知有圖嗚呼圖譜之學絕紐是誰之過與

明用

善爲學者如持軍治獄若無部伍之法何以得書之紀若無覈實之

法何以得書之情今總天下之書古今之學術而條其所以為圖譜之用者十有六一曰天文二曰地理三曰宮室四曰器用五曰車旂六曰衣裳七曰壇兆八曰都邑九曰城築十曰田里十一曰會計十二曰法制十三曰班爵十四曰古今十五曰名物十六曰書凡此十六類有書無圖不可用也人生覆載之間而不知天文地里此學者之大患也在天成象在地成形星辰之次舍日月之往來非圖無以見天之象山川之紀夷夏之分非圖無以見地之形天官有書書不可以仰觀地里有志志不可以俯察故曰天文地里無圖有書不可用也稽之人事有宮室之制有宗廟之制有明堂辟廱之制有居廬堊室之制有臺省府寺之制有庭霤戶牖之制凡宮室之屬非圖無以作室有尊彝爵斝之制有簠簋俎豆之制有弓矢鈇鉞之制有圭璋璧琮之制有璽節之制有金鼓之制有棺槨之制有重主之制有明器祭器之制有鈎盾之制凡器

用之屬非圖無以制器爲車旂者則有車輿之制有驂服之制有旗旐之制有儀衞鹵簿之制非圖何以明章程爲衣服者則有弁冕之制有衣裳之制有履舄之制有笄總之制有襚含之制有杖絰之制非圖何以明制度爲壇域者則有壇墠之制有丘澤之制有社稷之制有兆域之制大小高深之形非圖不能辨爲都邑者則有京輔之制有郡國之制有閭井之制有市朝之制有蕃服之制內外重輕之勢非圖不能紀爲城築者則有郛郭之制有苑囿之制有臺門魏闕之制有營壘斥候之制非圖無以明關要爲田里者則有夫家之制有溝洫之制有原隰之制非圖無以別經界爲會計者則有貨泉之制有貢賦之制有戶口之制非圖無以知本末法有制非圖無以定其制爵有班非圖無以正其班有五刑有五服五刑之屬有適輕適重五服之別有大宗小宗權量所以同四海規矩所以正百工五聲八音十二律有節三歌六舞有序

昭夏肆夏宮陳軒陳皆法制之目也非圖不能舉內而公卿大夫外而州牧侯伯貴而妃嬪賤而妾媵官有品命有數祿秩有多寡考課有殿最繅籍有數玉帛有等上下異儀尊卑異事皆班爵之序也非圖不能舉要通古今者不可以不識三統五運而三統之數五運之紀非圖無以通要別名物者不可以不識蟲魚草木而蟲魚之形草木之狀非圖無以別要明書者不可以不識文字音韻而音韻之清濁文字之子母非圖無以明凡此十六種可以類舉爲學者而不知此則章句無所用爲治者而不知此則紀綱文物無所施

記有

楊佺期唐洛陽京城圖　唐長安京城圖

呂大防唐長安京城圖　唐太極宮圖

唐大明宮圖　唐興慶宮圖

三宮合爲一圖　洛陽宮闕圖
宋朝宮闕圖　汴京圖
唐九嵕山昭陵建陵合爲一圖　梁元帝二十八國職貢圖
閻立本西域諸國風物圖　大遼對境圖
大金接境圖　契丹地里圖
西夏賀蘭山圖　山海經圖
勃海圖　三輔黃圖
天文橫圖　隔子橫圖
天文圓圖　隔子圓圖
紫薇天心圖　璇璣圖
日食圖　月暈圖
分野圖　七曜災祥圖
七曜歷文圖　刻漏圖

龍圖　伏羲俯仰畫卦圖
陳希夷易圖　劉牧鈎隱圖
稽覽圖　尙書治要圖
鄭康成詩圖　小戎圖
王制井田圖　方田圖
鄉遂圖　封建圖
律呂圖　聶崇儀三禮圖
博古圖　考古圖
釋奠祭器圖　考正禮器圖
鄉飲禮圖　五服年月圖
大宗小宗圖　宮架圖
舞鑑圖　琴式尙象圖
景祐大樂圖　三樂圖

集英殿大宴樞密使以下起居圖

唐宰相表　唐官品圖

武侯八陣圖　攻守器械圖

五陣圖　文教圖

閻立本歷代帝王圖　歷代聖賢圖

銅人俞穴鍼灸圖　仙人水鑑圖

明堂偃側人圖　難經圖

素問氣圖　金丹圖

煙蘿圖　含象鑑圖

黃庭五藏圖　黃庭五藏道引圖

六氣道引圖　道源宗師圖

仙班朝會圖　告元圖

內外二景圖　上清天關二圖經

上清混合變化圖　三五合景圖
五常雜修行圖　河圖寶錄
結璘奔日月圖　九宮紫房圖
長生寶鑑圖　八道祕言圖
五嶽真形神仙圖　古今五嶽真形圖
嶽瀆名山圖　大洞九天圖
山水穴竇圖　萬靈朝真圖
三皇真形圖　列宿朝真圖
攝生月令圖　伏承圖藝文略作永此作承當考
狐剛子粉圖　三才定位圖
三十四鼎鑪圖　黃帝鼎圖
西傳宗派圖　聲鐘圖
趙少保辨才法師繫念圖　六想圖

重元圖　綱格圖
北齊六學士勘書圖　慶曆彩選圖
秦府十八學士圖　明皇擊桐圖（桐字當考）
明皇試馬圖　王維春社圖
王維輞川圖　蓮社圖
顧凱之列女圖　月令圖
郭子儀宴魚朝恩圖　選日立成圖
三元遁甲圖　九宮八門圖
山形總載圖　寶星圖
鬼谷子觀氣色出相圖　敕律指掌圖
姓氏譜　錢譜

記無

地里

地域方丈圖	地域方尺圖
僧道安江圖	賈躭地圖
裴矩西域圖	華夷列國入貢圖
馬寔諸道行程血脈圖	開元分野圖
冀州圖	十七路轉運圖
河北四十四郡圖	十七路圖
蜀程圖	沈括使北圖
洞庭譜	嶽瀆福地圖
蔣炳西山圖	

會要

南卓唐朝綱領圖	王彥威古額圖
孫結大唐國照圖	大唐國要圖
曹臻國照	夏侯煩鹽鐵轉運圖

紀運

王氏五運圖　廣五運圖

年歷圖　帝王正閏五運圖

路惟衡帝王歷數圖　薛璠唐聖運圖

劉恕年略譜　魏森古今通系圖

侯利建視古圖　劉軻唐年曆

龔頴運歷圖　徐鍇歷年年譜

古今年表　帝王接受圖

盧元福共和以來甲乙紀　帝王真僞圖

徐整三五歷記　國朝年表

百官

唐宰輔譜　柳芳大唐宰相表

萬當世文武百官圖　牧圖

易

唐一行大衍玄圖

范諤昌易源流圖

詩

成伯璵毛詩圖

草木蟲魚圖

禮

賀循喪服圖

子游喪服圖

蔡謨喪服圖

張薦五服圖

仲陵子五服圖

夏侯伏明三禮圖

張鎰三禮圖

梁正三禮圖

紀僧真玉璽譜

袁郊二儀實錄衣服名義圖

鹵簿圖

南郊圖

唐志凶儀圖

梁隱列國祖廟式

樂

十二律譜　唐郊祀樂章譜
呂渭廣陵正息譜　王大力琴聲律譜
李良輔廣陵正息譜　陳康士琴譜
離騷譜　李約東杓引譜
琴式譜　阮咸譜
琴指圖　觱栗格
沈括樂律圖

春秋

嚴彭祖春秋圖　張傑春秋圖
顧啓期大夫圖　春秋車服圖
春秋宗族名氏圖　演左傳氏族圖
春秋名號歸一圖　春秋圖鑑
春秋手鑑圖

孝經

應瑞圖

論語

井田義圖

論語世譜

經學

授經圖

韋表微九經歸授譜

小學

郭璞爾雅圖

辨字圖

刑法

路仁恕五刑旁通圖

天文

張衡靈憲圖

高文弘天文橫圖

孝經內記星圖

周易八野星圖

太白會運逆兆通代記圖　大象列星圖
長慶算五星所在宿度圖　南陽化元玄黃十二次分野圖
時令
王涯月令圖
算數
劉徽九章重差圖
陰陽
三陰圖　二宅圖
五行家國通用圖　太一遊圖
五符圖　八曜圖
五虎圖　古墓圖
氣神隨日用局圖　揲蓍圖
皮日休支干定命圖　遁甲天目圖

占氣色要訣圖

道家

二十八宿真形圖　正一真人二十四治圖

正一氣化圖　五帝修行圖

四氣攝生圖　參同契大丹圖

太易陰陽手鑑圖　鈆汞五行圖

八卦真形圖　掌訣圖

八仙圖　元化圖

五禽道引圖　大象握機圖

皇人三一圖　存五星圖

火鑑周天圖

釋氏

法界僧圖　道綽行圖

古今譯圖

符瑞

玉芝瑞草圖　靈芝圖

侯亶祥瑞圖　孫之柔瑞應圖

顧野王符瑞圖　張掖郡玄石圖

上黨十九瑞圖　貫怪圖

兵家

解忠鯁龍武元兵圖　神機靈秘圖

五行陣圖

藝術

敧器圖　射鑑九圖

禮圖等雜書　董尊畫盤車圖

曹元廓畫後周北齊梁陳隋武德貞觀永徽等朝臣圖

韓幹畫龍朔功臣圖　工象畫鹵簿圖
竇師綸畫內庫瑞錦對雉鬭羊翔鳳游麟圖
八駿圖　辨馬圖
食貨
于公甫古今泉貨圖
醫藥
孔穴蝦蟆圖　黄帝明堂五藏圖
秦承祖明堂圖　明堂人形圖
指難圖　王惟一鍼灸圖
五藏攝養明鑑圖　崔知悌產圖
安濟圖　侍膳圖
原平仲靈秀本草圖　藥圖
世系

帝系之譜　　皇帝之譜
戚里之譜　　百官族姓之譜
諸家譜

圖譜略第一

金石略第一　通志卷第七十三

金石序

序曰方冊者古人之言語款識者古人之面貌以後學跂慕古人之心使得親見其面而聞其言何患不與之俱化乎所以仲尼之徒三千皆爲賢哲而後世曠世不聞若人之一二者何哉良由不得親見聞於仲尼耳蓋聞習禮度不若式瞻容儀諷誦遺言不若親承音旨今之方冊所傳者已經數千萬傳之後其去親承之道遠矣惟有金石所以垂不朽今列而爲略庶幾式瞻之道猶存焉且觀晉人字畫可見晉人之風猷觀唐人書蹤可見唐人之典則此道後學安得而舍諸三代而上惟勒鼎彝秦人始大其制而用石鼓始皇欲詳其文而用豐碑自秦迄今惟用石刻散佚無紀可爲太息故作金石略

歷代金石

蒼頡石室記有二十八字在蒼頡北海墓中土人呼爲藏書室周時

自無人識逮秦李斯始識八字曰上天作命皇辟迭王漢叔孫通識十二字

夏禹書十二字見法帖未詳出處　比干銅盤銘十六字西京

史籀六字見法帖未詳出處　孔子書季札墓十字潤州

周穆王東巡四字邢州

右上代文字見於模刻

太昊金　尊盧氏幣　神農氏金　黃帝貨金　軒轅貨金

帝昊金　帝嚳金　高陽金　堯泉　舜策乘馬幣

舜策幣貨金　夏貨金　商貨莊布　商貨四布

商連幣　商湯金　商子貨金　周圜法貨　周圜法別種

齊公貨　齊刀別種　齊梁山幣　莒刀　齊布

齊刀

右見錢譜兵火以來今贛州尚有本

晉姜鼎　虢姜鼎　鄭伯姬鼎　宋君鼎　周姜鼎
文王鼎　孔文父鼎　魯公鼎　宋公鼎　周公鼎
單囧鼎　伯姬鼎　宋君夫人鼎　東宮方鼎
商鼎　得鼎　庚鼎　乙鼎　大鼎
始鼎　欒鼎　趠鼎　辛鼎　癸鼎
尨鼎　陀鼎　東宮鼎　盤鼎　公諴鼎
丁斯鼎　王子吳鼎　師窦鼎　父乙鼎　叔夜鼎
斂氏鼎　公癸鼎　父甲鼎　父丁鼎　蟬文鼎
尨生鼎　召夫鼎　師毁鼎　師毛鼎　師厝敦
周姜敦　周虞敦　雁侯敦　屈生敦　仲駒敦
孟金敦　剌公敦　叔貓敦　虢姜敦　散季敦
伯百父敦　冀師敦　尨敦　戾敦　始敦
何敦　尹敦　戠敦　周敦　郱敦

牧敦　周公彝　召公彝　曹侯彝　司空彝

內史彝　楚公彝　沈子彝　虡彝　單冏彝

伯宋彝　仲舉彝　單從彝　品伯彝　李娟彝

欿姬彝　楚王盦彝　祖戊彝　商兄癸彝　父癸彝

交父彝　祖乙彝　父乙彝　父丁彝　父己彝

父辛彝　毋乙彝　師艅彝　仲父彝　商彝

五彝　伯彝　欿彝　甗彝　彤彝

尹彝　應彝　亞彝　伊彝　仲父彝

小子師彝　庚午鬲　高姜鬲　書鬲　丁父鬲

父己鬲　毛乙鬲　乃子鬲　毋鬲　虢叔鬲

諸旅鬲　莫敖鬲　寶德鬲　聿遠鬲　伯鬲

慧季鬲　許子鐘　甹鐘　商鐘　元子鐘

走鐘　遲父鐘　南和鐘　分寧鐘　許子小鐘

盄和鐘　召公尊　朝事尊　韋子尊　魚尊
叔寶尊　虎尊　父戊尊　祖戊尊　商從尊
中爵　夫甲爵　父丁爵　祖辛爵　父癸爵
父辛爵　大田爵　父庚爵　庚爵　丁青爵
商爵　父戊爵　祖己爵　父己爵　己舉爵
己爵　舉爵　纂帶爵　父乙爵　祖乙爵
伯爵　飲爵　觶爵　父甲爵　主人舉爵
癸舉　父辛舉　寅簋　左父簋　叔高簋
師寏簋　師奕簋　弡中簠　劉公医　太公缶
子斯医　史剩匜　姬寏医　姬寏豆　單疑豆
仲虔洗　仲虞洗　田李匜　寒戊匜　叔匜
杞公匜　義母匜　弡伯匜　季姬匜　季亳匜
祖戊匜　齊侯匜　卬仲盤　伯戔盤　壽盤

史孫鞍盤　卬仲奩　伯戔䀇　應婦甗　周陽侯甗
仲信甗　郤甗　孟嬭甗　父己甗　庚甗
飲甗　伯温甗　冀師舟　師淮卣　周卣
冀卣　商卣　兄癸卣　母辛卣　母乙卣
父甲卣　祖癸卣　父己卣　祖戊卣　伯王盨
趩盨　諸友盉　伯王敦盉　沈子盉　盉豪盉
父丁盉　茲女觚　象觚　父庚觚　甲子觚
平周鉦　遣磬　丁舉甌　伯索盂　熙之戟
銅角　武安釜　軹家釜

右三代之款識見於博古圖等

石鼓文秦鳳翔府宣和間移置東宮以有石鼓辨明爲秦篆　秦封泰山碑兗州
嶧山頌德碑李斯篆鄭文寶模兗州　秦相李斯等請刻始皇詔書兗州
之罘山刻石可辨者十九字登州　之罘大篆可辨者十六字登州

始皇朐山碑海州　稽山頌德碑李斯篆疑在越州

刻二世詔文李斯篆密州　殘碑二十字李斯篆登州州衙

祀巫咸大湫文俗呼咀楚文李斯篆鳳翔府又渭州州學本與鳳翔小異

右秦

漢

陳留太守程封碑東京　酸棗令劉熊紀績碑有碑陰東京

執金吾高褒碑東京　太保高峻碑東京

丞相陳平碑東京　三老袁貢碑永建六年東京

袁騰碑貢之子在東京　西平令楊期碑東京

征西大將軍楊僅碑東京　大司農陳君碑中平四年有四碑在東京

邊讓碑東京　董襲碑東京

八都神廟碑鎮州　封龍山碑鎮州

槀城長蔡湛碑有碑陰光和四年鎮州　無極山碑光和八年鎮州

上谷太守張平碑 定州
孝子王立碑 定州
譙敏碑 蔡邕文冀州
賈敏碑 冀州
李固碑 懷州
左伯桃碑 安肅軍
蘇武碑 京兆府
乞復華下民田租狀 華州
西嶽石闕銘 永和元年華州
西嶽和山亭碑 華州
司徒劉奇碑 華州
西嶽華山廟碑 華州
劉黨碑 華州
立教院君神祠碑 華州
太尉楊震碑并碑陰題名 華州
高陵令楊君碑及碑陰 華州
繁陰令楊尋碑 熹平中華州
金城太守楊統碑 華州
郭有道碑 蔡邕文并書太原府
郭林宗碑 汾州
山陽太守祝睦二碑 延熹七年南京
陽翟令許叔臺碑 南京
兗州從事丁仲禮墓碑 南京
太尉掾橋君墓碑 南京
宋國縣繹幕令碑 南京
漢橋玄碑 南京

愼令劉君墓碑建寧四年南京　光祿勳劉耀碑鄆州
袁安碑徐州　太傅龔勝碑徐州
劉熙碑又碑陰徐州　漢高祖感應碑延熹十年徐州
高祖廟碑徐州　太尉陳球碑蔡邕文并書光和元年徐州
太尉陳球後碑徐州　陳球碑陰
御史大夫鄭宮碑　卜式墓碑兗州
鮑宣碑兗州
魯相史晨等奏出王家穀祠孔子碑建寧二年兗州
司徒吳雄等奏孔子廟置卒史碑元嘉二年兗州
魯相復顏氏繇發碑永嘉三年兗州　太山太守孔宙碑延熹六年兗州
孔彪碑及碑陰建寧四年兗州
漢碑永壽三年婁州從事孔君德立於孔子墓壇前兗州
小篆碑蔡邕書兗州　河東太守孔雄碑建寧四年兗州

司農孔峽碑建寧元年兗州　魯相韓叔節修孔子廟碑永壽二年兗州
博士孔志碑兗州　御史孔翊碑兗州
博士逢汾墳前石柱碑篆濰州　竹邑侯相張壽碑建寧元年單州
侯伯咸墓碑建寧中立單州　孫嵩碑密州
王章碑密州　安平王相孫根墓碑光和四年密州
廬江太守范式碑蔡邕書濟州　中郎王政碑光和元年濟州
任城府君頌濟州　司隸校尉魯峻碑蔡邕書濟州
執金吾武榮碑濟州　故司馬城鐵碑濟州
謁者景君二碑安帝元初元年濟州　御史大夫郗慮碑濟州
童恢墓雙石闕題
太尉劉寬二碑中平二年門生故吏名一碑幷碑陰姓名西京
蕭何碑折作兩段西京　玄儒先生婁壽碑襄州
山陽太守碑襄州　築陽侯相景豹碑襄州

司徒掾梁君碑建安二十七年襄州　學生碑襄州
侍中王逸碑襄州　南陽太守秦君碑熹平五年襄州
司徒從事郭君碑建寧五年孟州　北軍中侯郭君碑建寧五年孟州
封觀碑陳州　蔡昭碑隋州
桐栢神碑延熹六年唐州　中常侍曹騰碑建和元年亳州
老子銘延熹八年唐州　老子碑銘鍾繇書亳州
幽州刺史朱龜碑有碑陰中平二年亳州　趙王武臣碑宿州
東海祠碑永壽元年海州
楚相孫叔敖延熹三年固始令段君立有碑陰光州
堂邑令費君碑熹平六年有碑陰湖州　梁相費君碑湖州
曹娥碑越州　羅訓碑衡州
南昌太守谷君墓碑衡州　青州刺史劉君碑衡州
胡騰墓碑衡州

桂陽太守周府君勳德碑〔熹平三年桂陽監〕

桂陽太守周使君碑〔韶州〕

周公禮殿石楹記〔初平五年鍾會書成都府〕

陽泊侯墓碑〔成都府〕

文翁學生題名

析里橋郙閣銘〔建寧五年李翕造漢州〕

刺史李頊碣〔緜州〕

中宮令楊暢墓碑〔嘉州〕

沛相范史墓闕文〔劍州〕

王褒墓碑〔資州〕

中常侍樊安碑〔延熹元年故吏立未詳〕

河間相張平子墓志有二碑〔崔瑗篆鄧州〕

趙國相雝勸石闕碑〔劍州〕

秦君之碑〔未詳〕

泰山都尉孔宙碑〔延熹七年未詳〕

小黃門譙君碑〔中平四年未詳〕

改西嶽廟民賦碑〔盧倣文光和二年未詳〕

孔宙碑陰題名〔未詳〕

孔德讓碣〔永興二年兗州〕

文歆碑〔元光四年絳州〕

天祿辟邪字〔篆書鄧州南陽宗資墓前石獸〕

周公禮殿記〔蔡邕隸書成都府〕

蔡邕石經〔西京人家尚收得殘石趙殿撰家有遺字三卷〕

窆室銘〔永建元年未詳〕

周府君碑陰桂陽監　麟鳳贊幷記永建元年未詳

巴官鐵量銘永平七年未詳　會稽東部都尉路君闕銘永平八年未詳

南武陽墓闕銘元和三年未詳　章和石記章和二年未詳

郯令景君闕銘元初四年未詳　北海相景君碑陰漢安二年未詳

敦煌長史武班碑建和元年未詳　武氏石闕記建和元年未詳

司隸陽厥開石頌建和二年未詳　吳郡丞武開明碑建和二年未詳

張公廟碑和平元年未詳　祝長嚴訢碑元嘉元年未詳

從事武梁碑元嘉元年未詳　平都侯相蔣君碑元嘉元年未詳

東海相栢君海廟碑永壽元年未詳　吉成侯州輔碑有碑陰永壽二年未詳

故民吳公碑熹平元年未詳　議郎元賓碑延熹二年未詳

韓府君孔子廟碑有碑陰永壽二年未詳　丹陽太守郭旻碑延熹元年未詳

封丘令王元賞碑延熹四年未詳　冀州刺史王純碑延熹四年未詳

河東地界石記延熹四年未詳　成皐令任伯嗣碑延熹五年有碑陰未詳

平輿令薛君碑延熹年未詳　堯廟碑延熹十年有碑陰未詳
又堯廟碑熹平四年有碑陰未詳　蒼頡廟人名延熹五年未詳
蒼頡廟碑光和二年又三年未詳　西嶽二碑光和二年又三年未詳
劉壽禹廟碑光和二年未詳　白石神君碑未詳
禹廟碑有碑陰未詳　荊州刺史度尚碑未詳
車騎將軍馮緄碑永康元年未詳　廣漢縣令王君神道建寧元年未詳
冀州從事張表碑建寧元年未詳　堵陽長謁者劉君碑建寧元年未詳
金鄉守長侯君碑建寧二年未詳　柳孝廉碑建寧二年未詳
衛尉卿衡方碑建寧三年未詳　沛相楊君碑建寧三年有碑陰未詳
淳于長夏承碑建寧三年未詳　中郎馬君碑建寧三年未詳
武都太守李翕碑建寧四年有碑陰未詳　仲君碑建寧五年未詳
成陽靈臺碑建寧五年有碑陰未詳　廷尉仲定碑熹平元年未詳
堂谿典嵩高山石闕銘熹平四年未詳　斥彰長斷碑熹平六年未詳

太尉郭禧碑有碑陰未詳
逢童子碑光和四年有碑陰未詳

漢三公碑光和四年未詳
郤阮君神祠碑光和四年有碑陰未詳

揚州刺史敬使君碑光和四年未詳
涼州刺史魏君碑光和四年未詳

成陽令唐君頌光和六年有碑陰頌未詳
都鄉正衛彈頌中平二年未詳

尉氏令鄭君碑中平三年有碑陰未詳
趙相劉衡碑中和四年未詳

圉令趙君碑初平元年未詳
巴郡太守樊君碑建安十年未詳

綏民校尉熊君碑有碑陰未詳
司空宗俱碑有碑陰未詳

馮使君墓闕銘未詳
琅琊相王君墓闕銘未詳

武陰令高君墓闕銘未詳
永樂少府賈君闕銘未詳

臨朐長仲君碑未詳
富春丞張君碑未詳

蜀郡太守任君神道未詳
蜀郡屬國都尉任君神道

益州太守楊宗墓闕銘未詳
巴郡太守張府君功德敘未詳

河南尹蘇君碑額未詳
武氏石室畫像未詳

右兩漢

三國晉兩朝

魏武帝受禪壇記梁鵠書王朗文未詳　魏武帝大饗碑子建文武帝篆鍾繇書亳州

魏受禪表梁鵠書黃初元年許州　魏郡公上尊號表相國歆等四十五人鍾繇書

魏酸棗令毋丘悅碑東京

魏封議郎孔羨爲宗聖侯碑梁鵠書兗州

魏隱士程沖墓碑東京　魏節婦白氏碑沖妻也晉咸熙中建二碑同處

魏御史大夫袁渙碑東京　魏鍾繇碑東京

魏征虜將軍南州刺史王賢思碑東京

魏横海將軍呂君碑黃初二年未詳　魏豫州刺史賈逵碑陳州

魏劉盆碑正始二年未詳　魏邴原碑密州

魏孫炎碑甘露五年淄州　魏太尉滿寵碑

魏管寧碑密州　魏太妃郭氏碑正元二年西京

魏新野侯碑 黃初七年　魏立孔子廟碑 黃初元年兗州

魏又立孔子廟碑 太和三年　魏三斷碑皆漫滅二碑無字 西京

魏范式碑 有碑陰青龍三年未詳　魏太僕荀君碑 正始五年有碑陰

魏南陽太守卞統碑 嘉平二年未詳　吳大帝碑 湖州

吳征北將軍陸禕碑 泰寧三年秀州　魏襄州刺史劉君碑 正元三年有碑陰未詳

魏劉熹學生冢碑 有碑陰未詳　魏太保任公神道 未詳

吳九真太守谷府君碑　吳禪國山碑陰 未詳

吳天璽元年紀功碑 未詳　吳臨海侯相谷府君碑 未詳

魏大長秋游述碑 泰始十年有碑陰未詳

右三國

南鄉太守司馬整德政碑頌 泰始四年有碑陰未詳

南鄉建國碑 未詳　阮籍碑 東京

潘岳碑 東京　王戎碑 惟存數十字西京

陳武王碑索靖書汾州　丁議碑南京
老父嚴氏碑咸康五年杭州　郭文碑咸和中杭州
廣昌長暨遜碑咸和中杭州　宣城內史陸喈碑咸和七年秀州
巴西太守盧茂碑綿州　紀穆侯碑建康府
遂州刺史李豪碑綿州　陳壽墓碑果州
西平將軍葛府君碑建康府　議郎陳先生碑元康二年
尉氏令陳君單碑未詳　周胙墓石柱題單州
散騎常侍周處碑陸機文王右軍書後人重立常州
西平侯顏含碑建康府　石柱文太元十八年劍州
泰山君改高樓碑升平三年未詳　黃庭經永和十二年無名氏世傳右軍書未詳
司馬士會碑亳州　墮淚碑襄州峴山
杜預碑襄州史山　路君墓石闕文永和元年濟州
魏興郡太守覃毅德政碑均州　小字東方朔畫贊王右軍書饒州

張愷碑陝州
征虜將軍楊亮碑未詳
天台觀題葛仙公飛白未詳
遺教經無書人名氏世言小王書京兆府
洛神賦王獻之書未詳
平西將軍墓銘王右軍書未詳
定水寺題王右軍京兆府
蘭亭修禊序永和九年王右軍書薛家本爲上定武次之長安本次之
太子詹事裴權碑元康九年有碑陰西京
裴權後碑有碑陰未詳
北嶽祠堂頌泰始六年未詳
右將軍鄭烈碑太康四年未詳
太公碑太康十年未詳
雲南太守碑太熙元年未詳
護羌校尉彭祈碑元康元年有碑陰未詳
議郎陳先生碑元康二年未詳
光祿勳向凱碑永康元年未詳
鴻臚成公重墓刻永寧元年未詳
青山君神頌永安元年未詳
安邑令徐君碑未詳
金鄉長薛君頌未詳
張子平碑未詳
夜郎太守毋稚碑隆安三年未詳
樂毅論

方城侯鄧艾碑
僞漢司徒劉雄碑嘉平五年立即晉愍帝建興三年也未詳
僞趙浮圖澄造像碑劉曜光初五年即晉元帝永昌元年未詳
僞趙橫山神李君碑建武六年即晉咸康五年也未詳
僞趙西門豹祠殿基記建武六年未詳
右晉
宋武帝受禪壇記永康元年陸綜分書壽州
宋武帝檄譙縱文義熙九年未詳
宋文帝神道碑潤州
宋宗慤母劉夫人墓誌謝朓文大明二年江寧府
羅含碑衡州
江淹碑越州
齊海陵王照文墓誌謝朓文江寧府
齊桐栢山金庭觀碑沈約文倪珪書齊永元二年越州
梁關內侯臧紹遠碑門人立杭州
梁茅君碑孫文韜書或云張澤正書普通三年江陵府

梁貞白先生陶弘景碑蕭綸文分書江陵府

梁上元真人司命茅君九錫文碑普通三年江陵府

梁上清真人許長史舊館壇碑普通三年陶弘景文并書有碑陰江陵府

蕭梁二帝碑江陵府

梁重立羊祜碑大同十年

瘞鶴銘華陽真逸文世傳即陶弘景也潤州焦山或云顧況

梁改墮淚碑劉靈正書

梁開善寺大法師碑蕭挹書普通三年建康府

梁招隱寺刹下銘蕭綸書普通二年普州

吳延陵季子二碑晉殷仲堪文梁王僧恕書潤州

麥積山應乾寺重修七佛龕銘庾信文秦州

慧遠法師碑謝靈運文張野書江州

梁檀溪寺禪房碑許瑶書天監十一年未詳

齊佛龕碑天統三年立武平三年刊西京

後魏兗州刺史賈司伯碑神龜二年西京

後魏兗州刺史元王匡碑熙平二年

後魏孝侯碑天平三年東京

後魏中山太守常通碑定州

後魏宣武帝御射碑景明三年沈馥書有碑陰虢州

後魏金鄉縣令徐公碑（景明中濟州）　後魏侍中廣平穆王碑（太昌元年西京）
後魏章陵太守呂君碑（鄧州）　後魏司徒斛律斯公碑
後魏元成碑（正始五年祁州）　後魏立宣尼廟記（延興四年兗州）
後魏孝文帝弔比干文（衞州有碑陰今亡）　後魏并州刺史王坦墓碑（絳州）
後魏石佛像碑（武定四年衞州）　後魏松滋公興溫泉頌（京兆府）
古碑三皆剝落似魏齊時字（陝府）　後魏車騎將軍穆祚碑（汾州）
後魏侍中廣平穆王碑（俗云陵家碑太昌元年西京）
後魏景王碑　後魏汝南文宣王碑（西京）
後魏碑（韓毅隸書天平四年西京）　後魏末帝碑（西京）
後魏升仙太子碑（梁雅文西京）　後魏聖旨寺碑（永熙三年北京）
後魏魯郡太守張猛龍清德碑（正光三年有碑陰未詳）
教戒經（後魏順思王書未詳）　後魏崔浩碑（興光二年華州）
大代華嶽廟碑（太武太延五年未詳）　後魏修華嶽碑（興光二年未詳）

後魏中嶽碑太安二年有碑陰未詳

後魏孔子廟碑太和元年未詳

比干墓刻

後魏太鴻臚卿鄭儼伯碑未詳

後魏北巡碑太和二十年有碑陰未詳

後魏太尉于烈碑景明四年未詳

後魏瑤光寺碑永平三年未詳

後魏鄭羲碑又有上研皆永平四年未詳

後魏鄭道昭登雲峯山詩永平四年未詳

後魏天柱山東堪石室銘鄭道昭撰永平四年未詳

後魏張夫人墓誌延昌元年未詳

後魏鄭道昭哀子詩延昌四年未詳

後魏王子晉碑延昌四年未詳

後魏宣武皇帝御講碑延昌四年未詳

後魏淮陽太守梁鑒碑延昌四年未詳

後魏齊兗二州刺史傅公碑熙平九年未詳

後魏劉使君德化頌熙平三年有碑陰未詳

後魏兗州刺史元康碑熙平中立未詳

後魏瀛州刺史孫惠蔚墓誌神龜元年未詳

後魏叱閭神寶造像記神龜元年未詳

後魏定州刺史崔亮頌神龜二年未詳

後魏堯廟碑 正光元年有碑陰

後魏司空元暉碑 正光二年未詳

後魏郭太妃碑 正光三年未詳

後魏邑義一千人造像記 正光六年未詳

後魏房曇淵等造像記 永安三年未詳

後魏賀拔岳碑 永熙三年未詳

後魏孟思文等造像碑 正光一年未詳

後魏化政寺石窟銘 大統九年未詳

後魏鎮陽誨碑 太昌元年未詳

後魏御史臺雙塔頌 永熙三年未詳

東魏鎮東將軍劉乾碑 未詳

東魏東平太守劉霸碑 天平元年澶州

東魏相州刺史徐雅碑 天平二年未詳

東魏膠州刺史祖淮碑 天平三年密州

東魏大覺寺碑 天平四年韓毅隸書有碑陰洛陽

東魏高翻碑 元象元年未詳

東魏賈思同碑 興和二年青州

東魏張烈碑 元象元年未詳

東魏張早墓誌 興和二年未詳

東魏孔子廟碑 興和三年未詳

東魏魏蘭根碑 興和四年未詳

魏岐州刺史王毅墓誌 大統元年未詳

東魏瀛州刺史李公碑 武定二年未詳

東魏樂陵太守劉公碑 武定二年未詳

東魏劉起貴造像碑 武平二年未詳

東魏逢彥造像記 武平二年未詳

東魏安州刺史赫連相碑 武平五年未詳

東魏荀君像頌 武定七年未詳

北齊楚陽太守張樂碑 澶州

北齊大將軍兗州刺史劉傑碑 澶州

北齊太祖大師正覺寺重修佛殿二記 一後魏武定四年一北齊大統三年建

北齊臨清王假黃鉞碑

北齊二祖大師碑 西京

北齊造像記 天保四年未詳

北齊郭道尊等造像記 天保四年未詳

北齊孫士淵造像記 天保四年未詳

北齊建陵山修靖館碑 天保六年未詳

北齊郁久閭業碑 天保七年未詳

北齊石當門等造像記 天保七年未詳

北齊東兗州須昌縣王像頌 天保八年

北齊二聖寺龍華讚佛碑 未詳

北齊造釋迦像碑 未詳

北齊夫子廟碑 乾明元年未詳

北齊石像頌 皇建元年未詳

北齊崇因寺碑 陸乂文姚淑分書皇建二年未詳

北齊闞亮造像記 比丘道常書河清元年

北齊救疾經偈 河清二年未詳

北齊雲峯山題記 鄭述祖撰河清二年未詳

北齊華陽公主碑 河清二年未詳

北齊權法師碑 河清二年未詳

北齊天柱山銘 鄭述祖撰天統元年未詳

北齊邑義人造像記 天統二年未詳

北齊造雙塔碑 天統二年未詳

北齊造石經幷記 天統四年未詳

北齊蒙山碑 王思誠八分書天統五年未詳

北齊趙智和造像碑 天統五年未詳

北齊隴東平感孝頌 在齊州平陰

北齊帝堯碑 武平二年有碑陰未詳

北齊隴東五胡長仁碑 武平四年齊州

北齊觀世音石像碑 武平二年未詳

北齊唐邕造寺碑 武平三年未詳

北齊長樂王平等碑 武平二年未詳

北齊馮翊王平等碑 武平二年洛陽

北齊臨淮王造像碑

北齊白長命碑 武平四年未詳

北齊大安樂寺碑 武平五年未詳

北齊開明寺彌勒像碑 武平五年未詳

北齊邸珍碑 武平六年未詳

北齊宋悅和等造像碑 武平七年未詳

北齊司空趙起碑 有碑陰

北齊宜陽國太妃傅氏碑 未詳

北齊赫連子悅清德碑 許州

北齊明公道場碑 未詳

北齊宋使君像碑 未詳

北齊高隆之造像記

後周宇文衆造像碑 武成元年未詳

後周延壽公碑 保定元年未詳

後周太學生拓拔府墓誌周弘正撰保定元年未詳

後周華嶽廟碑萬紐于瑾撰趙文淵書天和二年華州

後周河瀆碑王褒撰趙文淵書天和二年未詳

後周同州刺史普六茹忠墓誌天和二年未詳

後周温州刺史烏丸僧修墓誌天和六年未詳

後周雲州刺史胡歸德碑天和六年未詳

右兩朝

隋唐

平陳碑薛道衡文江陵府　善寶寺碑大業中立東京

尚書左丞郎茂碑鎮州　恆嶽寺舍利塔定州

北絳公夫人蕭氏墓誌京兆府　梁州刺史陳茂碑河中府

司徒觀德王楊公碑華州　司隸大夫贈臨河縣公碑絳州

縣令梁執威德政碑絳州　啓法寺碑周彪文丁道護書仁壽中襄陽

興國寺碑李得林文丁道護書開皇六年襄陽　廬山西林寺道場碑大業中歐陽簡入江州

益州至貞觀碑劉旻才書開皇十二年成都　九門縣令李康清德碑開皇十一年未詳

九門縣令鉗耳文徹清德碑大業六年　鄭州刺史李淵造碑像記卽唐高祖

齊鄂國公爲國勸造龍龕碑張公禮文開皇六年

智永書千文東京　景陽井欄銘分書開皇中江陵府

源使君碑開皇元年未詳　興福寺碑張棻撰龐夐書開皇二年未詳

呂龜碑開皇二年未詳　老子廟碑薛道衡撰梁恭之分書開皇二年未詳

尒朱敞碑開皇二年未詳　龍藏寺碑張公禮撰開皇五年未詳

臨漳趙令清德頌開皇六年未詳　安定縣造寺碑開皇六年未詳

太平寺碑開皇九年未詳　修舍利塔碑開皇九年未詳

廣業郡守鄭君碑韋霈書開皇九年未詳　齊國太夫人楊氏墓誌開皇十年未詳

午卯寺碑開皇十年未詳　潞州頌德碑開皇十年未詳

涇州興國寺碑李德林撰開皇十年　鄂州國公造鎮國大像碑開皇十年未詳

賈普智造像碑開皇十年未詳　董明府清德頌開皇十年未詳

正解寺造像碑劉昇卿撰開皇十二年未詳　賈春英浮圖碑開皇十二年未詳

劉景韶造像碑開皇十二年未詳　趙君寶塔碑開皇十二年未詳

信行禪師碑開皇十四年未詳　化善寺碑尹式撰開皇十五年碑陰有郎餘令記徐州

驃騎將軍楊端墓誌開皇十五年未詳　上柱國韓擒虎碑開皇十五年未詳

李氏像碑開皇十六年未詳　滏山石窟碑未詳

上儀同楊縉墓誌許善心撰序虞世基銘未詳　平都治碑大業十年未詳

大都督袁君碑大業十二年未詳　車騎將軍盧贍墓誌開皇十六年未詳

王明府造像碑開皇十六年未詳

五原國太夫人鄭氏墓誌開皇二十年未詳

張光墓誌仁壽元年未詳　賈使君墓誌仁壽元年未詳

蒙州普光寺碑仁壽元年未詳　大將軍梁恭墓誌仁壽元年未詳

舍利塔銘仁壽二年未詳　舍利寶塔下銘仁壽二年未詳

願力寺雙七級浮圖銘仁壽三年未詳北京
願力寺舍利寶塔銘仁壽三年
周羅睺墓誌徐敞撰大業元年未詳
文儒先生劉炫碑大業元年未詳
唐高祖造像記太宗造像記附大業二年未詳
禹廟殘碑史陵書大業二年
欒州使君江夏徐公碑郝王威撰侯孝直分書大業二年未詳
賀蘭才墓誌大業二年
隋文帝舍利塔銘大業五年未詳
西平太守上官政墓誌大業六年未詳
海州長史劉遙墓誌大業六年未詳
黃門侍郎柳旦墓誌大業六年未詳
開府鄭澳墓誌大業六年未詳
孔子廟碑仲孝俊撰大業七年未詳

右隋其係歐虞等書並見于後

東平王寫真院記東京
窣堵波幢銘薛希朝分書天寶中東京
考城令王列德政碑東京
尉氏縣令李良清德碑天寶五年東京
列子觀題名李德裕三起東京
左驍衛大將軍翟仵碑永徽二年東京
長垣令鄭譚清德頌東京
陽武令陶公復故縣記唐衢文分書東京

酸棗令毋丘悅碑東京　扶溝令馬公德政頌東京

潘孝子碑東京　魏郡太守苗晉卿德政碑王維文北京

魏博節度使田承嗣碑丘絳文楊志方書北京

韓王碑北京　贈太尉上黨公碑北京

南樂令鄭信臣碑　願力寺碑北京

館陶令徐懿德政碑朱瑤分書北京　護法寺碑北京

師陁寺碑北京　又宣王廟碑北京

宗城令薛寶德政碑永徽二年北京　宗城令衛知全德政碑長慶二年北京

魏博節度使田公碑北京　大理卿郎頴碑宋才書李百藥文鎮州

僧道源發願轉輪藏碑王承規書貞元十四年鎮州

述聖碑冀州　石橋記張嘉貞文柳讀銘邢州

河內寧寺鐘銘武承泰文武盡禮書景龍三年邢州　周大宗伯唐瑾碑于志寧文歐陽詢書京兆府

相國崔羣先廟碑牛僧孺文劉寬夫分書以下並出京兆府

江州刺史戴希謙墓誌 子崿分書　太倉箴 李商隱文并書
左驍衛將軍馬寔墓誌 歐陽詹文并書　崇元觀聖祖院碑 徐挺古分書
齊博滄景節度使李祐墓誌 分書　昆明池堰銘 徐瑱書
太子右庶子韋維碑 郭謙光分書　贈戶部尚書楊瑒廟碑 王贈分書
建中二年同官記　十善業道經要略
法順大師碑 許唐佐文并書　智遠律師塔銘 陳環書
懷素律師塔銘 韋鼎書　懷素律師碑 僧行敏書
贈太保郭欽之碑 蕭華書　渭南令成克立碑
道因法師碑 歐陽通書　內常侍陳文叔碑 劉秦書
臨汝太守郇國公韋斌碑 韋允書　尚書郎官石記 蕭艮童書
太子中舍人楊承原碑　索法靖師精行清德碑 范希壁書
汾陽王霍國夫人王氏碑 蕭昕書　佛牙寶塔碑 王君平書
崇福觀主魏尊師碑 裴炫書　張懷英碑

食堂記羅希奭分書

中書令崔敦禮碑于九政書

吏部尚書沈傳師墓誌姪堯章書以上至崔羣廟碑並出京兆府

鳳翔節度使李昌言德政碑李鄑書鳳翔府

鳳翔節度使孫志直紀德碑劉孺之書鳳翔府

道法禪師志靜塔銘鳳翔府

法門寺舍利塔銘賀蘭敏之書鳳翔府

無憂王寺大聖真身塔碑楊播書鳳翔府

李晟爲國修寺碑僧潛瑾書鳳翔府

八馬坊碑韋崇訓書鳳翔府

晉衞瓘遺愛碑張君靖書解州

鹽池靈慶公神祠記韋縱書解州

鹽池神祠記盛濤書解州

陽公舊隱碣黎燭書陝州

石柱銘陝州

吏部郎中楊仲昌碑鄔繇篆書陝府

召伯祠堂記房次卿書陝府

萬回禪師碑陝府

靈寶縣令李㝵弼德政頌陝府

開元寺汾陽王像殿碑僧開秘書河中府

霓裳羽衣曲黃幡綽書河中府

登幼樓賦河中府

鸛鵲樓記顏防書河中府

七佛銘河中府　　汾陽王將佐略河中府
昭仁寺碑邠州
邠寧節度使高霞寓德政碑王艮寧書邠州
五夫人堂記畢誠文弁書邠州　　楊正公德政碑華州
華嶽神廟之碑華州　　華嶽精享昭應之碑華州
靈臺觀主張欽忠碑郭漸書華州
中書侍郎平章事杜鴻漸碑王縉書華州
渭南令李思古清德碑馬吉甫文華州　　段寬碑蕭修正書華州
華嶽廟題名僅百有三十人華州　　太尉李光弼碑張少悌書燿州
阿那寺碑僧開秘書同州　　鄭預注心經同州
代國公主碑鄭萬均書同州　　刺史崔綜遺愛碑韋縱書同州
四皓畫圖文竇庠書同州　　四皓新廟記商州
修武關驛記商州　　佛頂尊勝陀羅尼經元載書鳳翔府

贈太尉烏重胤碑 竇易直書華州

修廟靈異記 衛包書及陰篆華州

右唐上

晉祠新松記 顏頵書太原府

聖宮石臺敕書 裴漼書蕭誠題潞州

玄宗哀冊文 史鎬分書潞州

東川節度使李叔明冠冕頌 趙滔書潞州

雲麾將軍燕府君碑 晉州

絳守居園池記 絳州

贈太尉裴行儉碑 孫璀書絳州

石天尊像記 韓王元嘉諸子訓等為姚妃建篆書絳州

大雲寺碑 絳州

朝散大夫王公德政碑 絳州

澤州晉城縣令贈祕書監盧俊碑 絳州

薛光裔碑 陸尚賓書絳州

薛氏先宗文碑 絳州

龍門縣令皇甫君碑 絳州

龍門縣令王公善德政碑 絳州

山南西道節度掌書記右補闕裴公碑 絳州

巡狩碑 絳州

萬年縣令裴公德政碑 絳州

太常寺禮院請創夏禹廟事絳州　祭禹廟祈雨文絳州
右廂兵馬使毋府君碑絳州
絳州刺史郇國公韋陟遺愛碑蘇嬰分書
絳州刺史李栖筠德政頌劉均分書　岷州司馬梁思楚碑魏秀書汾州
司馬山彌勒佛石像記韓王元嘉諸子訓等爲姚妃建篆書澤州
虞城令李錫去思碑又碑篆書南京　令長新誠王遹篆書南京
雙廟記杜勸書南京　馬先生廟碑崔植書南京
修張中丞許史君南特進廟記趙晏書南京
牛龍堂記郭延禧書南京　微子廟碑南京
韓愈谿堂詩牛僧孺書鄆州　五太守宴小洞庭序蘇源明文弁書鄆州
徐泗掌書記題名徐州　使院石柱記徐州
燕子樓賦徐州　薛南陽春亭詩徐州
岱嶽天齊王靈應碑萬賓書兗州　孔子老子顏子贊屈安書兗州

兗州司馬王仁恭祭嶽頌邢靈均分書兗州

沂州刺史徐孝德清德碑沂州　韋君清德頌沂州

齊州刺史封禪德政碑李思緯書齊州　齊州刺史薛寶積清德頌齊州

歷城令劉彥恪清德頌齊州　平盧軍節度使薛平紀績頌淄州

城門樓頌淄州　謚文宣王追封兗公等詔李瀾書淄州

啓母碑楊炯文以下並出西京　唐碑俗云金字碑韓滉書

義成軍節度使曹公碑長慶四年　程公碑陸賢書開元二十年

劍南東西川鹽鐵青苗租庸等使兼殿中侍御史虢州刺史嚴公碑顏頵書元和中　龍門石龕像碑袁元哲書

彭王傅贈太子少師徐浩碑次子現書　啓聖宮臺勑太子亨題

洛陽尉贈朝散大夫馬允中碑開元九年

中書侍郎兼黃門侍郎同三品孫公碑

荆州都督長史孫公碑張庭諷書

延州刺史贈幽州刺史太常卿孫公碑開元二年

贈齊州刺史崔府君碑崔平書太中八年　陳公碑蕭疑祐書

左衛親府中郎贈左僕射嗣曹王碑貞元四年

左僕射牛公碑長慶三年

邕州刺史邕州經略制置等使贈右散騎常侍裴公碑鄭還古書開成五年

故房州刺史盧府君碑弟全嗣文并書

屯衛將軍東都留守盧府君碑開元中

太原少尹盧府君碑張文禧書貞元九年　歙州刺史郭府君碑開元十二年

散騎常侍黎公碑嗣子書太和中　薊州刺史靜塞軍使張公碑

丞相檢校司空李公碑太和八年　明威將軍田府君碑開元二年

玄元觀三洞韓尊師道德碑開成四年

太子賓客贈尚書令王府君碑周式書大曆中

工部侍郎趙公碑王宣書開元十年　秦公碑

贈太子少師崔公碑　盧州司馬劉府君碑開元三年

左右衞大將軍衞尉正卿卞國公贈羽林大將軍臬君碑彭杲書開元十五年

左僕射太子少保睦杭二州刺史贈禮部尚書劉公碑開元三年

都督隴右羣牧使贈太僕卿韋公碑天寶十三年

眞堂記　測景臺記

會喜寺碑隸書　嵩嶽廟碑隸書

嵩山寺碑頌胡英書開元二十七年　辯正禪師奉先寺塔銘徐現書

太子翊善鄭公碑徐洪書大曆十三年　光福寺塔題名王仲舒書元和四年

與樊宗師等遊嵩山題名韓書　江陰縣令武登碑長慶三年

澠池縣復南館記盧元卿分書元和十四年　太子賓客孟簡碑開成元年

左羽林軍統制普寧郡王贈太子太保陳府君碑蕭祐書太和五年

權公碑分書　太原尹贈工部尚書唐公碑盧曉分書

工部侍郎起國公碑開元二十一年　襄陽李公碑景龍二年

惠林寺題名韓愈書　惠林寺新修軒廊記元和十一年
清河崔公碑貞元十一年　太子賓客贈尚書孔府君碑
諫議大夫興州司馬王府君碑天寶元年
諫議大夫萬州刺史　公碑貞元中　白居易墓誌
刑部尚書致仕白居易碑譚邠書
檢校吏部郎中持節歙州諸軍事范陽盧府君碑裴述書
如雲筠禪師碑楊遠書　尊勝經幢篆書
心經幢子篆書
龍門二十韻詩醉吟先生傳香山寺八節灘詩白居易
鄭州司馬王公碑景龍三年　伊州刺史衙府君碑長安三年
蕭府君碑　杭州刺史李公碑鄒恭書
邛州刺史狄公碑　幽林思嵩山詩韓覃作
冬日洛城北謁混元皇帝廟詩杜甫作陸肱書

重修香山寺詩三十韻白居易作賀拔惎書
平泉山居詩李德裕
天后御制詩王知恭書
後魏大將軍贈幷州大都督泉府君碑
懷素草書三帖
華夷圖
洪州錄事參軍贈趙州刺史趙道先碑
節度使畢公碑庚惟蔚書咸通六年
魏公碑太和六年
隋州錄事參軍狄公碑
竇公碑
唐碑楊友卿書
唐王公碑分書
瀛州刺史王公碑劉安書開元二十九年
嘉州羅目令贈鄭州刺史郭府君碑崔納書
竇叔向碑姪昌直書
嵩山閑居寺珪禪師碑開元二十二年
徐武臣碑
周公祠開元二年立以下並西京
贈太子少保顏杲卿碑顏真卿文盧元佐書未詳處所

左驍衛將軍馬寔墓誌歐陽詹京兆府　劉貞亮碑毛伯長書京兆

北平郡王馬燧新廟碑于邵書京兆

崇徽公主手痕靈石并李山甫詩汾州

東風吹水日銜山李王書未詳　徑山禪師影堂記羊士諤書杭州

鍾離權草書邢州　孫真人養生銘分書嘉州

唐立樗里子墓碣鄭潞文鄭公誼書

右唐中

鄭州刺史李淵造石像記鄭州　石井欄記李拔書會昌二年

延慶院經藏記裴光遠分書襄州咸通九年　放生池石柱文襄州天寶十年

尹仁恕旌表襄州　秦五𣪠大夫碣鄭璉書開元二十三年鄧州

南陽縣廳西墉記徐方回文并書太中十一年鄧州

令長新誡劉飛書鄧州　等慈寺碑顏師古孟州

韓愈送李愿歸盤谷序孟州　廣成子廟汝州

復黄陂記楊正臣書元和三年汝州　滑臺記永泰元年滑州

流盃亭碑陰記趙穀書光化中立陳州　說文字源李騰篆徐璹真書貞元五年滑州

明皇送李邕滑州詩程元封書滑州　李聽修堯祠記開元二年滑州

混元皇帝廟題碑呂獻臣書開元中亳州　老子祠庭薛道衡文亳州

老子聖母碑呂獻臣分書亳州　符離濉水石橋碑宿州

重修鼓角樓記李琰書泗州　遊琅邪山題名李德裕男椅等遊分書滁州

望江令麴信陵碑舒州　李翺題名舒州

天柱山司命真君楊淑文并書大曆中舒州　正覺大師碑蘄州

修文宣王廟記鄭彥藻分書咸通六年黄州

總管道國公周法明墓誌至德中黄州

萬孝子碑廬州　淮南觀察崔公頌德碑廬州

紫極宮記王惟真書會昌四年壽州

壽州刺史張鎰去思頌王端分書大曆中

光州刺史郭道瑜德政碑　四望亭記李紳文并書濠州
龍興寺碑李涉分書景龍四年杭州　胥山銘王遹書元和十年杭州
大覺禪師塔銘蕭起書太中元年杭州　大覺禪師碑王偁書貞元十五年杭州
前餘杭縣令劉元恭德政碑杭州
前餘杭縣令陳允昇德政碑上元二年杭州
晉關內侯廣昌長暨讓碣咸通中湖州刺史孔彭立在杭州
內供奉道士吳筠碑貞元十年杭州　天柱山天柱宮碑吳筠文并書大曆五年杭州
天目山銘杭州　於潛縣令丁明府德政碑殷亮書杭州
嘉興縣寶華寺碑于頔書秀州　謝公碣僧道銳書湖州
題謝公詩大曆七年湖州　有唐封崇孔宣父故事記湖州
茶山詩袁高于頔李吉甫碑陰徐璹書湖州　白蘋亭詩史鎬分書湖州
陪封明父遊靈巖瀑布詩康仲熊睦州　白居易與劉夢得唱和蘇州
刺史孟簡重開孟瀆記常州　遊善權觀呈李功曹羊士諤詩李飛書常州

忠烈公廟香爐贊常州　甘露寺李德裕沈傳師唱和潤州

佛頂心陁羅尼經王奐之書一本牛僧孺分書潤州

復禹廟袞冕記馬植書元和五年越州　禹廟祈雨詩薛平等唱和越州

法華山寺詩二十韻李紳作越州　十哲贊越州

餘姚縣休光寺真法師行業讚洪元吞書天寶十五年越州

龍泉寺碑虞世南文太和六年董尋重建越州　虞世南碑

越王碑越州　徐偃王廟碑韓愈文衢州

西楚霸王廟碑賀蘭威書衢州　東陽令戴叔倫去思頌興元二年婺州

蘭溪縣靈隱寺東峯亭記婺州　修桐柏觀記元稹文幷書台州

普濟寺碑許欽宗文台州　長生田記何歸儒書台州

仙都山銘王光書貞元三年處州

鍾山總悟上人林下集序石洪文幷書貞元二十年江陵府

景陽宮石井欄銘篆書太和中江陵府　又銘王震分書開元中

攝山明徵君碑 高正臣書上元二年江陵府　福興寺碑 江陵府

般若心經 篆書江陵府

三茅山君下泊宮記 盧士元書貞元十五年江陵府

華陽洞王王軌先生記 王宗書貞元中江陵府

太平觀主王遠知碑 徐碩隸書江陵府　茅山宗元觀碑 楊幽徑書江陵府

宗正觀聖祖院碑 徐挺古分書江陵府

茅山三洞景照法師韋公碑 竇泉書江陵府

禮部侍郎信州刺史劉太真碑 江陵府

黃山亭碑又題名碑陰 杜牧之太平州　左史洞述 張祐書池州

雪霽開講詩 鄭黨作咸通九年池州　有待巖記 李綜書會昌四年池州

圓通大師碑 張文裕書江州　寶稱大律師碑 陳去疾書江州

東林臨壇大德塔銘 弟子雲軻書江州　大孤山賦 篆書李德裕作江州

僧靈澈詩五首 元和四年江州　辨石鍾山鍾記 太和中江州

修敬亭府君廟記大中十年宣州
宣州東城門頌張敬玄書開元十一年
東湖亭記崔璹書元和十五年洪州
宣歙觀察使薛邕去思頌裴章分書宣州
江西使院小吏記陸蔚之書崔祐甫文洪州
洪州刺史王守真碑崔璹書洪州
長生粥疏齊己書洪州
龍鳴之寺宋之問書臨江軍
靖居寺記吉州
董叔妻岑夫人墓誌大曆中吉州
沙門神縱墓誌乾符四年筠州
南嶽彌陀和尚碑柳宗元文弁書潭州
龍牙山先大師塔銘楊圩文弁篆太和中潭州
修浯溪記羅洧書永州
一聖金剛神碑瞿參文書元和中江陵府
桃源修壇記甘從福書鼎州
惠泉詩宗文鼎荊門軍
頭陁寺碑鄂州
神光寺碑盧充書福州
聖泉寺三碑內一碑于頔書福州
二公亭記歐陽詹泉州
聖像記歐陽詹文福州南澗寺
南海廟記陳諫書廣州
貪泉銘一篆書一分書廣州
石室題名李紳魏元忠端州
諸葛武侯祠堂碑柳公權書元和四年成都府

平南蠻碑韋悟微書成都府　學館朝堂記顏有喜書成都府
李太白碑于邵文綿州　天章雲篆碑壽王清書蜀州
南康郡王韋皐紀功碑德宗制太子書簡州　張仙師靈廟碑李泳書元和十五年仙井監
大像碑張綽書嘉州　仙人唐公碑興元府
重陽亭銘太和八年劍州　光福寺楠木歌嚴武史俊
擊甌賦張曉巴州　光福寺詩鄒昂霍容巴州
欽明寺碑　南角山詩記集州
樂公修紫極宮記賈島書普州　楊雲昇尊師碑杜光庭文雲安軍
哥舒翰紀功碑熙州　代宗送令狐彰赴河南詩序彰書西京
左驍衛將軍郭英傑碑張蒙書　大覺禪師塔銘蕭起書杭州
雲臺觀三方贊魏包篆書華州
唐昭義軍節度使李抱真德政碑班宏書潞州
枯樹賦褚發善書蘇州　擣練石記西京

韓公井記西京　　洛祠志西京

天台觀題台州　　桐柏之觀台州

右唐下

温泉銘京兆府　　鄭文貞公魏徵碑京兆府

登逍遥樓詩河中府　　唐立晉祠銘太原府

右太宗

英國公李勣碑京兆府　　萬年宮銘幷碑陰勑鳳翔府

大唐紀功之頌孟州　　栖霞山亭記未詳

李勣碑未詳　　登封紀號碑未詳

小字登封紀號碑未詳

右高宗

升仙太子碑

右武后

道德經幷注懷州陝府　　孝經分書太子亨題

紀太山銘分書未詳　　謁混元皇帝廟齊慶壇詩西京

嶽寺大照和尚普寂碑陰批答西京

鸛鵠頌西京　　盧懷慎碑分書未詳

真源觀鍾銘太子亨題亳州　　老子廟碑亳州

登逍遙樓詩河中府　　涼國長公主碑分書未詳

后土神祠碑分書太子鴻以下題名河中府　　鄎國長公主碑同州

盧奐聽事贊未詳　　金山長公主碑同州

上黨宮燕羣臣故老詩潞州　　龍角山慶唐紀聖之銘晉州

上黨宮啓聖頌潞州　　贈兵部尚書楊元琰碑太子亨題京兆府

貞順皇后武氏碑未詳　　侍郎裴光庭碑潞州

題桐柏觀頌台州　　道德經幢隸書蘇州

武部尚書楊郇碑未詳

右明皇

批答沙門佛藏表京兆府

右代宗

批答河中尹渾瑊賀表京兆府

太尉段秀實碑太子誦書

賜張建封詩徐州

右德宗

段秀實碑未詳

麟德殿宴羣臣詩未詳

送張建封還鎮詩未詳

韋皐紀功德碑未詳

右皇太子誦

司空竇杭墓誌分書武德五年未詳

昭陵刻石文并六馬贊貞觀十年在九嵕山

隋柱國皇甫誕碑于志寧撰京兆府

周大宗伯唐瑾碑于志寧撰京兆府

唐楚哀王稚詮碑分書京兆府

右僕射温彥博碑貞觀十一年京兆府

付善奴帖鳳翔府

骨利獻馬贊鳳翔府

尹善殿記鳳翔府　宗聖觀碑分書武德七年鳳翔府

化度寺僧邕禪書塔銘貞觀三年西京　道林之寺潭州

隋光祿姚辨墓誌京兆府太業七年　隋廬山西林道場碑江陵府

九成宮醴泉銘鳳翔府貞觀六年　鄱陽銘饒州

心經饒州　二吳論西京

千字文未詳　論飛帛未詳

毋州刺史元長壽碑大業七年未詳　工部尚書段文振碑未詳

語箴未詳

右歐陽詢

千字文傳智永書碑末有虞世南小楷七十八字東京

孔子廟堂碑　周行軍總管羅刹碑滑州

昭仁寺碑汾州　隋隆聖宮道場碑大業九年定州

白鶴詩未詳　孔憲公碑未詳

狄道人墓誌未詳

右虞世南

帝京篇太宗撰貞觀十九年東京

述三藏聖教序幷記京兆府永徽四年

至德觀孟法師碑貞觀十六年岑文本撰京兆府

三藏聖教序記京兆府疑重出

三龕碑岑文本撰貞觀十五年西京

獨孤延壽碑未詳

枯樹賦未詳

度人經變像未詳

右褚遂良

隋信行禪師興教碑幷碑陰京兆府

佛跡圖傳京兆府

周封中嶽碑登封元年西京

周昇仙太子碑陰未詳

周福昌令張君清德頌大定元年未詳

唐王美暢碑景雲二年未詳

洛陽令鄭敞碑久視元年西京

封府君碑西京

三品李公碑西京

襄城令贈魏州刺史李公碑西京

偃師縣令崔府君德政碑西京　杳冥君碑未詳
左散騎常侍同三品趙郡成公碑西京
右薛稷
左羽林將軍臧懷亮碑耀州　開元寺碑淄州
嶽寺大照和尚普寂碑西京　李府君碑西京
普光寺碑泗州　娑羅木碑楚州
大雲禪寺碑海州　老子孔子顏回贊海州
秦望山法華寺碑越州　嶽麓山寺記潭州
大律故懷道闍梨碑福州　石室記端州
有道先生葉公碑　東林寺碑江州
左武衛大將軍李思訓碑開元八年未詳
大雲寺講堂碑陳州　雲麾將軍李秀碑
鄂州刺史盧府君碑未詳

右李邕

華蕚樓記京兆府　一行禪師眞贊京兆府
禹廟寶林寺二詩　三藏不空和尙碑京兆府
尙書右丞姚弈碑西京　潯陽司馬程元封碑西京
中嶽興慶觀主郭元宗碑西京　大證禪師碑西京
前易州遂城縣令康正碑西京　天封聖德感應頌西京
般舟寺元隱禪師塔碑西京　貝州刺史裴公碑西京
陳州刺史陶公碑西京　苗大夫碑西京
太夫人京兆杜氏碑西京　高嶽龍潭寺明禪師碑西京
洛州刺史徐嶠之碑西京　題經嵩山在甘露寺西京
嵩陽觀紀聖德感應頌分書西京　金剛經西京
心經未詳　濟源令房琯遺愛頌孟州
濟源縣令李造遺愛碑孟州　令狐彰開河記滑州

山谷寺容粲大師碑 舒州　法華寺元嚴律師碣 越州

謁禹廟詩 越州　廣德禪師碑 未詳

寶林寺詩 越州　董孝子碣 明州

康珽告 未詳　中書令張九齡廟碑

曇真碑 台州　升仙太子廟碑 西京

觀音堂記 西京　尺柱山司命真君廟碑 分書 舒州

王密德政碑陰 明州　遂城令康府君碑 未詳

陳留太守徐惲碑　開梁公堰頌 未詳

新安太守張公碑 未詳　東光縣主碑 未詳

文部郎中薛悌碑 分書 未詳　資州刺史裴仲將軍碑 分書 未詳

山谷寺璨太師碑 分書 未詳　魏少游碑 未詳

右神武將軍史繼先墓誌 未詳　嚴峻碑 未詳

王建昌碑 未詳

右徐浩

大唐中興頌永州　周醴泉令張仁蘊德政碑未詳

東方朔畫贊晉夏侯湛文德州　周太師蜀國尉遲公廟相州

涇原節度使馬璘先廟碑京兆府　懷圓寂上人五言詩京兆府

杭州刺史杜濟墓誌京兆府　大慧禪師元偘碑京兆府

夔州刺史顏勤禮碑京兆府　國子司業顏允南碑京兆府

多寶塔感應碑京兆府　梁國公李抱玉碑京兆府

贈太保郭恭之廟碑京兆府　顏氏家廟碑耀州

臧氏糾宗碑耀州　工部尚書臧懷恪碑耀州

宋州官吏八關齋報德碑南京　濠州刺史顏元孫碑西京

麗正殿學士殷踐猷碑西京　顏君神道碑西京

與郭英乂書西京

河南府參軍贈祕書丞郭揆碑西京

與蔡明遠書 西京　　元魯山墓碣 西京

與李大夫乞米帖 西京　　華陰等五郡節度使馬公碑 西京

與盧八帖 西京

故工部尚書蜀郡長史郭福善碑 西京

二十二字帖 錢彥遠題西京　　容州都督元結碑 汝州

放生池記 湖州　　項王碑陰 湖州

射堂記 湖州　　干祿字書 湖州

丞相神道斷碑陰 越州　　西平侯顏含大宗碑 江陵府

東林寺耶舍碑側題名 江州　　律藏寺永公碑陰題名 江州

清涼山靖居寺題名 吉州　　律藏院戒壇記 撫州

魏夫人上升記 撫州　　麻姑山仙壇記 建昌軍

贈太子少保鮮于仲通碑 閬州　　鮮于氏離堆記 閬州

送劉太沖序 未詳　　謁金天王題名 未詳

江寧國題名

華嚴寺鑒法師碑杭州

千金陂碑未詳

潁川殘碑未詳

涇縣斷碑未詳

祭原明文祭季明文未詳

張恭因碑未詳

元次山墓銘西京

岑夫人碑吉州

小字麻姑壇記建昌軍

汝陰太守顏默碑未詳

西平靖侯顏含碑江陵府

大字慈竹詩未詳

寶應殿記未詳

玄靜先生李含光碑江陵府

尚書左丞韋璟碑大曆中未詳

江陵少尹顏臧碑未詳

商州刺史歐陽琟碑鄭州

王密德政碑李舟文陽冰篆明州

工部尚書郭虛正碑

顏惟正并商夫人贈告未詳

富平尉顏喬卿墓碣未詳

大斌令商攝碑未詳

宋璟碑未詳

台州刺史康希銑碑未詳

右顏真卿

唐魏博等州節度使河進滔德政碑北京

西明寺宣公律院碣京兆府　升玄先生劉從政碑京兆府

柳尊師墓誌京兆府　太清宮鍾銘京兆府

相國魏謩先廟碑京兆府　太子太保李聽碑京兆府

武宗皇帝巡幸左神策軍紀聖德碑京兆府

嶺南節度使韋元貫碑京兆府　西平郡王李晟碑京兆府

淮南監軍韋元素碑京兆府　西明寺古本金剛經京兆府

大達法師端甫碑京兆府　少保牛僧孺碑京兆府

臨淮普光王寺主碑京兆府　將作監韋文恪墓誌京兆府

太子少保魏謩碑鳳翔府　散騎常侍致仕薛苹碑河中府

山南西道節度王起碑耀州　商於新驛記商州

司徒致仕太傅韓國公薛平碑絳州

吏部尚書高元裕碑西京

檢校吏部尚書贈太師崔陲碑西京

檢校戶部尚書兼太子賓客高重碑西京

江西觀察使贈禮部尚書羅讓碑西京

宣武節度使太傅侍中鴈門郡王王智興碑西京

陰符經序鄭瀚作西京　衞尉卿李有裕碑西京

檢校金部郎中贈太尉羅公碑西京

唐公碑西京　贈人尉崔植碑西京

淮南節度使崔從碑西京

檢校吏部尚書東都留守李石碑孟州

心經未詳　國清寺題台州

復東林寺碑江州　湼槃和尚碑洪州

大覺禪師塔銘虔州　大中寺題泉州

靈巖寺空寂寺題 興化軍　山南西道新驛路記 興化軍
河中節度李說碑 西京　砥柱銘 西京
左僕射平章事王播碑 耀州　華山燈記 未詳
王播墓誌 耀州　尊勝陀羅尼呪 未詳
檢校金部郎中崔積碑　淄王傅元公碑 未詳
昊天觀碑 未詳　太子太傅劉沔碑
河東監軍康約言碑 未詳　觀音院記 未詳
起居郎劉公碑 未詳
右柳公權
唐陽寶諦寺詔碑 順安軍　聖像應見記 廣信軍
易州刺史田仁琬德政碑 易州　鐵象記 易州
候臺記 未詳　候臺記 易州
唐夢真容碑 未詳

右蘇靈芝

嶲州都督姚懿碑陝府　彭城郡太夫人劉氏碑西京

鄭國夫人鄭氏碑西京　光祿卿姚彝碑西京

懷州刺史陶公碑西京　烏龍寺碑睦州

香嚴寺碑未詳　高行先生徐公碑未詳

孝義寺碑及碑陰未詳

右徐嶠之

贈比干銘汾州衞州　周辨法師碑京兆府

砥柱銘孟州

右薛純陀

大聖舍利寶塔銘鳳翔府　懾山題名江陵府

柳州井銘

酬侍御姚員外遊道林嶽麓寺詩潭州

達磨碑陰未詳　黃陵廟碑潭州
杜岐公莊居記未詳　惠泉詩荊門軍
羅池廟碑柳州　東京留守忠懿公李憕碑西京

右沈傳師

相國于頔先廟碑京兆府　處道和尚碑京兆府
侍中右僕射贈司空文獻公裴耀卿碑絳州
張延賞碑分書　統軍劉昌啓碑西京
少保趙公碑西京　大覺禪師國一碑杭州

右歸登

襄州牧衛府君遺愛頌襄州　襄州牧獨孤府君遺愛頌襄州
襄陽令狄履温遺愛頌襄州　淄州縣令裴大智碑孟州
前刺史李適之德政頌唐州　東陽令戴叔倫去思頌婺州
南嶽真君碑潭州　述聖宮碑陰未詳

玉真公主受道祥應記 未詳

右蕭誠

宣歙觀察使王質碑 西京　唐塔記 西京

東都留守令狐楚先廟記 西京

邠州節度使贈右僕射史公碑 西京

丞相檢校左僕射兼吏部尚書贈司空崔羣碑 西京

廣乘禪師碑 袁州　何文悊碑 未詳

陽山祠神二碑 鼎州

右劉禹錫

百巖禪師碑 京兆府　太子中允范陽盧府君碑 西京

檢校工部尚書贈兵部尚書盧倰碑 絳州

贈吏部尚書武就碑 未詳　相國賈耽碑 未詳

著作郎贈太子太保權貞孝公碑 分書 西京

山南東道節度使樊澤遺愛碑襄州

左常侍潞公碑未詳　尚書省新修記未詳

太子賓客孔述睿碑未詳

右鄭餘慶

太常卿贈吏部尚書崔忠公碑西京

百巖禪師銘京兆府

右鄭絪

太子少傅竇希瓛碑京兆府　隴右節度使郭知運碑京兆府

豫州刺史魏叔瑜碑京兆府

右魏華

左散騎常侍致仕李衆碑西京　贈吏部尚書李公碑西京

寧武節度大使贈司徒韓充碑西京

歙州刺史盧瑗碑未詳　趙公拜墓碑西京

唐濟亭記未詳　商州刺史高承簡碑未詳

太子賓客呂元膺碑未詳　薛平增修家廟碑未詳

右裴潾

盧國公程知節碑京兆府　忍辱禪師塔銘京兆府

阿彌陀經未詳　清河公主碑未詳

右暢整

定慧禪師傳法碑京兆府　祖堂字襄州

圭峯禪師碑京兆府　三乘典祕之藏襄州

勅大寂禪寺題洪州　晉惠遠法師碑江州

殿中侍御史韋翃墓誌未詳

右裴休

禹穴碑越州　會稽山神永興公祠堂碣越州

清泉寺大藏經記明州

右韓特材

周都官郎中孔昌寓碑未詳　蘇瓌碑分書未詳

洛陽縣尉馬元忠碑分書未詳　周紀信碑分書未詳

唐建福寺三門頌東京　龍興寺碑分書陳州

景星寺碑容州　忠烈段太尉廟碑隸書鄭州

右盧藏用

七祖堂頌潞州　苗公歸鄉記未詳

宋州虞城縣令李府君碑西京　大智禪師碑西京

乘真禪師靈塔銘未詳

右胡霈然

富平縣尉韋器墓誌西京　大聖舍利寶塔銘鳳翔府

觀軍容使魚朝恩碑京兆府　楚金禪師碑幷陰京兆府

裴冕碑未詳　藏用上坐院序未詳

右吳通微

大興善寺舍利塔銘未詳　虢王鳳碑耀州

御幸流盃亭侍宴集詩西京

右殷仲容

兵部尚書東都留守顧少連碑西京

祭唐叔文太原府　魏博節度使田緒遺愛碑北京

右張弘靖

左威衛將軍李藏用碑京兆府　集金剛經京兆府

右唐元序

太谷縣令安廷堅美政頌太原府　交城縣石壁寺鐵彌勒像頌邠州

右房嶙妻高氏

姜嫄公劉新廟碑邠州　郭汾陽廟碑汾州

唐立樗里子墓碣獨孤寔文未詳

右張誼

新學記襄州

修劉景升廟記襄州

右羅讓

修延陵季子廟碑潤州

鑑智禪師碑未詳

崔圓頌德碑未詳

龍興寺慎律和尚碑楊州

王師乾碑府江陵

立漢黃公碣未詳

玄靜先生李含光碑府江陵

平泉華木記李德裕文李陽冰篆題未詳處所

右張從申

龍泉寺常住田碑越州

太白禪師塔銘明州

右軍祠越州

天童山景德寺記明州

又贊功德記

右范的

天台佛龕禪林寺碑台州

修禪道場碑台州

右徐放

少姨廟碑未詳　啓母廟碑未詳

奉先觀老君像碑未詳

右沮渠智烈

華嶽碑堂修飾堂記華州　金天王廟靈異述未詳

金籙齋頌未詳　華嶽古松詩華州

靈臺觀修三方功德頌未詳

右衛包

豫章衣冠盛集記洪州　後石幢記

右郭圓

靜禪法師方墳碑京兆府　遍學寺禪師碑襄州

彌陀贊未詳　楊曆碑未詳

愛州刺史徐元貴碑未詳

右鍾紹京

華州刺史裴乾正碑京兆府　龍牙禪師記

右馮曉

周升中述志碑未詳　周封中嶽碑未詳

應天皇帝聖教序西京　周孝明高皇后碑京兆府

周許由廟碑則天撰未詳　周武士彠碑未詳

龍興聖教序未詳

右相王旦

司空扶風公寫真記未詳　六譯金剛經八分書未詳

南瀆廣源公碑八分書未詳

右蓋巨源

兵部尚書王承業墓誌鄭言撰未詳　同昌公主碑保衡未詳

右柳仲年

襄州文宣王廟記襄陽　贈兵部尚書盧綸碑未詳

右崔倬

東林寺白氏文集記江州　熙怡大師石墳誌未詳

德湊公塔銘未詳　珧禪師碑未詳

右僧雲臯

烏重胤碑裴度撰　左拾遺竇叔向碑羊士諤撰未詳

右竇易直

任丘令王公清德碑未詳　百家巖寺碑未詳

右崔倚

鹽池靈應公神祠碑未詳　同州刺史崔淙遺愛碑未詳

右韋縱

南海神廟碑廣州　昭義軍節度使辛秘碑未詳

右陳諫

陰符經未詳　塔陰文京兆府

右唐元度篆書

浯溪銘永州　浯臺銘永州

右李庚篆書

般若臺記福州　鄂州題

怡亭銘序興國軍　修文宣王廟記處州

忘歸臺銘處州　城隍廟記處州

李氏汙尊銘處州　黃帝祠宇記處州

刺史裴恭紀德碑明州　西楚霸王靈祠題和州

李幼卿新鑿瑯邪泉題滁州　庶子泉銘滁州

新驛記滑州　大曆十五具官名氏西京

襲丘縣令庚賁德政碑兗州　李氏三墳記李幼卿撰京兆府

阮容舊居未詳　玄靜張先生碑題

右李陽冰篆書

唐丘漢高祖頌 未詳

虞城令李公去思碑 未詳

右王適篆書

渭北節度使臧希讓碑 京兆府

右張璪八分書

中書令張柬之碑 襄州

陽華巖銘 道州

右瞿令問八分書

呂諲祠記 江陵府

呂公表 江陵府

右顧戒奢八分書

孔子廟碑 未詳

虞城縣令長新誠 未詳

胥山銘 正書 未詳

復鄠縣記 京兆府

窊尊銘 道州

奏舜廟狀 道州

郭慎微碑 京兆府

五於太守郭英奇碑 未詳

魏州刺史狄仁傑生祠碑 分書 北京

周信行禪師碑未詳　兗州刺史韋元珪遺愛頌兗州

桂州都督長史程文英碑分書西京　東林佛馱禪師舍利塔銘分書江州

趙公碑西京　左僕射劉延景碑未詳

右張庭珪八分書

狄梁公祠堂北京　胡珦碑未詳

工部尚書田宋正先廟碑分書京兆　贈工部尚書烏承玭碑分書華州

少府監胡珦碑同州　夏縣令韋公遺愛碑未詳

尚書省石幢記分書西京　王粲石井欄記分書襄州

忠武公將佐略未詳

右胡証八分書

斛斯府君碑西京　光祿鄭曾碑未詳

張君碑未詳　同州刺史解琬碑未詳

御史臺精舍銘西京又京兆府　岷州刺史王君碑西京

華州刺史楊公遺愛頌未詳　工部侍郎李景伯碑西京
寧州刺史裴守正碑絳州　龐承宗碑未詳
古義士伯夷叔齊碑河中府　贈吏部尚書蕭璿碑京兆府
李希倩碑未詳　贈梁州都督郭知運碑未詳
太子賓客楊元琰碑崔紓文未詳　樊君祠堂碑未詳

右梁升卿八分書

靈寶縣令裴遂遺愛碑陝州　華山詩
香谷渠記未詳　李德遜碑篆書華州
鄭瞿齊碑未詳　唐慶觀金籙齋頌晉州
郭英乂碑未詳　鄭英齊碑西京
新築隴州城記未詳　大照禪師普寂碑西京
李抱玉紀功碑未詳　大智禪師義福碑幷碑陰西京
襄陽令盧僎遺愛碑襄州　刺史杜敏生祠碑蘄州

兵部張君碑未詳　　春申君廟記蘇州
穎陽觀碑未詳　　宇文顥山陰述越州
萬回大師神跡書京兆　　沛令于默成碑未詳
京兆尹張公德政碑
華州刺史鎮國軍節度使楊公遺愛頌華州
延州都督宋公碑　　太子詹事裴權碑未詳
郭子儀夫人李氏碑未詳　　劉飛造像記未詳
曹能大師碑未詳　　贈太子詹事王同晊碑未詳
右史惟則八分書
任城縣橋亭記未詳　　定進巖碑未詳
石經藏贊未詳　　尉遲迴廟碑并碑陰未詳
張嘉貞後碑并碑陰未詳　　常州刺史陶雲德政碑未詳
盧舍那珉像頌定州　　顏惟正碑未詳

叢臺賦 磁州　　元氏令龐公清德頌 未詳

崔潭龜詩 未詳

右蔡有隣八分書

大戒德律師智舟碑 京兆府　　梁公李峴遺愛頌 鳳翔府

吏部郎中楊仲昌碑 陝府　　蒲州刺史裴寬德政碑 河中府

孔子廟碑 河中府　　棣王墓誌 未詳

韓賞祭華岳廟文 華州　　左武衛中郎將臧希忱碑 耀州

天台山桐柏觀碑 台州　　瑤臺寺大德碑 未詳

歙州刺史葉君碑 處州　　萬年縣令徐昕碑 西京

宇文顥山陰述 未詳　　三絕碑 西京

滎陽王妣朱氏墓誌 正書 未詳　　贈梁州都督徐秀碑 西京

洛陽縣食堂記 西京　　鳳翔節度使孫志直碑 京兆

駙馬都尉豆盧建碑 未詳　　陽城太守趙公頭碑 未詳

工部尚書來曜碑未詳　慈恩寺莊地碑京兆府

右韓擇木八分書

故尚書左丞暢悅碑西京　工部尚書辛京杲碑未詳

長安縣尉贈祕書監王府君碑西京

鄭清叔碑未詳

右韓秀榮八分書

裴公碑西京　汝州刺史李深碑汝州

華州刺史李元諒懋功昭德頌華州

西平郡王李晟先廟碑京兆府

御史中丞裴曠改葬碑崔造文李陽冰篆題未詳

鮮于氏里門記未詳

右韓秀弼八分書

少保李光進碑耀州　唐平蠻頌桂州

鮮于氏里門碑閬州
右韓秀實八分書
蘇氏造觀音像碑未詳　徐州刺史蘇詵碑未詳
右劉升八分書
左驍衛將軍趙元禮碑未詳　王方翼碑未詳
張嘉貞碑未詳
右陸堅八分書
節堂記未詳　秋日望贊皇山詩未詳
冲虛真人廟記未詳　唐三像記未詳
右李德裕八分書
亳州刺史劉懷碑未詳　河橋城樓記未詳
右李著八分書
蘇源明正德表未詳　壽張令劉公仁政碑未詳

右周艮弼八分書

明皇哀冊文 未詳

白蘋亭記

甘棠館記 未詳

右史鎬八分書

右僕射裴遵慶碑 未詳

兗州都督劉好順碑 未詳

右盧曉八分書

金石略第一

災祥略第一 通志卷第七十四

災祥序

仲尼既没先儒駕以妖妄之說而欺後世後世相承罔敢失墜者有兩種學一種妄學務以欺人一種妖學務以欺天凡說春秋者皆謂孔子寓褒貶於一字之間以陰中時人使人不可曉解三傳唱之於前諸儒從之於後盡推己意而誣以聖人之意此之謂欺人之學說洪範者皆謂箕子本河圖洛書以明五行之旨劉向創釋其傳於前諸史因之而爲志於後析天下災祥之變而推之於金木水火土之域乃以時事之吉凶而曲爲之配此之謂欺天之學夫春秋者成周之典也洪範者皇極之書也臣舊作春秋傳專以明王道削去三家褒貶之說所以杜其妄今作災祥略專以記實迹削去五行相應之說所以絕其妖且萬物之理不離五行而五行之理其變無方離固爲火矣而離中有水坎固爲水矣而坎中有火安得直以秋大水爲

水行之應成周宣榭火爲火行之應乎況周得木德而有赤烏之祥漢得火德而有黃龍之瑞此理又如何邪豈其晉厲公一視之遠周單公一言之徐而能關於五行之沴乎豈其晉申生一衣之偏鄭子臧一冠之異而能關於五行之沴乎如是則五行之繩人甚於三尺矣臣竊觀漢儒之說以亂世無如春秋之深災異無如春秋之衆者是不考其實也臣每謂春秋雖三王之亂世猶治於漢唐之盛時何哉春秋二百四十年而日食三十六唐三百年而日食過百舉春秋地震五漢和平中積二十一日而地百二十四動舉春秋山傾者二漢文帝時一年之間齊楚山二十九所同日圮舉春秋大水者八後漢延平中一月之間郡國三十六大水其他小小災異則二百四十年之事不及後世一年也如李梅冬實鸜鵒來巢之類在後世不勝書使春秋之人而親見後世事豈但慟哭流涕而已哉以春秋視後世不爲亂世也何哉後世之法度不及春秋之法度後世之人才不

及春秋之人才其所以感和氣而弭災異者又安可望春秋乎嗚呼天地之間災祥萬種人間禍福冥不可知奈何以一蟲之妖一氣之戾而一一質之以爲禍福之應其愚甚矣況凶吉有不由於災祥者宋之五石六鷁可以爲異矣而内史叔興以爲此陰陽之事非吉凶所生魏安平太守王基筮於管輅輅曰君家有三怪一則生男墮地走入竈死二則大蛇牀上銜筆三則烏來入室與燕鬭兒入竈者宋無忌之妖蛇銜筆者老書佐之妖烏與燕鬭者老鈴下之妖此三者足以爲異而無凶兆無所憂也王基之家卒以無患觀叔興之言則國不可以災祥論興衰觀管輅之言則家不可以變怪論休咎惟有和氣致祥乖氣致異者可以爲通論

天

天裂漢孝惠帝二年天開東北長二十餘丈廣十餘丈　晉惠帝元康二年春二月天西北大裂　太安二年秋八月庚午天中裂爲二無雲有聲如雷者三　成帝咸和四年天裂西北　穆帝升平五年秋八月己卯夜天中裂廣三四丈有聲如雷野雉皆鳴

梁武帝天監十三年春二月庚辰朔震于西南天如裂 太清二年夏六月天裂于西北長十丈闊二丈光出如電冬十二月戊申
天西北裂有光如火 陳後主至德元年冬十二月戊午夜天開自西北至東南其內有青黃雜色隆隆若雷 天鳴 晉元帝太
興二年秋八月戊戌天鳴東南有聲如風水相薄 三年冬十月壬辰天鳴至甲午止 安帝隆安五年閏月癸丑天東南鳴 二年
秋九月戊子天東南又鳴 義熙元年秋八月天鳴在東南 元興元年秋八月天鳴 二年秋九月又鳴 梁武帝中大通六
年閏十二月丙午天西南有聲如雷 大同十一年夏六月辛巳竟天有聲如風水相薄 陳宣帝大建十二年秋九月癸未夜
天東南有聲如風水相擊 十四年秋八月癸未天有聲如風水相擊乙酉夜亦如之九月辛亥夜天東北有聲如蟲飛漸移西北
後主至德元年秋九月丁巳天東南有聲如蟲飛 北齊文宣帝天保四年夏四月戊午天西南有大聲如雷 後周武帝建
德六年春正月天西方有聲如雷 隋文帝開皇二十年夏四月壬戌天有聲如瀉水自南而北 天變色 宋文帝元嘉十
八年秋七月天黃色洞照 齊武帝永明八年夏六月丙申大雷雨有黃光竟天照地狀如金 無雲而雨 隋文帝開皇末
二 無雲而雷 漢成帝元延元年夏四月丁酉無雲有雷聲光耀耀四面下至地皆止 後漢獻帝初平三年夏五月丙
申無雲而雷 四年夏五月癸酉無雲而雷 隋文帝開皇二十年春二月丁丑無雲而雷 天雨螽 春秋傳文公三年雨
螽于宋 襄公二年雨螽于江 天雨魚 漢孝武帝鴻嘉四年秋雨魚長五寸以下 天雨土 漢孝昭帝始元中雨土晝昏
梁武帝大同元年冬十月天雨黃壓 二年冬十一月丙寅天雨黃壓 後魏宣武帝景明四年涼州雨土如霧 後周

宣帝大象二年春正月戊申雨細黃土隋文帝開皇二年春二月庚子京師雨土

天雨毛漢武帝天漢元年春二月天雨白毛 三年秋八月天雨白氂 西晉武帝泰始八年蜀地雨白毛 隋文帝開皇六年秋七月乙丑京師雨毛如馬尾長者二尺餘短者有六七寸

天雨沙梁簡文帝大寶元年春正月丁巳天雨黃沙

天雨灰商紂末年天雨灰 梁武帝大同三年春正月壬寅天雨灰黃色

天雨草漢元帝永光二年秋八月天雨草而葉相樛結大如彈丸 平帝元始三年春正月天雨草狀如永光時 宋明帝太始四年雨草于宮中

天雨水銀隋文帝仁壽二年宮中再雨水銀花至四年陝州又雨

天雨冰夏桀時雨冰 後漢時京師雨冰 張駿太元元年秋九月雨冰

天雨穀後漢光武建武三十一年陳留雨穀形如稗實

天雨血漢孝惠帝四年雨血於宜陽一頃所 孝哀帝建平四年夏四月山陽湖陵雨血廣三尺長五尺大者如錢小者如麻子 晉惠帝元康六年春三月彭城呂縣有流血東西百餘步 永康元年春三月尉氏雨血 陳後主至德三年有赤物隕于太極殿前初下時鐘皆鳴又嘗進食飲忽變爲血沾殿階瀝瀝然至御榻 北齊武成帝河淸二年冬十二月雨血於太原 後主武平中有血點地自斛律明月宅至太廟

天雨木冰春秋魯成公十六年春正月雨木冰 魏文帝黃初六年春正月雨木冰 晉元帝太興三年春二月辛未雨木冰 穆帝永和八年春正月乙巳雨木冰 孝武帝太元十四年冬十二月乙巳雨木冰

天雨肉漢孝桓帝建和三年秋七月北地廉縣雨肉如羊肋或大如手 魏公孫淵時襄平北市生肉長圍各數尺有頭目口喙無手足而動搖 晉愍帝建興元年冬十二月河東雨肉

天雨石商紂末年

天雨石如大甕　秦始皇時隕石　漢孝惠帝三年隕石
緜諸一　孝武帝征和四年春二月隕石于雍二聲聞四百里
孝元帝建昭元年春正月戊辰隕石梁國六　成帝建始四年
春正月隕石槀四肥累一　陽朔三年春三月壬戌隕石東郡八
鴻嘉二年夏五月隕石杜衍三　元延三年春三月隕石都關二
孝哀帝建平元年春正月隕石北地十其九月甲辰隕石虞二
平帝元始二年夏六月隕石鉅鹿二自惠盡平隕石凡十一皆有
光耀雷聲成哀尤屢　後漢殤帝延平元年秋九月隕石陳留
四　孝桓帝延熹七年春三月隕石右扶風一鄠又隕石二皆有
聲如雷　魏明帝青龍二年春正月乙亥隕石于壽光
晉武帝太康五年夏五月丁巳隕石于溫及河陽各二　六年春正
月隕石于溫三　成帝咸和八年夏五月隕石于涼州二
隋文帝開皇十七年石　天雨金　秦獻公時櫟陽雨金　晉惠帝
隕於武安滏陽間十餘　二年雨金　隋文帝仁壽四年
諸軍州舍利塔
成陝州雨金

日

日食　周平王五十一年春二月己巳日有食之　桓王十一年秋
七月壬辰朔日有食之　莊王二年冬十月朔日有食之
惠王元年春二月日有食之　八年夏六月辛未朔日有食之
九年冬十二月癸亥朔日有食之　十三年秋九月庚午朔日有食
之　二十二年秋九月戊申朔日有食之　襄王四年春三月庚
午朔日有食之　七年夏三月日有食之　二十六年春二月癸亥
日有食之　匡王元年夏六月辛丑日有食之　定王六年秋七月
甲子日有食之既　八年夏四月丙辰日有食之　十五年夏六月

癸卯日有食之　簡王十一年夏六月丙寅朔日有食之　十二
年冬十二月丁巳朔日有食之　靈王十三年春二月乙未朔
日有食之　十四年秋八月丁巳日有食之　十九年冬十
月丙辰朔日有食之　二十年秋九月庚戌朔日有食之冬十
月庚辰朔日有食之　二十一年春二月癸酉朔日有食之
二十三年秋七月甲子朔日有食之既八月癸巳朔日有食之
二十六年冬十二月乙卯朔日有食之　景王十年夏四月
甲辰朔日有食之　十八年夏六月丁巳朔日有食之　二十
年夏六月甲辰朔日有食之　二十一年秋七月壬午朔日有食
之　二十五年冬十二月癸酉朔日有食之　敬王二年夏
五月乙未朔日有食之　九年冬十二月辛亥朔日有食之　十五
年春三月辛亥朔日有食之　二十二年冬十一月丙寅朔日有食
之　二十五年秋八月庚辰朔日有食之　三十九年夏五月庚申
朔日有食之　貞定王二十六年日有食之晝晦星見史失紀月
　考王六年六月日有食之　威烈王十六年日有食之
安王五年日有食之　二十年日有食之晝晦　烈王元年日有
食之　七年日有食之　赧王十四年日有食之晝晦並失紀月
　秦莊襄王二年四月日有食之　漢高帝三年冬十月
甲戌晦日有食之十一月癸卯晦日有食之　九年夏六月乙未晦
日有食之既　惠帝七年春正月辛丑朔日有食之夏五月丁卯
先晦一日食幾盡　高后二年夏六月丙戌晦日有食之　七年
春正月己丑晦日有食之　文帝二年冬十一月癸卯晦日有食
之　三年冬十月丁酉晦日有食之十一月丁卯晦日有食之　後
四年夏四月丙寅晦日有食之　景帝三年二月壬子晦日有食
之　四年十月戊戌晦日有食之　七年冬十一月庚寅晦日有食
之　中二年秋九月甲戌晦日有食之　三年秋九月戊戌晦日有

食之幾盡　四年冬十月戊午日有食之　六年秋七月辛亥晦日有食之　後元年秋七月乙巳晦日有食之　武帝建元二年春二月丙戌朔日有食之　三年秋九月丙子晦日有食之　元光元年秋七月癸未日有食之　元朔二年春三月乙亥晦日有食之　元狩元年夏五月乙巳晦日有食之　元鼎五年夏四月丁丑晦日有食之　太始四年冬十月甲寅晦日有食之　征和四年秋八月辛酉晦日有食之　昭帝始元三年冬十一月壬辰朔日有食之　元鳳元年秋七月乙亥晦日有食之　宣帝地節元年冬十二月癸亥晦日有食之　五鳳元年冬十月乙酉朔日有食之　四年夏四月辛丑晦日有食之　元帝永光二年春三月壬戌朔日有食之四年夏六月戊寅晦日有食之　建昭五年夏六月壬申晦日有食之　成帝建始三年冬十二月戊申朔日有食之　河平元年夏四月己亥晦日有食之　三年秋八月乙卯晦日有食之　四年春三月癸丑朔日有食之　陽朔元年春二月丁未朔日有食之　建始元年秋九月丁巳晦日有食之　二年春二月乙酉晦日有食之　三年春正月己卯晦日有食之　四年秋七月辛未晦日有食之　元延元年春正月己亥朔日有食之　哀帝元壽元年春正月辛丑朔日有食之與惠帝七年同月日二年夏四月壬辰晦日有食之　平帝元始元年夏五月丁巳朔日有食之　三年秋九月戊申晦日有食之　孺子嬰居攝元年冬十月丙辰朔日有食之　王莽天鳳元年三月壬申晦日有食之　三年秋七月戊子晦日有食之　光武建武二年春正月甲子朔日有食之　三年夏五月乙卯晦日有食之　五年秋九月丙寅晦日有食之　六年秋九月丙寅晦日有食之　七年春三月癸亥晦日有食之　十六年春三月辛丑晦日有食之　十七年春二月乙亥晦日有食之　二十二年夏五月乙未晦日有食

之　二十五年春三月戊申晦日有食之　二十九年春二月丁巳朔日有食之　三十一年夏五月癸酉晦日有食之　中元元年
冬十一月甲子晦日有食之　明帝永平三年秋八月壬申晦日有食之　八年冬十月壬寅晦日有食之既　十三年冬十月壬辰
晦日有食之　十六年夏五月戊午晦日有食之　十八年冬十一月甲辰晦日有食之　章帝建初五年春二月庚辰朔日有食之
六年夏六月辛未晦日有食之　元和元年秋八月乙未晦日有食之　和帝永元三年秋八月乙未晦日有食之史官不見他
官以聞　二年春二月壬午日有食之　四年夏六月戊戌朔日有食之　七年夏四月辛亥朔日有食之　十二年秋七月辛亥朔日
有食之　十五年夏四月甲子晦日有食之　安帝永初元年春三月朔日癸酉日有食之　五年春正月庚辰朔日有食之　七年
夏四月丙申晦日有食之　元初元年春二月癸酉日有食之冬十月戊子朔日有食之　二年秋九月壬午晦日有食之　三年春
三月二日辛亥日有食之　四年春二月乙亥朔日有食之　五年秋八月丙申朔日有食之　六年冬十二月戊午朔日有食之幾盡
永寧元年秋七月乙酉朔日有食之　延光三年秋九月庚寅晦日有食之　四年春三月戊午朔日有食之　順帝永建二
年秋七月甲戌朔日有食之　陽嘉四年秋閏八月丁亥朔日有食之　永和三年冬十二月戊戌朔日有食之　五年夏五月己
丑晦日有食之　六年秋九月辛亥晦日有食之　桓帝建和元年春正月辛亥朔日有食之　三年夏四月丁卯晦日有食之
元和二年秋七月庚辰日有食之永興二年秋九月丁卯朔日有食之　永壽三年夏閏四月庚辰晦日有食之　延熹元年夏五
月甲戌晦日有食之　八年春正月丙申晦日有食之　九年春正月辛卯朔日有食之　永康元年夏五月壬子晦日有食之

靈帝建寧元年夏五月丁未朔日有食之冬十月甲辰晦日有食之
二年冬十月戊戌晦日有食之　三年春三月丙寅晦日有食之
四年春三月辛酉朔日有食之　熹平二年冬十二月癸酉晦
日有食之　六年冬十月癸丑朔日有食之　光和元年春二月
辛亥朔日有食之冬十月丙子晦日有食之　二年夏四月甲戌朔
日有食之　四年秋九月庚寅朔日有食之　中平三年夏五月
壬辰晦日有食之　六年夏四月丙午朔日有食之　獻帝初平
四年春正月甲寅朔日有食之　興平元年夏六月乙巳晦日有
食之　建安五年秋九月庚午朔日有食之　六年春三月丁卯
朔日有食之　十三年冬十月癸未朔日有食之　十五年春二月
乙巳朔日有食之　十七年夏六月庚寅晦日有食之　二十一年
夏五月己亥朔日有食之　二十四年春二月壬子晦日有食之
二十五年春二月丁未朔日有食之　魏文帝黃初二年夏六
月戊辰晦日有食之　三年春正月丙寅朔日有食之冬十一月庚
申晦日有食之　五年冬十一月戊申晦日有食之　明帝太和
五年冬十一月戊戌晦日有食之　六年春正月戊辰朔日有食之
青龍元年夏閏五月庚寅朔日有食之　齊王正始元年秋
七月戊申朔日有食之　三年夏四月戊戌朔日有食之　四年夏
五月丁丑朔日有食之既　五年夏四月丙辰朔日有食之　六年
夏四月壬子朔日有食之冬十月戊申朔日有食之　八年春二月
庚午朔日有食之　九年春正月乙未朔日有食之　嘉平元年
春二月己未朔日有食之　高貴鄉公甘露四年秋七月戊子朔
日有食之　五年春正月乙酉朔日有食之　陳留王景元二年
夏五月丁未朔日有食之　三年冬十一月己亥朔日有食之　晉
武帝泰始二年秋七月丙午朔日有食之冬十月丙午朔日有食之
七年冬十月丁丑朔日有食之　八年冬十月丁未朔日有食之

九年夏四月戊辰朔日有食之秋七月丁酉朔日有食之十年
春正月乙未日有食之三月癸亥日有食之　咸寧元年秋七月
甲申晦日有食之　三年春正月丙子朔日有食之　四年春正月
庚午朔日有食之　太康四年春二月辛丑朔日有食之　六年
秋八月丙戌朔日有食之　七年春正月甲寅朔日有食之　八年
春正月戊申朔日有食之　九年春正月壬申朔日有食之夏六月
庚子朔日有食之　惠帝元康九年冬十一月甲子朔日有食之
永康元年春正月辛卯日有食之夏四月辛卯日有食之
永寧元年春閏三月丙戌朔日有食之　光熙元年春正月戊子
朔日有食之秋七月乙酉朔日有食之冬十二月壬午朔日有食之
懷帝永嘉元年冬十一月戊申朔日有食之　二年春正月丙
子朔日有食之　六年春二月壬子朔日有食之　愍帝建興四
年夏六月丁巳朔日有食之冬十二月甲申朔日有食之　五年夏
五月丙子日有食之冬十一月丙子日有食之　元帝太興元年
夏四月丁丑朔日有食之　明帝太寧三年冬十一月癸巳朔日
有食之　成帝咸和二年夏五月甲申朔日有食之　六年春三月
壬戌朔日有食之　九年冬十月乙未朔日有食之　咸康元年
冬十月乙未朔日有食之　七年春二月甲午朔日有食之　八年
春正月己未朔日有食之　穆帝永和二年夏四月己酉朔日有
食之　七年春正月丁酉朔日有食之　八年春正月辛卯朔日有
食之　十二年冬十月癸巳朔日有食之　升平四年秋八月辛
丑朔日有食之既　哀帝隆和元年春三月甲寅朔日有食之冬
十二月戊午朔日有食之　廢帝太和三年春三月丁巳朔日有
食之　五年秋七月癸酉朔日有食之　孝武帝寧康三年冬十
月癸酉朔日有食之　太元六年夏六月庚子朔日有食之　九
年冬十月辛亥朔日有食之　十七年夏五月丁卯朔日有食之

二十年春三月庚辰朔日有食之　安帝隆安四年夏六月庚辰
朔日有食之　元興二年夏四月癸巳朔日有食之　義熙三
年秋七月戊戌朔日有食之　十年秋九月丁巳朔日有食之　十
一年秋七月辛亥晦日有食之　十三年春正月甲戌朔日有食之
恭帝元熙元年冬十一月丁亥朔日有食之　宋少帝景
平二年春二月己卯朔日有食之　文帝元嘉四年夏六月癸卯
朔日有食之　五年冬十一月乙未朔日有食之　六年夏五月壬
辰朔日有食之冬十一月己丑朔日有食之星晝見　十二年春正
月乙未朔日有食之　十五年冬十一月丁卯朔日有食之　十七
年夏四月戊午朔日有食之　十九年秋七月甲戌晦日有食之
二十二年夏六月戊子朔日有食之　二十三年夏六月癸未朔日
有食之　二十六年夏四月丙申朔日有食之　三十年秋七月辛
丑朔日有食之　孝武孝建元年秋七月丙申朔日有食之
大明四年秋九月庚申朔日有食之　五年秋九月甲寅朔日有食
之　六年春二月壬子朔日有食之　明帝泰始三年冬十月己
亥朔日有食之　四年夏四月丙子朔日有食之冬十月癸酉朔日
有食之　五年冬十月丁卯朔日有食之　廢帝元徽元年冬十
二月癸卯朔日有食之　二年春正月癸酉朔日有食之　順帝
昇明元年冬十月辛亥朔日有食之　二年春三月己酉朔日有食
之秋九月乙巳朔日有食之　三年春三月癸卯朔日有食之
齊高帝建元二年秋九月甲午朔日有食之　三年秋七月己未
朔日有食之　武帝永明元年冬十一月乙巳朔日有食之　六
年春二月辛亥朔日有食之　八年春正月己巳朔日有食之　九
年春正月癸亥晦日有食之　十一年夏六月庚辰朔日有食之
鬱林王隆昌元年夏五月甲戌朔日有食之　明帝建武元年
冬十一月壬申朔日有食之　三年九月庚寅晦日有食之　東

昏侯永元二年春正月辛丑朔日有食之秋七月己亥朔日有食之　和帝中興元年春正月丙申朔日有食之秋七月癸巳朔日有食之　梁武帝天監元年秋七月丁巳朔日有食之　五年春三月丙寅朔日有食之　七年秋八月壬子朔日有食之　八年秋八月丙午朔日有食之　十年冬十二月壬戌朔日有食之　十一年夏五月己未晦日有食之　十二年夏五月甲寅朔日有食之　十五年春三月戊辰朔日有食之既　十八年春正月辛巳朔日有食之　普通元年春正月丙子日有食之　二年夏五月丁酉朔日有食之　三年夏五月壬辰朔日有食之既冬十一月己丑朔日有食之　四年冬十一月癸未朔日有食之　中大通元年冬十月乙酉朔日有食之　三年夏六月己亥朔日有食之　四年冬十月辛酉朔日有食之　五年夏四月己未朔日有食之　六年夏四月癸丑朔日有食之　大同四年春正月辛酉朔日有食之夏六月辛丑朔日有食之　六年夏閏五月丁丑朔日有食之　太清元年春正月己亥朔日有食之　陳高祖永定三年夏五月丙辰朔日有食之　文帝天嘉二年夏四月丙子朔日有食之冬十月甲戌朔日有食之　三年秋九月戊辰朔日有食之　四年春三月乙丑朔日有食之　五年春二月庚寅朔日有食之秋八月丁未朔日有食之　六年秋七月辛巳朔日有食之　天康元年春正月己卯朔日有食之　廢帝光大元年春正月癸酉朔日有食之冬十一月戊戌朔日有食之　二年冬十一月壬辰朔日有食之　宣帝大建二年冬十月辛巳朔日有食之　三年夏四月戊寅朔日有食之　四年春三月癸卯朔日有食之秋九月庚子朔日有食之　六年春二月壬辰朔日有食之　七年春二月丙戌朔日有食之冬十二月辛亥朔日有食之　八年夏六月戊申朔日有食之　九年冬十一月己亥晦日有食之　十二年冬十月甲寅朔日有食之

後主至德元年春二月己巳朔日有食之秋七月丁卯晦日有食之　二年春正月甲子朔日有食之　三年春正月戊午朔日有食之　禎明元年夏五月乙亥朔日有食之　隋文帝開皇十一年春二月辛巳晦日有食之　十二年秋七月壬申晦日有食之、十三年秋七月戊辰晦日有食之　仁壽元年春二月乙卯朔日有食之　大業十二年夏五月丙戌朔日有食之

日夜出

前漢孝武帝建元二年夏四月戊申有如日夜出　晉元帝太興元年冬十一月乙卯日夜出高三丈中有赤青珥

日夜食

後魏孝莊永安二年冬十月己酉日從地下食出虧從西南角起

日薄食

晉懷帝永嘉元年冬十一月乙亥黃黑氣掩日所照皆黃

衆日並出

晉孝愍帝建興二年春正月辛未有三日相承出於西方而東行　四年三日並照　五年春正月三日並照虹蜺彌天　元帝太興三年五日並見　梁元帝承聖元年冬十一月兩日俱見

日鬭

晉元帝太興四年春二月癸亥日鬭　後周武帝天和元年春二月庚午日鬭光遂微

日隕于地

晉建興二年春正月辛未庚時日隕于地

日中烏見

晉穆帝永和八年張重華在涼日暴赤如火中有三足烏形見分明五日乃止　後周武帝天和元年春二月庚午日中見烏　静帝大象元年春二月癸未日出將入時其中並有烏色

日中飛鷰

晉惠帝元康九年春正月日中有若飛鷰者數日乃消　孝懷帝永嘉五年春三月庚申日中有若飛鷰者

日中黑子

晉武帝泰始四年冬十月乙未日中有黑子　惠帝永寧元年秋九月甲申日中有黑子　元帝太興四年春三月癸未日中有黑子　永昌元年冬十月辛卯日中有黑子　成帝咸康八年春正月壬申日中有黑子　穆帝永和十年冬十月庚辰日中有黑子大如雞卵　十一年春三月戊申日中有黑子大

如桃二枚　升平三年冬十月丙午日中有黑子大如雞卵
海西公太和四年冬十月乙未日中有黑子　五年春二月辛酉日
中有黑子大如李　簡文帝咸安二年冬十月丁丑日中有黑子
孝武帝寧康元年冬十一月己酉日中有黑子大如李　二年
春三月庚寅日中有黑子一枚大如鴨卵冬十一月己巳日中有黑
子大如雞卵　太元十三年春二月庚子日中有黑子大如李
十四年夏六月辛卯日中又有黑子大如李　二十年冬十一月辛
卯日中又有黑子　安帝隆安四年冬十一月辛亥日中有黑子
齊永元元年冬十二月乙酉日中有黑子三枚
後周建德六年冬十一月甲辰黑子大如杯

日中黑氣

漢
孝
靈帝中平四年三月丙申黑氣大如瓜在日中　孝獻帝光和三
年正月日色赤黃中有黑氣如飛鵲數月乃銷　晉惠帝永康
三年冬十二月庚戌日中有黑氣　太安元年冬十一月日中有
黑氣　永興元年冬十月日中有黑氣分日　後魏孝文帝
太和二年日中有黑氣　三年夏六月癸卯日中有黑氣　宣武
帝景明二年秋八月戊辰日赤無光中有黑氣　三年正月乙巳日
中有黑氣　正始元年冬十二月丙戌黑雲貫日　二年日中有
黑氣形如月從東南來衝日　三年春二月甲子日中有黑氣三
四年冬十一月癸卯日中有黑氣二人如桃
後周武帝天和二年冬十月辛卯日中有黑氣

日青無光

隋文帝
仁壽四
年秋七月乙未日
青無光八日乃復

日光四散

晉惠帝光熙元年夏五月壬辰癸巳日
光四散赤如流血照地皆赤甲午又如
之　孝懷帝永嘉五年春三月庚申日散光如血下流所照皆
赤　隋煬帝大業十三年冬十一月辛酉日光四散如流血

日晝昏而黃黑霧

晉惠帝永康元年冬十月乙未日闇黃霧四塞
孝愍帝建興二年春正月己巳朔黑霧著人如墨連

夜五日乃止　明帝太寧元年春正月己卯朔日暈無光癸巳黃霧四塞二月乙丑黃霧四塞　宋文帝元嘉四年冬十月辛卯日晝昏凡十日乃明

日死

漢成帝河平元年春正月二日日出赤如血無光食後乃復　孝靈帝時日數出東方正赤如血無光高二丈餘乃有景且入西方去地二丈亦如之　宋孝武帝大明七年冬十一月日始出四五丈色赤如血未沒四五丈亦如之至八年春凡三度謂之日死　齊建元元年冬十二月未時日暈色黃無光至申乃散　二年閏月乙酉日黃無光　四年冬十一月丙午日黃色無光　永明五年冬十一月丁亥日出五竿失色赤黃暈抱珥直背

日赤如血無光

後魏文成帝興安元年冬十一月己卯日出赤如血　宣武帝正始三年冬十月乙巳日赤無光　延昌元年冬十月甲戌至辛卯日初出及將沒赤白無光

日五色

晉武帝太康元年春正月己丑朔五色氣冠日自卯至酉

日無光

後魏孝文帝太和十一年冬十一月丁亥日失色　孝明帝熙平元年春三月丁丑日出無光至申酉時　神龜三年冬十月己巳太史奏自入月以來黃埃掩日日出三丈色如赭無光曜　節閔帝普泰元年春三月丁卯日月並赤赭色天地溷濁

日暈及背珥冠

孝章建初七年夏四月丙寅日加卯西面有抱須臾成暈　殤帝延平元年夏六月丁未日暈上有半暈暈中外有璚背兩珥冬十二月丙寅日暈再重中有背璚　孝順帝永和六年春正月己卯暈兩珥中赤外青白虹貫暈中　晉孝愍帝建興五年春正月日有重暈左右兩珥　明帝太寧元年春正月己卯朔日暈無光　安帝隆安元年冬十二月壬辰日暈有背璚　義熙六年夏五月丙子日暈有璚　恭帝元熙二年春正月壬辰白氣貫日東西有直珥各一丈白氣貫之交匝　陳文帝天嘉八年夏四月甲子日有交暈白貫之

後魏道武帝皇始二年冬十月壬辰日暈有背珥　孝文帝太和二年春正月辛亥日暈東西兩珥　四年春正月癸丑日暈東西有背　八年春正月戊寅有白氣貫日　宣武帝延昌二年夏四月甲辰卯時暈匝西有一背黃南北有珥內赤外黃漸減冬十二月己酉日暈北有一抱內赤外黃白兩傍有珥下　孝明帝正光五年閏月乙酉日暈內赤外青南有珥下有抱兩背內赤外青冬十二月丙申日暈南北有珥上有抱一背　孝昌三年夏五月戊戌辰時暈匝內赤外白兩珥冬十一月戊寅辰時暈東面不合內赤外黃　孝武帝永熙三年夏六月己丑日暈有重珥上有背長二丈餘冬十一月己巳辰時日暈不合東西有珥背

日暈再重

周幽王末年日暈再重內赤外青有一黑畫上下通在日中　晉武帝泰始五年秋七月甲寅日暈再重白虹貫之　惠帝元康元年冬十一月甲申日暈再重青赤有光　永康元年春正月癸亥朔日暈三重　太安二年春三月甲戌日暈東西兩處不合其狀如抱　孝愍帝建興五年春正月日有重暈左右兩珥　後魏孝明帝正光五年春三月丁卯日暈三重外青內赤　孝昌元年夏五月日暈再重　節閔帝普泰元年冬十一月日暈再重　東魏孝靜帝武定三年冬十一月壬申日暈兩重東南東北有珥在西兩重背

日暈五重

晉孝懷帝永嘉二年春二月癸卯青黃暈五重　海西公太和六年日暈五重

白虹貫日

後漢光武建武七年夏四月丙寅日有暈抱白虹貫暈　孝靈光和六年春二月乙未白虹貫日　孝獻帝初平元年春二月壬辰白虹貫日　吳大帝赤烏十一年春二月白虹貫日　晉孝懷帝永嘉二年春正月戊申白虹貫日二月癸卯白虹貫日　明帝太寧元年冬十一月丙子白虹貫日　成帝咸和九年秋七月白虹貫日　咸康元年秋七月白虹貫日　二年秋七月

白虹貫日　海西公太和四年夏四月戊辰白虹貫日　六年春三月辛未白虹貫日　安帝元興元年春二月甲子白虹貫日中三月庚子白虹貫日　義熙十年日在東井有白虹十餘丈在南干日　梁武帝太清元年春二月白虹貫日　三年春正月白虹貫日　後魏孝文帝延興五年春正月丁酉白虹貫日　太和十三年春三月戊戌白虹貫日　宣武帝延昌元年冬十一月己酉白虹貫日　孝明帝神龜元年春三年丁丑白虹貫日　正光三年夏五月白虹貫日　孝昌三年冬十一月丙戌白虹貫日　東魏孝靜帝元象元年冬十二月白虹貫日　後周孝武帝保定五年白虹貫日　建德二年春二月辛亥白虹貫日　靜帝大定元年冬十二月己未白虹貫日　隋文帝開皇元年春正月己巳白虹夾日

月

兩月並見　漢孝成帝建始元年秋八月戊午晨漏未盡三刻有兩月相承晨見東方　梁武帝太清二年春正月癸巳朔兩月相承如鉤見于西方　西魏文帝大統十四年春正月朔月兩月並見　隋煬帝大業九年春正月二十七日兩月並見

晝明　梁簡文帝大寶元年春正月丙寅月晝見于東方

星入月中　後漢孝明帝永平十五年冬十一月乙丑太白入月中　晉孝惠帝太安二年冬十一月庚辰歲星入月中　元帝太興三年冬十一月己未太白入月在斗　成帝咸康元年春二月乙未太白入月　六年春二月乙未太白入月　孝武帝太元十二年春二月戊寅熒惑入月　十三年冬十二月戊子辰星入月　十八年春正月乙酉熒惑入月　隋文帝仁壽四年夏六月庚午有星入月中數日而退

星

五星合聚
周武王將伐商五星聚于房　齊桓公將霸諸侯五
星聚于箕　漢高祖元年入秦五星聚于東井以歷
推之從
歲星也

四星合聚
漢孝平帝元始四年四星聚于柳張各五日
後漢孝獻帝初平元年四星聚于箕尾　建
安二十五年四星又聚　西晉懷帝永嘉六年秋七月四星聚于
牛女之間　孝武帝太元十九年冬十月四星合于氐　安帝
義熙三年春二月癸亥土火金水聚于奎婁從填星也　九年春二
月壬辰木火土金聚于東井從歲星也　後魏明元帝永興四
年春二月壬辰木火土金聚于東井從木火入鬼
節閔帝普泰元年冬十月甲寅金火土木入參觜甚明

三星合聚
漢
孝
文帝後六年夏四月乙巳三星合于東井　孝景帝元年秋七月
乙丑金木水三星俱合於張　後漢孝和帝永元二年春正月
乙卯金木俱合于奎丙寅水又在奎辛未水金木在婁　五年夏四
月金火水俱聚于東井　七年春二月癸酉金火俱在參戊寅在井
秋八月甲寅水土金俱在軫冬十一月丙辰火金水俱在斗　孝
靈帝光和五年冬十月木火金合於虛相去各五六寸如連珠
孝獻帝初平元年冬十一月庚戌土火金合於尾　建安十八年
秋木土火合于太微逆行留守帝坐百餘日　晉惠帝元康三
年填星歲星太白三星聚于畢昴　孝懷帝永嘉六年秋七月火
木金聚于牛女之間　孝武帝大元十七年秋九月丁丑木火土
同在氐　宋文帝元嘉二十三年春二月金火水合於東井
後魏道武帝天賜四年春二月癸亥火土金聚　後周宣
帝宣政元年夏六月壬午木火金合丁井
靜帝大象元年夏四月戊子金木水合于井

老人星
梁天監四年
秋八月庚子

老人星見自此後每常以秋分
後見於參南至春分而伏矣
流星 自上而降曰流自下而升曰飛
秦始皇二年三月乙未
有流星大小西行不可勝數至曉乃息 漢孝昭帝始元中有
流星下燕萬載宮極東去 元平元年春二月甲申晨有流星大
如月衆星皆隨西行三月丙戌流星出翼軫東北干太微入紫宮始
出小且入大有光入有頃聲如雷三鳴乃止 孝成帝建始元年
秋九月戊子有流星出文昌色白光燭地長可五六丈大四圍所詘
折委曲貫紫宮西在斗西北子亥間復詘如環北方不合留一刻所
元延元年夏四月丁酉日餔時天腥晏隱隱如雷有流星頭大
如缶長十餘丈皎然赤白色從日下東南去四面或大如盂或如雞
子燿燿如雨下至昏止 綏和元年春二月辛未有流星從東南
入北斗長數十丈二刻所息 光武建武十年春三月癸卯流
星如月從太微出入北斗魁第六星色白旁有小星射者十餘枚滅
則有聲如雷食頃止冬十二月己亥大流星如缶出柳西南行入軫
且滅時分爲十餘如遺火狀須臾有聲隱隱如雷 十二年春正月
己未小星流百枚以上或西北或正北或東北二夜止夏六月戊戌
晨小流星百枚以上四面行 中元二年冬十月戊子大流星從
西南東北行聲如雷 孝明帝永平元年夏四月丁酉流星大如
斗起天市樓西南行光照地 七年春正月戊子流星大如杯從織
女西行光照地 孝章帝建初二年秋九月甲寅流星過紫宮中
長數丈散爲三滅 孝和帝永元元年春正月辛卯有流星起參
長四丈有光色黃白 一云大如拳起參東南又云大如桃色赤起太
微東蕃二月流星起天棓東北行三丈所滅色青白壬申夜有流星
起太微東蕃長三丈三月丙辰流星大如桃起天津東至斗黃白頻
有光壬戌有流星起天將軍東北行色黃無光 二年春二月丁酉
有流星大如桃起紫宮東蕃西北行五丈稍滅四月丙辰有流星大

如瓜起文昌東北西南行至少微有頃音如雷八月丁未有流聲如
雞子起太微西東南行四丈所消冬十月癸未有流星大如桃起天
津西行六丈所消十一月辛酉有流星大如拳起紫宮西行到胃消
三年秋九月丁卯有流星大如雞子起紫宮西南至北斗柄間消
七年春正月丁未有流星起天津入紫宮中滅色青黃有光冬十
二月己卯有流星起文昌入紫宮消　十一年夏五月丙午有流星
大如瓜起氐西南行稍有光白色　十六年冬十月辛亥流星起鈎
陳北行三丈有光色黃　元興元年春二月庚寅有流星起角亢
五丈所夏四月辛亥有流星起斗東北行到須女秋七月己巳有流
星起天市五丈所其色光赤　孝順帝永和三年春二月辛丑有
流星大如斗從西北行長八九尺色赤黃有聲隆隆然如雷　孝
桓帝永壽元年秋九月己酉晝有流星長二尺所色黃白　孝靈
帝熹平二年夏四月有流星出文昌入紫宮蛇行有首尾無身赤色
有光照垣牆　光和元年夏四月癸丑流星犯軒轅第二星東北
行入北斗魁中　中平中夏流星赤如火長三丈起河鼓入天市
抵觸宦者星色白長二三丈後尾再屈食頃乃滅　魏明帝景
初二年秋八月丙寅夜有大流星長數十丈白色有芒鬣墜遼東襄
平城東南　陳留王景元四年夏六月有大星二並如斗見西方
分流南北光照地隆隆有聲　蜀後主建興十三年諸葛亮屯
渭南有星流投亮營三投再還　晉懷帝永嘉元年秋九月辛
卯有大星如日自西南流于東北小者如斗相隨天盡赤聲如雷
元帝永昌元年秋七月甲午有流星大如甕長百餘丈青赤色從
西方來尾分爲百餘岐方散　成帝咸康三年夏六月辛未流星
大如二斗魁色青赤光耀地出奎中沒婁北　六年春二月庚午朔
有流星大如斗光耀地出天市西行入太微　穆帝永和八年夏
六月辛巳日未入有流星大如三斗魁從辰巳上東南行以晷度推

之在奎斗之間蓋燕分也　十年夏四月癸未流星大如斗色赤黃出織女沒造父有聲如雷　海西公太和四年冬十月壬申有大流星西下有聲如雷　安帝隆安五年春三月甲寅流星赤色衆多西行經牽牛虛危天津閣道貫太微紫宮　宋文帝元嘉十年冬十二月有流星大如甕尾長二十餘丈　孝武孝建初二月流星大如月西行　梁武帝太清二年春正月戊辰有流星長三十丈墮武庫　元帝承聖三年冬十一月庚子夜有流星墜江陵城中　後魏道武帝登國四年春三月丁未有大流星東南行尾屬地六七丈有聲　天興元年冬十一月乙酉有流星照地啾啾有聲　文成帝興安元年夏五月辛亥流星大如五斗許西南流六七段有聲　後周武帝天和四年夏四月庚午有流星大如斗出左攝提流至天津滅有聲如雷　建德六年冬十二月癸丑流星大如月西流有聲蛇行屈曲光照地戊辰平旦有流星大如三斗器色赤出紫宮　靜帝大象元年夏六月丁卯有流星大如雞子出氐中西北流有尾長一丈所入月中即滅己丑有流星大如斗出營室　二年閏五月甲辰有流星一大如一斗器出太微端門流入翼色青白聲如風卷旗秋七月壬子有流星大如斗出五車東北　隋文帝開皇元年冬十一月己巳有流星聲如隤牆光燭地　五年秋八月戊申有流星數百四散而下　煬帝大業十二年秋八月壬子有大流星如斗出王良閣道聲如隤牆癸丑有流星大如甕出羽林

奔星

光迹相連曰流絕迹而去曰奔晉太元二年冬十月乙卯有奔星東南經翼軫聲如雷

飛星

飛類於流自下而上曰飛漢成帝陽朔四年閏月庚午飛星大如缶西南入斗下

星隕

周莊王十年夏四月辛卯夜恆星不見夜中星隕如雨　襄王元年星晝隕秦　八年春正月戊申朔隕石于宋五傳曰隕星也　漢孝成帝永始二年春二月癸未夜過中星

隕如雨長二丈繹繹未至地滅至雞鳴止　後漢更始元年
夏有流星墜昆陽王尋干營中晝有雲如壞山當營而隕不及地
尺而散　晉武帝泰始四年秋七月星隕如雨皆西流　太
康九年秋八月壬子星晝隕如雨　孝惠帝太安二年冬十一月
辛巳有星晝隕中天北下光變白有聲如雷　永興元年秋七月
乙丑星隕有聲　二年冬十月星又隕有聲　孝懷帝永嘉四年冬
十月庚子大星西北墜有聲　恭帝元熙元年西涼星隕
梁武帝中大通四年秋七月甲辰星隕如雨　元帝承聖元年
星隕吳郡　後魏道武帝登國九年有星墜于河北聲如雷震
光明燭天地　隋文帝開皇十九年星隕于渤海　煬帝大
業十一年冬十一月戊寅大流星如斛墜賊盧明月營　十二年夏
五月有大流星隕於吳郡爲石　十三年夏五月辛亥大流星隕於
江客星非其常有曰客星　漢武帝元光元年夏六月有客星見
都于房　孝昭帝元鳳四年客星在紫宮中斗樞極間
孝宣帝地節元年夏六月戊戌甲夜客星居左右角間東南指長可
二尺色白其丙寅又有客星見于貫索東北南行至秋七月癸酉夜
入天市芒炎東南指其色白　黃龍元年春三月客星居王良東北
可九尺長丈許西指出閣道間至紫宮　孝元帝初元元年夏四
月有客星大如瓜色青白在南斗第二星東可四尺　二年夏五月
客星見于昴分居卷舌東可五尺色青白炎長三寸　後漢光
武建武三十一年秋七月有客星見軫顛炎二尺所西南行至明年
二月二十二日在輿鬼東北六尺所凡百十三日滅　孝明帝永
平四年秋八月辛酉客星出梗河西北指貫索七十日去　八年冬
十二月戊子客星出東方　九年春正月戊申客星出牽牛長八尺
歷斗建箕過角亢至翼芒東指見至五十日滅　十三年冬十一月
客星出于軒轅四十八日　十四年春正月戊子有客星出昴六十

日在軒轅右角稍滅　孝章帝元和元年夏四月客星晨出東方
在胃八度歷閣道入紫宮留四十日滅　孝和帝永元十二年冬
十一月乙丑軒轅第四星間有小客星色青黃　十六年夏四月戊
午客星從紫宮西行至昴五月壬申滅　孝安帝永初元年秋八
月戊申有客星在東井弧星西南　四年夏六月丙子客星大如李
蒼白芒氣長二尺指上階星　元初三年冬十一月甲午客星見
于西方己亥在虛危南至胃昴　延光四年冬十一月客星見天
市　孝順帝永建六年冬十二月壬申客星芒氣長二尺餘西南
指色蒼白在牽牛六度　陽嘉元年閏月戊子客星氣白廣二尺
長五丈起天苑西南　孝桓帝延熹四年夏五月辛酉客星在營
室相順行生芒長五尺所至心一度轉爲彗　孝靈帝中平二年
冬十月癸亥有客星出南門中大如半筵五色喜怒稍小至後年六
月消　五年夏六月丁卯客星如三升椀出貫索西南行入天市
至尾而消　魏文帝黃初三年秋九月甲辰客星見太微左掖
門內　明帝景初二年冬十月客星見危逆行在離宮北騰蛇南
甲辰犯宗星己酉乃滅　高貴鄉公甘露二年冬十月丁丑客
星見太微中轉東南行歷軫宿七十日滅　晉武帝太熙元年
夏四月客星在紫宮　孝惠帝永興元年夏五月客星守畢
海西公太和四年春二月客星見紫宮西垣至七日乃滅　孝
武帝太元十一年春三月客星在南斗至六月乃滅　十八年春二
月客星在尾中至九月乃滅　安帝元興元年冬十月有客星色
白如粉絮在太微西至十二月入太微　後周武帝保定元
年秋九月乙巳客星見于翼　天和三年秋七月己未客星見房
心白如粉絮大如斗漸大東行八月入天市長如匹許復東行犯河
鼓右將癸未犯瓠瓜又入室犯離宮九月壬寅入奎稍小壬戌至婁
北一尺所滅凡六十九日　建德三年春二月戊午有客星大如

桃出五車東南入文昌又入北斗魁中凡見九十三日

彗星

隋志曰孛星彗之屬也偏指曰彗芒氣四出曰孛孛星者埽星也有五色春秋時齊有彗星齊君禳之晏子曰無益也　周貞定王二年彗星見　顯王八年彗星見于西方　赧王十年彗星四見　十二年彗星見　十九年彗星見　秦始皇七年彗星先見東方見北方五月見西方　九年彗星見或竟天是歲彗星復見西方又見北方從斗南八十日　十三年彗見東方　漢孝景帝二年冬十二月彗星出西南　中三年春三月丁酉彗星見西北色白長大在觜觿曰去益小十五日不見　孝元帝初元五年夏四月彗星出西北赤黃色長八尺所數日長丈餘東北指在參分　孝哀帝建平二年春二月彗星出牽牛七十餘日　後漢建武十五年春正月丁未彗星見昴炎長三丈稍西北行入營室犯離宮二月乙未至東壁滅四十九日　三十年閏月甲午水在東井二十度生白氣東南指炎長五尺爲彗東北行至紫宮西藩止五月甲子不見凡見三十一日　孝明帝永平三年夏六月丁卯彗星出天船北長二尺所稍北行至亢南百三十五日去　十八年夏六月己未彗星出張長三尺轉在郎將南入太微　孝章帝建初元年秋八月庚寅彗星出天市長三尺所稍行入牽牛三度積四十日稍滅　二年冬十二月戊寅彗星出婁三度長八九尺稍入紫宮百六十日稍滅　孝安帝永初三年冬十二月彗星起天苑南東北指長六七尺色蒼白　孝順帝永和六年春二月丁巳彗星見東方長六七尺色青白西南指營室及墳墓丁丑彗星在奎一度長六尺癸未昏見西北歷昴畢甲申在東井遂歷輿鬼七星張光炎及三台至軒轅中滅　孝桓帝建和三年秋八月乙丑彗星芒長五尺見天市中東南指色黃白九月戊辰不見　孝靈帝光和元年秋八月彗星出亢北入天市中長數尺稍長至五六丈赤色經歷十餘宿

八十餘日乃消於天苑中　三年冬彗星出狼弧東行至于張乃去
五年秋七月彗星出三台下行入太微至太子幸臣二十餘日而
消　中平五年春二月彗星出奎逆行入紫宮復三出六十餘日
乃消　孝獻帝初平四年冬十月彗星出兩角間東北行入天市
中而滅　魏明帝青龍四年冬十一月己亥彗星見犯宦者星
天紀星　景初二年秋八月癸丑彗星見張長三尺逆西行四十
一日乃滅　齊王正始元年冬十月乙酉彗星見于西方在尾長
二丈拂牽牛犯太白十一月甲子進犯羽林　六年秋八月戊午彗
星見七星長二尺色白進至張積二十三日滅　七年冬十一月癸
亥彗星見軫長一尺積百五十六日滅　九年春三月彗星見昴長
六尺色青白芒西南指秋七月又見翼長二尺進至軫積四十二日
滅　嘉平四年春二月丁酉彗星見于西方在胃長五六丈色白
芒南指貫參積二十日滅　五年冬十一月彗星又見軫長五丈在
太微左執法西東南指百九十日滅　高貴鄉公正光二年春正
月彗星見于吳楚分西北竟天　甘露二年冬十一月彗星見角
色白　陳留王景元三年冬十一月壬寅彗星見亢色白長五
寸轉北行積四十五日滅　咸熙二年夏五月彗星見王良長丈
餘色白東南指積十二日滅　晉武帝泰始四年春正月丙戌
彗星見軫青白色西北行又轉東行　孝惠帝永康元年冬十二
月彗星出牽牛西指天市　二年夏四月彗星見于齊分　太安
元年夏四月彗星晝見　二年春三月彗星見于東方指三台
成帝咸康二年春正月辛巳彗星見西方在奎　康帝建元元年
冬十一月六日彗星見亢長七尺白色　穆帝永和五年冬十一
月乙卯彗星見亢芒西向色白長一丈　六年春正月丁丑彗星又
見亢　升平二年夏五月丁亥彗星出天船在胃　孝武帝寧
康二年春三月丙戌彗星見氐　安帝義熙十一年夏五月甲申

彗星二出天市埽帝座在房心北　十四年秋七月癸亥彗星出太微西柄起上相星下芒漸長至十餘丈進埽北斗紫微中台

宋文帝元嘉十九年秋九月丙辰有客星在北斗因爲彗入文昌貫五車埽畢拂天節經天苑季冬乃滅　二十六年彗星見太微　二十八年夏四月己酉彗星見昴六月壬子彗星見太微中對帝座

齊和帝中興元年彗星竟天　梁武帝大同五年冬十月辛丑彗星出南斗長一尺餘東南指漸長丈餘至婁滅　陳文帝天嘉元年秋九月癸丑彗星見長四尺芒指西南　六年夏六月辛酉彗星見上台長丈餘　廢帝光大二年夏六月彗星見宣帝大建十三年冬十二月辛巳彗星見西南　後魏道武帝天興四年春正月彗星見于西方　孝文帝太和六年秋八月戊午彗星見于七星長二尺色白行至張積四十餘日滅　七年冬十月癸亥彗星見軫長一丈六十日乃滅　九年春二月彗星見昴長一尺秋七月又見翼長二尺進至軫　正光元年九月辛亥彗星出東方長尺三寸　北齊武成帝河清四年春三月彗星見後主天統元年夏六月壬戌彗星出文昌東北其大如手經紫微後稍長至丈餘百餘日滅　四年夏六月彗星見于東井

後周武帝保定五年夏六月庚申彗星出三台入文昌經紫宮漸長丈餘後百餘日稍短長二尺五寸在虛危滅　天和三年夏六月甲戌彗星見東井長一丈上白下赤而銳東行至鬼北八寸乃滅

隋文帝開皇十四年十一月癸未有彗星孛于虛危及奎婁煬帝大業三年春二月己丑彗星見于東井文昌歷太陵五車北河入太微埽帝座前後百餘日而止　四年秋九月戊寅彗星出五車埽文昌至房而滅　大業十三年秋九月有彗星見於營室

孛星偏指曰彗芒氣四出曰孛彗亦爲孛孛者非常惡氣之所生也孛然爲粉絮　春秋魯文公十四年有星孛于北斗　昭

公十七年冬有星孛于大辰西及漢　哀公十三年冬十月有星孛于東方　十四年冬有星孛　漢高帝三年秋七月有星孛于大角旬餘乃入　孝文帝後七年秋九月有星孛于西方其本直尾箕末指虛危長丈餘及天漢十六日不見　孝景帝二年冬十二月有星孛于西南　中二年夏四月有星孛于西北　中三年秋九月有星孛于西北　孝武帝建元三年春三月有星孛于星張歷太微干紫宮至于天漢是歲夏四月有星孛于天紀至織女秋七月有星孛于西北　四年秋七月有星孛于東北　六年夏六月有星孛于北方秋八月有星孛于東方長竟天　元狩三年春有星孛于東方　四年春有星孛于東北　元封元年秋有星孛于東井又孛于三台　元封中有星孛于河戒　太初中有星孛于招搖　後元二年秋七月有星孛于東方　孝昭帝始元三年春二月有星孛于西北　孝宣帝地節元年春正月有星孛于西方去太白二丈所　神爵元年夏六月有星孛于東方　黃龍元年春三月有星孛于王良閣道入紫宮　孝元帝初元五年夏四月有星孛于參　孝成帝建始元年春正月有星孛于營室青白色長六七丈廣尺餘　元延元年秋七月有星孛于東井踐五諸侯出河戒北率行軒轅太微後日六度有餘晨出東方十三日夕見西方犯次妃長秋斗填蠡炎再貫紫宮中大火當後達天河除於妃后之域南逝度犯大角攝提至天市而按節徐行炎入市中旬而後西去五十六日與蒼龍俱伏　孝哀帝建平二年春三月有星孛于河鼓　王莽地皇三年冬十一月有星孛于張東南行五日不見　後漢孝桓帝延熹四年夏五月有星孛于心　孝獻帝建安五年冬十月辛亥有星孛于大梁　九年冬十一月有星孛于東井輿鬼入軒轅太微　十一年春正月有星孛于北斗首在斗中尾貫紫宮及北辰　十二年冬十月辛卯有星孛于鶉尾

十七年冬十二月有星孛于五諸侯二十二年冬有星孛于東北二十三年春三月孛星晨見東方二十餘日夕出西方犯歷五車東井五諸侯文昌軒轅后犯太微鋒炎指帝座　魏文帝黃初六年冬十月乙未有星孛于少微歷軒轅　明帝太和六年冬十月丙寅有星孛于翼近太微上將星　青龍四年冬十月甲申有星孛于大辰長三尺乙酉又孛于東方　齊王嘉平三年冬十一月癸亥有星孛于營室西行積九十日滅　晉武帝泰始五年秋九月有星孛于紫宮　十年冬十二月有星孛于軫　咸寧二年夏六月甲戌有星孛于氐秋七月有星孛于大角八見有星孛于太微至翼北斗三台　三年春正月有星孛于西方三月有星孛于胃夏四月有星孛于女御五月又孛于東方秋七月有星孛于紫宮　五年春三月有星孛于柳夏四月有星孛于女御秋七月有星孛于紫宮　太康二年秋八月有星孛于張冬十一月有星孛于軒轅　四年春二月戊申有星孛于西南　八年秋九月有星孛于南斗長數十丈十餘日滅　孝惠帝元康五年夏四月有星孛于奎至軒轅太微經三台大陵　永興二年秋八月有星孛于昴畢冬十月丁丑有星孛于北斗　成帝咸和四年秋七月有星孛于西北犯斗二十三日滅　咸康六年春二月庚辰有星孛于太微

哀帝興寧元年秋八月有星孛于角亢入天市　孝武帝寧康二年春正月丁巳有星孛于女虛經氐亢角軫翼張秋九月丁丑有星孛于天市　太元十五年秋七月壬申有星孛于北河經太微三台文昌入北斗色白長十餘丈八月戊戌入紫微乃滅　安帝隆安四年春二月己丑有星孛于奎長三丈上至閣道紫宮西蕃入北斗魁至三台三月遂經于太微帝坐端門冬十二月戊寅有星孛于貫索天市天津　義熙十四年夏五月庚子有星孛于北斗魁中　恭帝元熙元年春正月戊戌有星孛于太微西蕃　宋

武帝永初三年春二月丙戌有星孛于虛危是歲冬十一月戊子有
星孛于營室　少帝景平元年春正月乙卯有星孛于東壁冬十
月己未有星孛于氐　陳宣帝大建七年夏四月丙戌有星孛
于大角　北齊後主天統四年秋七月有星孛于房心白如粉
絮大如斗東行八月入天市漸長四丈犯瓠瓜歷虛危入室犯離宮
九月入奎至婁滅　後周武帝建德三年夏四月乙卯有星孛
于紫宮垣外大如拳赤白色指五帝坐東南行稍長丈五尺五月甲
子至上台北滅　隋煬帝大業十一年夏六月有星孛于文昌
東南長五六寸色黑而銳夜動搖西北行數日至文昌去紫宮四寸
不入卻行而滅　十三年六月有星孛于太微五帝座色黃赤長
三四尺數　天狗隋志曰狀如大奔星色黃有聲其止地類狗所墜望
日而滅　天狗之炎炎如火光衝天其上銳其下圓如數頃田處或
曰星有毛旁有短彗下有狗形者或曰星出其狀赤白有光下即為
天狗一曰流星有光見人而墜無音若有足者曰天狗其色白其中
黃如遺火狀　漢孝文帝六年秋八月天狗下梁壄　孝景帝
三年秋七月天狗下　孝哀帝建平元年春正月丁未日出時有
著天白氣廣如一匹帛長十餘丈西南行讙如雷西南行一刻而止
名曰天狗　後漢獻帝初平四年夏六月辛丑天狗西北行
晉穆帝升平四年冬十月庚戌天狗見西南　孝武帝太元
十三年閏月戊辰天狗東北下有聲　北齊孝昭帝皇建二年
天狗下　枉矢說苑曰枉矢辰星盈縮之所生也又曰機星散為枉矢
晉陽　又曰五星盈縮之所生也弓弩之象也巫咸曰枉矢類
大流星也色蒼黑蛇行望之如有毛目長數匹又曰黑彗分為枉矢
枉矢者射是也　秦二世二年項羽救鉅鹿枉矢西流
晉惠帝元康四年秋九月甲午枉矢東北行竟天　六年夏六月丙
午夜有枉矢自斗魁東南行　光熙元年夏五月枉矢西南流

元帝太興三年夏四月壬辰枉矢出虛危沒翼軫　穆帝升平二年冬十二月枉矢自東南流于西北其長半天　隋煬帝大業十二年秋九月戊午有枉矢二出北斗魁委曲蛇形注於南斗

蚩尤旗

孟康曰熒惑之精也流爲　晉灼曰呂氏春秋云其色黃上白下　夏氏曰望之無雲獨見赤雲成者是也或曰形如箕可長三丈末有星　漢武帝建元六年秋八月長星出于東方長亙天三十日去占曰爲蚩尤旗　後漢獻帝初平三年秋九月蚩尤旗見長十餘丈色白出角亢之南　魏高貴鄉公正元元年冬十月白氣出南斗側廣數丈長亙天王肅曰蚩尤旗也　晉武帝咸寧四年夏四月蚩尤旗見于東井

長星

漢孝文帝八年夏有長星出于東方　孝武帝元狩四年夏有長星出于西北　後漢孝明帝永平八年夏六月壬午長星出于柳張三十七度犯軒轅刺天船陵太微氣至上階凡見五十六日去　晉孝武帝太元二十一年長星見　恭帝元熙二年夏四月長星竟天　齊東昏侯永元三年春正月乙巳長星見亙天　梁武帝中大通五年春正月己酉長星見　隋煬帝大業二年春正月有長星竟天出於東壁二旬而止

蓬星

漢孝景帝中三年夏六月壬戌有蓬星見于西南在房南去房可二丈如二斗器色白癸亥在心東北可長丈所甲子在尾北可六丈丁卯在箕北近漢稍小去時大如桃壬申去凡十日　孝昭帝始元中蓬星出于西方天市東門行過河鼓入營室中

地陷裂及山崩附

地震

周幽王二年西周涇渭洛三川皆震　春秋魯文公九年秋九月癸酉地震　襄公十六年夏五月甲子地震　昭

公十九年夏五月己卯地震　二十三年秋八月乙未地震　哀
公三年夏四月甲午地震　漢孝惠帝二年春正月隴西地震
壓四百餘家　呂后二年春正月乙卯地震羌道　孝文帝元
年夏四月齊楚地震　五年春二月地震　孝景帝後元年夏五
月地震　孝武帝元光四年夏五月地震　征和二年秋八月
癸亥地震壓殺人　後元元年秋七月地震往往涌泉出　孝
宣帝本始元年夏四月庚午地震　四年夏四月壬寅地震河南以
東四十九郡北海琅邪壞祖宗廟城郭殺六千餘人　孝元帝初
元二年春二月戊午地震于隴西郡毀落太上皇廟殿壁木飾壞敗
豲道縣城郭官寺及民室屋壓殺人衆　永光三年冬地震
建昭二年冬十一月齊楚地震　孝成帝建始三年冬十二月戊
申夜未央宮殿中地震　河平三年冬二月犍爲地震積二十一
日百二十四動　綏和二年秋九月丙辰地震自京師至北邊郡
國三十餘壞城郭凡殺四百一十五人　後漢世祖建武二十
二年秋九月郡國四十二地震南陽尤甚　孝章帝建初元年春
三月甲寅山陽東平地震　孝和帝永元四年夏六月丙辰郡國
十三地震　五年春二月戊午隴西地震　七年秋七月乙巳易陽
地裂九月癸卯京師地震　九年春三月庚辰隴西地震　孝安
帝永初元年夏六月丁巳河東楊地陷東西百四十步南北百二十
步深三丈五尺是歲郡國十八地震　三年冬十二月辛酉郡國九
地震　四年春三月癸巳郡國九地震秋九月甲申益州郡地震
五年春正月丙戌郡國十地震　七年春二月丙午郡國十八地震
元初元年春二月己卯日南地坼長百八十二里廣五十六里
夏六月丁巳河東地陷是歲郡國十五地震　二年夏六月洛陽新
城地裂冬十一月庚申郡國十地震　三年春二月郡國十地震秋
七月緱氏地震冬十一月癸卯郡國九地震　四年郡國十三地震

五年郡國十四地震　六年春二月乙巳京都郡國四十二地震
或坼裂水泉涌出敗壞城郭民室屋壓殺人冬十二月郡國八地震
永寧元年郡國二十三地震　建光元年冬十一月己丑郡
國三十五地震或坼裂壞城郭室屋壓殺人　延光元年秋七月
癸卯京都及郡國十三地震九月甲戌郡國二十七地震　二年京
都及郡國三十二地震　三年京都及郡國二十三地震　四年冬
十月丁巳京都及郡國十八地震　孝順帝永建三年春正月丙
子京都地震漢陽地裂屋壞殺人　陽嘉二年夏四月己亥京都
地震六月丁丑維陽宣德亭地坼長八十五丈　四年冬十二月甲
寅京都地震　永和二年夏四月庚申京都地震冬十一月丁卯
京都地震　三年春二月乙亥京都及金城隴西地震裂城郭室屋
多壞壓殺人夏閏四月己酉京都地震　四年春二月乙亥京都地
震　五年春二月戊申京都地震　建康元年春正月涼州郡六
地震從去年秋九月以來至夏四月凡百八十日震山谷坼裂壞敗
城寺傷害人物秋九月丙午京都及太原鴈門地震三郡水涌土裂
孝桓帝建和元年夏四月庚寅京都地震六月郡國六地裂水
涌出井溢壞寺屋殺人秋九月丁卯京都地震　三年秋九月己卯
京都地震庚寅又震　元嘉元年冬十一月辛巳京都地震　二
年春正月丙辰京都地震冬十月乙亥京都地震　永興二年春
二月癸卯京都地震　永壽二年冬十二月京都地震　三年秋
七月河東地陷　延熹元年秋七月己巳雲陽地裂　四年夏六
月京兆扶風及涼州地震　五年夏五月乙亥京都地震　八年夏
五月丙辰緱氏地裂秋九月丁未京都地震　永康元年夏五月
丙申維陽高平永壽亭及上黨泫氏地裂　孝靈帝建寧四年春
二月癸卯地震夏五月河東地裂十二處裂合長十里一百七十步
廣者三十餘步深不見底　熹平二年夏六月北海地震　六年

冬十月辛丑地震　光和元年春二月己未地震夏四月丙辰地
震　二年春三月地震　三年自秋至明年春酒泉表是地八十餘
震涌水出城中官寺民舍皆頓縣易處更築城郭　孝獻帝初平
二年夏六月丙戌地震　四年冬十月辛丑地震十二月辛丑地震
興平元年夏六月丁丑地震戊寅又地震　建安十四年冬
十月荊地震　吳大帝黄武四年江東地連震　魏明帝
青龍二年冬十一月京都地震從東來隱隱有聲搖屋瓦　景初
元年夏六月戊申京師地震是歲江東地亦震　吳大帝赤烏
二年春二月地再震　魏齊王正始二年冬十一月南安郡地
震　三年秋七月甲申南安郡地震冬十二月魏郡地震　六年春
二月丁卯南安郡地震　吳赤烏十一年春二月江東地仍震
蜀後主炎興元年蜀地震是歲蜀亡　晉武帝泰始五
年夏四月辛酉地震　七年夏六月丙申地震　咸寧二年秋八
月庚辰河東平陽地震　四年夏六月丁未陰平廣武地震甲子又
震　太康二年春二月庚申淮南丹陽地震　五年春正月壬辰
朔京師地震夏五月丙午宣帝廟地陷　六年秋七月己丑地震
七年秋七月南安犍為地震八月京兆地震　八年春正月太廟地
陷夏五月壬子建安地震秋七月陰平地震是月前殿地陷方五尺
深數丈中有破船八月丹楊地震是歲郡國五地震　九年春正月
會稽丹楊吳興地震夏四月辛酉長沙南海等郡國八地震秋七月
至于八月地又四震其三有聲如雷九月臨賀地震冬十二月又震
十年冬十二月己亥丹楊地震　太熙元年春正月地又震
孝惠帝元康元年冬十二月辛酉京都地震　四年春二月上谷
上庸遼東地震夏五月淮南壽春地陷方三十丈壞城府殺人六月
壽春地坼人家陷死上庸亦如之秋八月居庸地坼廣三十六丈長
八十四丈水出上庸四處地墜廣三十丈長百三十丈水出殺人冬

十月京都地震十一月滎陽襄城汝陰梁國南陽地皆震十二月京都又震　五年夏五月丁丑地震六月金城地震　六年春正月丁丑地震　八年春正月丙辰地震　九年夏六月賈謐齋屋柱陷入地　太安元年冬十月地震　二年冬十二月丙辰地震　孝懷帝永嘉元年春三月洛陽東北步廣里地陷有二鵝出色蒼者冲天白者不能飛　三年秋七月戊辰當陽地裂三所廣三里長三百餘步冬十月荊湘二州地震　四年夏四月兗州地震五月地震　孝愍帝建興元年冬十二月河東地震　二年夏四月甲辰地震　三年夏六月丁卯長安又地震　元帝太興元年夏四月乙酉西平地震涌水出冬十二月廬陵豫章武昌西陵地震涌水出　二年夏五月己丑祁山地震　三年夏五月庚寅丹陽吳郡晉陵地震　成帝咸和二年春二月江陵地震三月益州地震夏四月己未豫章地震　九年春二月丁酉會稽地震　穆帝永和元年夏六月癸亥地震　二年冬十月地震　三年春正月丙辰地震秋九月地又震　四年冬十月己未地震　五年春正月庚寅地震　九年秋七月丁酉京都地震有聲如雷　十年春正月丁卯地震聲如雷雞雉皆鳴呴　十一年夏四月乙酉地震五月丁未地又震　升平二年冬十一月辛酉地震　五年秋八月涼州地震　哀帝隆和元年夏四月丁丑梁州地震　興寧元年夏四月甲戌揚州地震二年春三月庚寅江陵地震　海西公太和元年春二月涼州地震水涌　簡文帝咸安二年冬十月辛未安成地震　孝武帝寧康二年春二月丁巳地震秋七月甲午涼州地震　太元元年夏四月癸丑地震　二年春閏三月壬午地震夏五月丁丑地震十一年夏六月己卯地震　十五年春三月己酉朔夜地震秋八月己丑京都地震冬十二月己未地震　十七年夏六月癸卯地震冬十二月己未地震　十八年春正月癸亥朔地震二月乙未夜地

震　安帝隆安四年夏四月乙未地震秋九月癸丑地震　義
熙四年春正月壬子夜地震有聲冬十月癸亥地震　五年春正月
戊戌夜尋陽地震有聲如雷　八年春三月甲寅山陰地陷方四丈
有聲如雷自正月至于四月南康廬陵地四震　十年春三月戊寅
地震夏五月戊寅西明門穿湧水出　宋武帝永初二年秋七
月己巳地震　文帝元嘉十二年夏四月都下地震　十五年秋
七月辛未都下地震　孝武帝大明二年夏四月辛丑地震　六
年秋七月甲申地震有聲如雷兗州尤甚於是魯郡山搖者二
後廢帝元徽五年夏五月地震　齊東昏侯永元元年秋七月
地震自此至來歲晝夜不止小屋多壞　梁武帝天監五年冬
十一月甲子都下地震生白毛　普通二年秋八月丁亥始平郡
石鼓村地自開成井方六尺六寸深三十二丈　三年春正月庚戌
都下地震　六年冬十二月壬辰都下地震　中大通五年春正
月戊申都下地震　大同二年冬十一月辛亥都下地震生白毛
長二尺　三年冬十月丙辰都下地震　七年春二月乙卯都下地
震　九年春閏正月丙申地震生毛　太清二年秋九月戊辰地
震江左尤甚壞屋殺人地生白毛長二尺　三年夏四月己丑都下
地震丙申又震冬十月丁未又震　陳武帝永定二年夏五月
乙未郡下地震　宣帝大建四年冬十一月己亥地震　後主
禎明元年春正月乙未地震　後魏宣武帝延昌元年肆州地
震陷裂殺人　三年春二月肆州秀容郡敷城縣鴈門郡原平縣並
自去年四月以來地震不已　東魏孝靜帝武定二年冬十一
月西河地陷有火出　北齊武成帝河清二年并州地震
後周武帝天和二年夏閏六月庚午地震　建德三年涼州地
頻震壞城郭地裂水涌　隋文帝開皇十四年夏五月辛酉京
師地震　二十年冬十一月戊子立皇太子廣天下地皆震　仁

壽二年夏四月庚戌岐雍二山崩　周幽王二年岐山崩　春秋
州地震秋九月隴西地震　魯僖公十四年秋八月辛卯沙鹿
崩　成公五年夏晉梁山崩壅河水三日不流　漢高后二
年春正月乙卯武都道山崩殺七百六十人　孝文帝元年夏四
月齊楚地山二十九所同日崩大水潰出　孝宣帝本始四年夏
四月郡國四十九地震或山崩水出　孝元帝初元二年春二月
隴西山崩水泉涌出　建昭四年夏六月藍田地沙石崩壅霸水
安陵岸崩壅涇逆流　孝成帝建始三年冬十二月越嶲山崩
河平三年春二月丙戌犍爲柏江捐江山皆崩壅江水水逆流壞
城殺人　四年春三月壬申長陵臨涇岸崩壅涇水　元延三年
春正月丙寅蜀郡岷山崩壅江三月江水竭　後漢孝和帝永
元元年秋七月會稽南山崩　十二年夏閏四月戊辰南郡秭歸山
高四百丈崩塡谿谷殺百餘人　孝殤帝延平元年夏五月壬辰
河東恆山崩　孝安帝永初六年夏六月壬辰豫章員谿原山崩
共六十三所　延光二年秋七月丹陽山崩四十七所　三年夏
六月庚辰巴郡閬中山崩　四年冬十月丙午蜀郡越嶲山崩殺四
百餘人　孝順帝永和三年春二月金城隴西山岸崩　孝桓
帝建和三年郡國五山崩　和平元年秋七月廣漢梓潼山崩
永興二年夏六月東海朐山崩　永壽元年夏巴郡益州郡山
崩　延熹三年夏五月甲戌漢中山崩　四年夏六月庚子泰山
博尤來山判解　孝靈帝光和六年夏五原山崩　孝獻帝初
平四年夏六月華山崩裂　吳大帝赤烏十三年秋八月丹陽
句容及故鄣寧國諸山崩鴻水溢　魏元帝咸熙二年春二月
太行山崩　晉武帝泰始三年春三月戊午大石山崩　四年
秋七月泰山墜三里　太康六年冬十月南安新興山崩水涌出
七年秋七月朱提之大瀘山崩震壞郡舍陰平之仇池崖隕

惠帝元康四年蜀郡山崩殺人夏五月壬子壽春山崩洪水出六月壽春大雷山崩秋八月上庸四處山崩殺人　太安元年夏四月西墉崩　孝懷帝永嘉三年冬十月宜都夷道山崩　四年夏四月湘東酃縣黑石山崩　元帝太興元年春二月廬陵豫章武昌西陽山崩　二年夏五月祁山山崩殺人　三年南平郡山崩出雄黃數千斤　四年秋八月恆山崩水出滹沱河溢　成帝咸和四年冬十月柴桑廬山西北崖崩　穆帝永和七年秋九月峻平崇陽二陵崩　十二月遣使修峻平陵開埏道崩壓殺數十人　孝武帝寧康二年秋七月涼州山崩　哀帝隆和元年夏四月丁丑浩亹山崩　安帝義熙十一年夏五月霍山崩出銅鍾六枚　十三年秋七月漢中城固縣岸崩出銅鍾十有二枚　隋文帝仁壽三年梁州就谷山崩　煬帝大業七年冬十月乙卯底柱崩壅河逆流數十里口

山移　晉惠帝元康四年夏五月蜀郡山移

山鳴　後漢獻帝建安十八年長沙醴陵縣有大山常大鳴如牛呴聲數年

水　河決大雨水及水變異附

大水　春秋桓公元年秋大水　十三年夏大水　莊公七年秋大水無麥苗　十一年秋宋大水　二十四年魯大水　明年仍大水　宣公十年秋大水饑　成公五年秋大水　襄公二十四年秋大水　漢高后三年夏漢中南郡大水江漢溢流四千餘家　四年秋河南大水伊洛溢流千六百餘家汝水流八百餘家　八年夏漢中南郡水復出流六千餘家南陽沔水流萬餘家　孝文帝十二年冬十二月河決東郡　後三年藍田山水出流九百餘家壞民室八千餘所殺三百餘人　孝武帝建元三年河水溢

于平原　元光三年春河水徙從頓丘東南流入勃海夏五月河
水決濮陽氾郡十六　元鼎二年夏大水關東饑死者以千數
元封二年河決東郡瓠子　孝元帝初元元年秋九月關東郡
國十一大水　初元二年北海水溢　永光五年夏及秋大水
成帝建始三年秋大水山谷水出凡殺四千餘人流官寺民舍
八萬三千餘所　四年秋大水河決東郡金隄　陽朔二年秋關
東大水　鴻嘉四年秋渤海清河河溢　綏和二年秋河南潁
川郡水出流殺人民壞敗廬舍　後漢世祖建武八年大水
三十年夏五月大水　三十一年夏五月大水　孝明帝永平三
年郡國七大水　孝和帝永元元年秋七月郡國九大水傷稼
十年夏五月京師大水　十二年夏六月舞陽大水　殤帝延平
元年秋九月六州大水冬十月四州大水　安帝永初元年冬十
月辛酉新城山泉水暴出突壞人田水深三丈　二年夏六月京師
及郡國四十九大水　四年秋七月三郡大水　質帝太初元年
夏五月海水溢樂安北海漂溺人物　桓帝建和二年秋七月京
師大水　三年秋八月京師大水　永興元年秋河水溢漂害人
物　二年夏六月彭城泗水增長逆流　永壽元年夏六月洛水
溢至津陽城門漂流人物　永康元年秋八月六州大水勃海溢
殺人　靈帝建寧四年春二月海水溢夏五月山水暴出漂壞
廬舍五百餘家　熹平二年夏六月東萊北海水溢漂殺人物
三年秋洛水溢　四年夏四月郡國七大水　光和六年秋金城
河水溢出二十餘里　中平五年夏六月郡國七大水　獻帝
建安二年秋九月漢水溢流人民　二十四年秋八月漢水溢漂流
人民　魏文帝黃初四年夏六月伊洛溢至津陽城門漂數千
家殺人　明帝景初元年秋九月冀兗徐青四州水出漂溺人物
吳大帝赤烏八年夏茶陵縣鴻水溢出漂二百餘家　十三

年秋八月丹陽句容及故鄣寧國鴻水溢出　太元元年大風江
海涌溢平地深八尺　會稽王五鳳元年夏大水　晉武帝
太始四年秋九月青徐兗豫四州大水伊洛溢　七年夏六月河洛
伊沁皆溢流居人四千餘家殺二百餘人　咸寧元年秋九月徐
州大水　二年秋七月癸亥河南魏郡暴水殺百餘人閏九月荊州
郡國五大水流四千餘家　三年夏六月益梁二州郡國八暴水殺
三百餘人秋七月荊州大水九月始平郡大水冬十月青徐兗豫荊
益梁七州又大水　四年秋七月司冀兗豫荊揚郡國二十大水傷
秋稼壞屋宇有死者　太康二年夏六月泰山江夏大水泰山流
三百家殺六十餘人江夏亦殺人　四年秋七月丙寅兗州大水
是歲河南郡及荊州揚州俱各大水　五年秋九月郡國五大水是
月南安等五郡大水　六年夏四月郡國十大水壞廬舍　七年秋
九月郡國八大水　八年夏六月郡國八大水　惠帝元康二年
水災　五年夏五月頴川淮南大水六月城陽東莞大水殺人荊揚
徐兗豫五州又水　六年夏五月荊揚二州大水　八年秋九月荊
揚徐冀豫五州大水雍州有年　永寧元年秋七月南陽東海大
水　太安元年秋七月兗豫徐冀四州大水　懷帝永嘉四年
夏四月江東大水　元帝太興三年夏六月大水　四年秋七月
大水　明帝太寧元年夏五月丹陽宣城吳興壽春大水　成
帝咸和元年夏五月大水　二年夏五月戊子京都大水　四年秋
七月丹陽宣城吳興會稽大水　七年夏五月大水　咸康元年
秋八月長沙武陵大水　穆帝永和四年夏五月大水　五年夏
五月大水　六年夏五月大水　七年秋七月甲辰夜濤水入石頭
死者數百人　升平二年夏五月大水　五年夏四月大水
哀帝興寧元年夏四月湖瀆溢　廢帝太和六年夏六月京師大水
平地數丈浸及太廟朱雀大航纜斷三艘流入大江丹陽晉陵吳郡

吳興臨海五郡並大水禾稼蕩沒黎庶饑饉　簡文帝咸安元年
冬十二月壬午濤水入石頭　孝武帝太元三年夏六月大水
五年夏五月大水　六年夏六月揚荊江三州大水　八年春三月
始興南康廬陵大水平地五丈　十年夏五月大水　十三年冬十
二月濤水入石頭毀大航殺人　十五年秋七月沔中諸郡及兗州
大水　十七年夏六月甲寅濤水入石頭毀大航漂船舫有死者京
口西浦亦濤入殺人永嘉郡潮水涌起近海四縣人多溺死　十八
年夏六月己亥始興南康廬陵大水深五丈　十九年秋七月荊徐
大水傷秋稼　二十年夏六月荊徐又大水　二十一年夏五月癸
卯大水　安帝隆安三年夏五月荊州大水平地三丈　五年夏
五月大水　元興三年春二月己丑朔夜濤水入石頭漂沒殺人
大航流敗庚寅夜濤水入石頭商旅方舟萬計漂敗流斷骸胔相望
江左雖頻有濤水之患未有若斯之甚　義熙元年冬十二月己
未濤水入石頭　二年冬十二月己未夜濤水入石頭　三年夏五
月丙午大水　四年冬十二月戊寅濤水入石頭　六年夏五月丁
巳大水　八年夏六月大水九年夏五月辛巳大水　十年夏五月
丁丑大水秋七月乙丑淮北風災大水殺人　十一年秋七月丙戌
京師大水淹漬太廟百官赴救　宋文帝元嘉五年夏六月都
下大水　七年吳興晉陵義興大水　十二年夏六月丹陽淮南吳
郡吳興義興大水都下乘船　十七年秋八月徐兗青冀四州大
水　十八年夏五月甲申河水汎溢殺居人　十九年夏閏五月都
下大水　二十年諸郡水　二十四年徐兗青冀四州大水　孝
武帝大明元年夏五月吳興義興大水　二年秋九月壬戌襄陽大
水　四年秋八月雍州大水　後廢帝元徽元年夏六月乙卯壽
陽大水　三年春三月己巳都下水　齊高帝建元元年吳郡
吳興義興三郡大水　武帝永明九年秋八月吳興義興大水

東昏侯永元元年秋七月都下大水死者甚衆　梁武帝天監二年夏六月太末信安安豐三縣大水　六年秋八月戊戌都下大水濤上御道七尺　七年夏五月都下大水　十二年夏四月都下大水　十五年淮陽破緣淮城戍村落十餘萬口皆漂入海　普通元年秋七月己卯江淮海並溢　中大通五年夏五月戊子都下大水御道通船　陳後主禎明二年夏六月大風自西北激濤水入石頭城淮渚暴溢漂没舟乘　後魏明元帝泰常二年勃海范陽郡水　獻文帝皇興二年州鎮二十七水　孝文帝延興二年夏六月安州水是歲州鎮十一大水　三年州鎮十一大水　太和元年州郡八大水　二年州鎮二十餘大水　四年州鎮十八水　八年州鎮十五大水　九年京師及州鎮十三大水　二十三年州鎮十八水　宣武帝正始四年夏四月戊戌鍾離大水　延昌元年春三月甲午州郡十一大水　二年夏五月壽春大水是夏州郡十三大水　東魏孝靜帝元象元年夏山東大水蝦蟇鳴于樹上　北齊武成帝河清二年冬十二月兗趙魏三州大水　三年西兗梁滄趙州司州之東郡陽平清河武郡冀州之長樂勃海水　後主天統三年并州汾水溢　武平六年秋八月冀定趙幽滄瀛六州大水　隋文帝開皇六年春二月乙西山南荊浙七州水秋七月辛亥河南諸州大水　十八年杞宋陳亳曹戴頴等州水　仁壽二年秋九月河南北諸州大水　三年冬十二月河南諸州大水　煬帝大業三年河南諸州大水漂没三十餘郡

大雨水

春秋魯隱公九年春三月癸酉大雨震電　秦二世三年秋七月大雨霖至于八月　漢孝文帝後三年秋大雨晝夜不絕凡三十五日　孝景帝六年冬十二月霖雨　孝武帝元狩六年冬十月雨水無冰　孝昭帝始元元年秋七月大雨渭橋絕　孝元帝永光三年冬雨水大霧　五年夏

及秋潁川汝南淮陽廬江雨壞聚民屋舍及水流殺人　孝成帝建始三年秋三輔大雨三十餘日　四年秋九月大雨十餘日　後漢世祖建武六年秋九月大雨連月苗稼更生鼠巢樹上　七年夏連雨水　十七年維陽暴雨壞民廬舍壓殺人傷禾稼　孝明帝永平八年秋郡國十四雨水　和帝永元十年冬十月五州大雨水　十三年荆州雨水　十四十五年皆淫雨傷禾稼　殤帝延平元年夏六月郡國三十七雨水　安帝永初元年郡國四十一雨水或山水暴至　三年郡國四十一雨水　五年郡國八雨水　元初四年秋七月京師及郡國十雨水　永寧元年自三月至冬十月京師及郡國凡三十三雨水　建光元年京師及郡國二十九雨水　二年秋九月郡國五雨水　三年京師及郡國三十六雨水　順帝永建四年夏五月司隸荆豫兗冀部雨水　六年冀州雨水傷稼　桓帝延熹二年夏大霖雨五十餘日　靈帝建寧元年夏六月京師雨水　熹平元年夏六月京師霖雨七十餘日　中平六年夏霖雨八十餘日　孝獻帝建安十八年夏五月大雨水　魏文帝黃初四年夏六月大雨水　明帝太和元年秋數大雨多暴雷電非常至殺鳥雀　四年秋八月大雨霖凡三十餘日　景初元年秋九月淫雨　四年秋八月大雨霖三十餘日　吳會稽王太平二年春二月甲寅大雨震電　景帝永安四年夏五月大雨水水泉涌出　五年秋八月壬午大雨震電水泉涌溢　晉武帝泰始七年夏六月大雨霖沒秋稼千三百六十餘頃　太康五年秋七月任城梁國暴雨害豆麥九月南安郡大霖雨暴雪樹木摧折害秋稼是秋魏郡西平郡九縣淮南平原霖雨暴水霜傷秋稼　惠帝永寧元年冬十月義陽南陽東海霖雨淹害秋麥　元帝太興三年春雨至于夏　永昌元年春雨四十餘日晝夜雷電震五十餘日　成帝咸和四年春二月

大雨四十餘日恆雷電　咸康元年秋八月荊州之長沙攸醴陵武陵之龍陽三縣雨水浮漂屋室殺人損秋稼　宋孝武帝大明元年春都下雨水　梁武帝天監七年七月雨至十月乃霽　陳宣帝大建十二年秋八月大雨霖　後魏明元帝泰恆三年秋八月鴈門河內大雨水　東魏孝靜帝武定五年秋大雨七十餘日　北齊武成帝河清三年夏六月庚子大雨晝夜不息至甲辰山東大水人多饑死　後主天統三年冬十月積陰大雨　武平七年秋七月大霖雨水漂人戶流亡　後周武帝建德三年七月霖雨三旬

水赤

秦武王三年渭水赤三日　昭王三十四年渭水又赤三日　後漢安帝永初六年河東池水變色皆赤如血　晉武帝太康五年夏四月任城魯國池水赤如血　劉聰僞建元元年春正月平陽地震其崇明觀陷爲池水赤如血赤氣至天有龍奮迅而去　齊東昏侯永元元年秋七月辛未淮水變赤如血　陳孝宣帝大建十四年秋七月自建鄴至荊州江州色赤如血　後周宣帝大象元年夏六月咸陽有池水變爲血

水黑

陳後主禎明二年夏四月郢州南浦水黑如墨

水中有火

晉穆帝升平三年春二月涼州城東池中有火　四年夏四月姑臧澤水中又有火

水鬭

春秋魯襄公二十三年穀洛水鬭

河清

後漢孝桓帝延熹八年夏四月濟陰東郡濟北河水清　九年夏四月濟陰東郡濟北平原河水清　孝靈帝建寧元年春二月河水清　宋文帝元嘉四年夏四月河濟俱清　北齊武成帝河清元年夏四月河濟清　隋煬帝大業三年武陽郡河水清數里鑒澈　十二年龍門河清

井溢

前漢成帝建始二年春三月北宮井水溢出　後漢孝桓帝建和元年夏六月井溢　晉孝惠帝元康八年夏五月金墉城井溢　九年夏四月宮中井水沸溢

水影

宋文

帝元嘉二十五年冬青州城南遠望見地中如水有影謂之地鏡

旱

旱春秋魯莊公三十一年冬不雨　僖公二年冬十月不雨　三年正月不雨四月不雨六月不雨　二十一年夏大旱　文公二年自十二月不雨至秋七月　十年自正月不雨至秋七月　十三年自正月不雨至于秋七月　宣公七年大旱　襄公五年秋旱雩　八年秋九月旱雩　二十八年秋八月旱雩　昭公三年秋八月旱雩　六年秋九月旱雩　十六年秋九月旱雩　二十四年秋八月旱雩　二十五年秋七月旱再雩　宣公十年秋九月旱雩　漢惠帝五年夏五月大旱江河水少谿谷絕　孝文帝三年秋天下旱　九年春大旱　後六年夏四月大旱　孝景帝中三年夏旱　後二年秋大旱　孝武帝建元四年夏六月旱　元光六年夏大旱　元朔五年春大旱　元狩三年夏大旱　元封四年夏大旱民多暍死　六年秋大旱　天漢元年夏大旱　三年夏大旱　太始二年秋旱　孝昭帝始元六年夏旱　元鳳五年夏大旱　孝宣帝本始三年夏大旱東西數千里　神爵元年秋大旱　孝元帝初元二年夏旱　孝成帝建始二年夏大旱　河平元年春三月旱傷麥民食榆葉永始三年夏大旱　四年夏大旱　鴻嘉三年夏大旱　孝哀帝延平四年春大旱　孝平帝元始二年夏郡國大旱　後漢光武建武五年夏四月旱　六年夏六月旱　九年春旱　十二年夏五月旱　二十一年夏六月旱　孝明帝永平元年夏五月旱八年冬旱　十一年秋八月旱　十五年秋八月旱　十八年春三月旱　章帝建初元年大旱　二年夏雒陽旱　四年夏旱

元和元年春旱　章和二年夏旱　孝和帝永元二年郡國十旱　四年郡國十旱　五年丹陽郡國二十二旱　六年秋七月京師旱　九年夏六月旱　十六年秋七月旱　孝安帝永初二年夏五月旱　三年郡國八旱四年夏旱　五年夏旱　六年夏五月旱　七年夏旱　元初元年夏京師及郡國五旱　二年夏五月京師旱　三年夏四月京師旱　五年春三月京師及郡國五旱　六年夏五月京師旱　建光元年郡國四旱　延光元年郡國五旱　孝順帝永建二年春三月旱　三年夏六月旱　五年夏四月京師旱　陽嘉元年春旱　二年夏旱　三年河南三輔大旱　四年春二月自去冬旱至于是月　永和四年秋八月太原郡旱　冲帝永嘉元年夏旱　孝質帝太初元年春二月京師旱　孝桓帝元嘉元年夏京師旱　延熹元年夏六月旱　孝靈帝熹平五年夏旱　六年夏四月大旱　光和五年夏四月旱　六年夏大旱　孝獻帝興平元年秋七月三輔大旱　魏明帝太和二年夏五月大旱　五年春三月自去冬十月至此月不雨大雩　齊王正始元年春二月自去冬十二月至此月不雨　高貴鄉公甘露三年春正月自去秋至此月旱　吳大帝嘉禾四年自去冬十月不雨至于夏　會稽王五鳳二年大旱　歸命侯寶鼎元年春夏旱　晉武帝泰始七年夏五月閏月旱大雩　八年夏五月旱　九年自正月不雨至于六月　十年夏四月旱　咸寧二年夏六月自春旱至于是月　太康二年自去冬旱至春　三年夏四月旱　五年夏六月旱　六年春三月青梁幽冀郡國旱　夏六月濟陰武陵旱傷麥　七年夏五月郡國十三旱　八年夏四月冀州旱　九年夏郡國三十三旱扶風始平京兆安定旱傷麥　十年春三月旱　太熙元年春二月旱　孝惠帝元康七年秋七月秦雍二州大旱九月郡國五旱　永寧元

年自夏及秋青徐幽并四州旱十二月郡國又十三旱　孝懷帝
永嘉三年夏五月大旱襄平縣梁水淡池竭河洛江漢皆可涉
孝愍帝建興元年夏六月揚州旱　元帝太興元年夏六月旱
四年夏五月旱　永昌元年夏六月旱冬閏十一月京都大旱川
谷並竭　明帝太寧三年自春不雨至于六月　成帝咸和元
年冬十一月自六月不雨至于是月　二年夏旱　五年夏五月大
旱　六年夏四月大旱　八年秋七月旱　九年自四月不雨至于
八月　咸康元年大旱米斗直五百人有相鬻者　二年春三月
旱夏六月旱　康帝建元元年夏五月旱　穆帝永和元年夏
五月旱　五年自秋七月不雨至于十月　六年夏旱　八年秋七
月旱　九年春三月旱　升平三年冬大旱　四年冬大旱
哀帝隆和元年夏旱　海西公太和元年夏四月旱　四年冬旱
涼州春旱至夏　簡文帝咸安二年冬十月三吳大旱人多餓死
孝武帝寧康元年夏五月旱　三年冬旱　太元四年夏大
旱　八年夏六月旱　十年秋七月旱　十三年六月旱　十五年
秋七月旱　十七年秋旱至冬　安帝隆安二年冬旱　四年夏
五月旱　五年夏秋大旱　元興元年九月十月不雨泉水涸
二年六月不雨冬又旱　三年八月不雨　義熙四年冬不雨
六年九月不雨　八年冬十月不雨　九年秋冬不雨　十年九月
旱冬十二月又旱井瀆多竭　宋文帝元嘉八年夏六月旱大
雩　二十年諸州旱　二十八年春大旱　孝武帝大明七年浙
江東諸郡大旱　後廢帝元徽元年秋八月都下大旱　梁
武帝天監元年大旱米斗五千人多餓死　簡文帝大寶元年自
春迄夏大旱人相食都下尤甚　陳宣帝大建十二年春不雨
至于四月　後魏文成帝太安五年六鎮雲中高平二雍秦州
旱　和平五年夏閏四月旱　獻文帝天安元年州鎮十一旱

皇興二年州鎮二十七旱　孝文帝延興二年州鎮十一旱三年州鎮十一旱　太和元年州郡八旱　二年州鎮二十餘旱四年郡鎮十八旱　八年州鎮十五旱　九年京師及州鎮十一旱　宣武帝正始元年夏六月旱　永平三年夏五月冀定二州旱　延昌元年夏四月旱　正光元年秋七月旱　東魏孝靜帝天平二年春夏旱　四年幷肆汾建晉絳秦陝等諸州大旱　武定二年春旱　六年自去冬至春亢旱　北齊文宣帝天保九年夏大旱　乾明元年春旱　武成帝河清二年夏四月幷汾晉東雍南汾五州旱　後主天統三年春旱　四年夏五月自正月不雨至于是月　武平五年夏五月大旱晉陽得死魃長二尺面頂各二目　後周武帝保定二年夏旱　建德元年夏大旱　二年秋七月自春末不雨至于是月　五年秋七月京師旱　隋文帝開皇四年雍同華岐宜五州旱　十四年關內諸州旱秋八月關中大旱　煬帝大業四年燕代緣邊諸郡旱八年天下旱百姓流亡　十三年天下大旱

火

災火春秋魯桓公十四年秋八月壬申御廩災　莊公二十年夏齊大災　僖公二十年夏五月乙巳西宮災　宣公十六年夏成周宣榭火　成公三年春二月甲子新宮災　襄公九年春宋災　三十年夏五月甲午宋又災　昭公六年夏六月丙戌鄭災　九年夏四月陳火　十八年夏五月壬午宋衛陳鄭災宣公二年夏五月雉門及兩觀災　哀公三年夏五月桓僖宮災　四年夏六月辛丑亳社災　漢惠帝二年秋七月都廄災四年春三月長樂宮鴻臺災秋七月乙亥未央宮凌室災丙子織

室災　呂后元年夏五月丙辰趙王宮叢臺災　孝文帝七年夏六月癸酉未央宮東闕罘罳災　孝景帝三年春正月淮陽王宮正殿災　中五年秋八月己酉未央宮東闕災　孝武帝建元六年春二月乙未遼東高廟災夏四月壬子高園便殿火　元鼎三年春正月戊子陽陵園火　太初元年冬十一月乙酉未央宮柏梁臺災　孝昭帝元鳳元年燕城南門災　四年夏五月丁丑孝文廟正殿火　孝宣帝甘露元年夏四月丙申太上皇廟火甲辰孝文廟火　三年冬十月丁卯未央宮宣室閣火　孝元帝初元三年夏四月乙未晦茂陵白鶴館災　永光四年夏六月甲戌孝宣杜陵園東闕災　孝成帝建始元年春正月乙丑皇曾祖悼考廟災　河平四年夏六月山陽火生石中　鴻嘉三年秋八月乙卯孝景廟北闕災　永始元年春正月癸丑太宮陵室火戊午戾后園南闕災　四年夏四月癸未長樂臨華殿及未央宮東司馬門皆災　六月甲午霸陵園門闕災　孝哀帝建平三年春正月癸卯帝太太后所居桂宮正殿火　四年秋八月恭皇園北門災　孝平帝元始五年秋七月己亥高皇帝原廟殿門災　後漢光武建武三年潞縣火災起城中飛出城外燒千餘家殺人　六年冬十二月洛陽市火　二十四年春正月戊子雷雨霹靂火災高廟北門　孝明帝永平元年夏六月己亥桂陽見火飛來燒城寺　孝章帝建初元年冬十二月北宮火燒壽安殿延及右掖門　元和三年夏六月丙午雷雨火燒北宮朱雀西闕　孝和帝永元八年冬十二月丁巳南宮宣室殿火　十三年秋八月己亥北宮盛饌門閣火　十五年夏六月辛酉漢中城固南城門災　孝安帝永初元年冬十二月河南郡縣火燒殺百五人　二年夏四月甲寅漢陽河陽城中失火燒殺三千五百七十人　四年春三月戊子杜陵園火　六年河南郡縣火燒殺五百八十四人　元初四年

春二月壬戌武庫火燒兵物百二十五種直十萬以上　延光元
年秋八月戊子陽陵園寢殿火　四年秋七月乙丑漁陽城樓災
　孝順帝永建三年夏五月戊申守宮失火燒宮藏所物盡秋七月
丁酉茂陵園寢災　四年河南郡縣失火燒殺人畜　陽嘉元年
冬十二月庚子恭陵百丈廡災及東西莫府火是歲河南郡國火燒
廬舍殺人　永和元年冬十月丁未承福殿火　漢安元年春
三月甲午洛陽劉漢等百九十七家被火所燒是歲冬十二月洛陽
失火　孝桓帝建和二年夏五月癸丑北宮掖庭中德陽殿火及
左掖門　延熹四年春正月辛酉南宮嘉德殿火戊子丙署火二
月壬辰武庫火夏五月丁卯原陵長壽門火　五年春正月壬午南
宮丙署火夏四月乙丑恭陵東闕火戊辰虎賁掖門火五月康陵園
寢火甲申中藏府承祿署火秋七月己未南宮承善闥內火　六年
夏四月辛亥康陵東署火秋七月甲申平陵園寢火　八年春二月
己酉南宮嘉德署黃龍千秋萬歲殿皆火夏四月甲寅安陵園寢火
閏月甲午南宮長秋和歡殿後鉤盾掖庭朔平署各火冬十月壬子
德陽前殿西閤及黃門北寺火殺人是時連月有火災諸宮寺或一
日再三發　九年春三月癸巳京都夜有火光轉行人相驚譟
孝靈帝熹平四年夏五月延陵園災　光和四年秋閏九月辛酉
北宮東掖庭永巷署災　五年夏五月庚申德陽前殿西北入門內
永樂太后宮署火　中平二年春二月己酉南宮雲臺災庚戌樂
城門災延及北闕度道西燒嘉德和歡殿火半月乃滅　孝獻帝
初平元年秋八月霸橋災　興平元年益州天火燒城府輜重延
及民家館邑無餘　魏明帝太和五年夏五月清商殿災
青龍元年夏六月洛陽宮鞠室災　二年夏四月崇華殿災延于南
閣繕復之三年七月此殿又災　吳會稽王建興元年冬十二月
武昌端門災改作端門又災　太平元年春二月朔建業火

景帝永安五年春二月城西門北樓災　六年冬十月石頭小城火燒西南百八十丈　歸命侯建衡二年春三月大火燒萬餘家死者七百人　晉武帝太康八年春三月乙丑震災西閣楚王所止坊及臨商觀䆫　十年夏四月癸丑崇賢殿災　冬十月庚辰含章鞠室脩成堂前廡景坊東屋暉章殿南閣火　孝惠帝元康五年閏月庚寅武庫火焚累代之寶　八年冬十一月高原陵火　永康元年帝納皇后羊氏后將入宮衣中忽有火衆咸怪之　永興二年秋七月甲午尚書諸曹火起延崇禮闥及閣道　孝懷帝永嘉四年冬十一月襄陽火燒死者三千餘人　元帝太興中武昌災火起衆救之救於此而發於彼東西南北數十處俱應數日不絶　永昌二年春正月癸巳京都大火三月饒安東光安陵三縣火燒七千餘家死者萬五千人　明帝太寧元年春正月京都火　成帝咸和二年夏五月京都火　康帝建元元年秋七月庚辰吳郡災　穆帝永和五年夏六月震災石虎太武殿及兩廟端門震災月餘乃滅金石皆盡　海西公太和中郗愔爲會稽太守夏六月大旱災火燒數千家延及山陰倉米數百萬斛炎煙蔽天不可撲滅　孝武帝寧康元年春三月京師風火大起　太元十年春正月國子學生因風放火焚房百餘間　十三年冬十二月乙未延賢堂災丙辰螽斯則百堂及客館驃騎府庫皆災　安帝隆安二年春三月龍舟二乘災　元興元年秋八月庚子尚書下舍曹火　三年盧循攻略廣州刺史吳隱之閉城固守其十月壬戌夜火起焚蕩府舍燒死者萬餘人　義熙四年秋七月丁酉尚書殿中吏部曹火　九年京都大火燒數千家　十一年京都所在大行火災吳界尤甚王弘時爲吳郡晝在聽事見天上有一赤物下狀如信幡遙集路南人家屋上火即大發　宋文帝元嘉五年春正月戊子都下大火　七年冬十二月都下大火延燒太社北牆　二十

九年春都下火　齊武帝永明九年春二月癸巳明堂災
東昏侯永元三年春二月丙寅乾和殿西廂火　梁武帝天監
元年夏五月有盜入南北掖燒神武門總章觀　普通二年夏五
月癸卯琬琰殿火延燒後宮屋三千間　中大通元年秋九月辛
巳朱雀航華表災　大同三年春正月辛丑夜朱雀門災　十一
年夏四月同泰寺災　元帝承聖三年冬十一月江陵城內火燒
居人數千家　陳武帝永定三年秋七月乙丑重雲殿災
後主禎明二年夏五月甲午東冶鑄鐵有物赤色大如數升自天墜
鎔所有聲隆隆如雷鐵飛出牆外燒人家是歲大皇佛寺塔火從中
起飛至石頭燒死者甚衆　東魏孝靜帝天平二年冬十月甲
寅閶闔門災　四年夏六月壬午閶闔門災　武定五年秋八月
廣宗都火燒數千家　北齊後主天統五年鄴宮九龍殿災延
燒西廊　四年夏四月辛未鄴宮昭陽殿災延燒宣光瑤華等殿
隋文帝開皇十四年將祠泰山令使者致石像神祠之所未至
數里野火欻起燒像碎如小塊
煬帝大業十二年顯陽門災

風

大風春秋僖公十六年春正月六鷁退飛過宋都大風也　漢高
帝二年夏四月大風從西北起折木發屋揚砂晝晦　孝文
帝二年夏六月淮南王都壽春大風毀民室殺人十月楚王都彭城
大風從東南來毀市門殺人　孝武帝建元四年夏有風赤如血
元光五年秋七月大風拔木　征和二年夏四月大風發屋
折木　孝昭帝元鳳元年燕王都薊大風雨拔宮中木七圍以上
十六枚壞城樓　建始元年夏四月壬寅晨大風從西北起雲氣
赤黃四塞天下終日夜有著地者黃土塵也冬十二月大風拔甘泉

時中大木十圍以上　孝平帝元始四年冬大風吹長安東門屋
瓦且盡　王莽地皇四年漢兵起圍莽大風屋瓦皆飛雨下如注
後漢安帝永初元年二十八人風　二年夏京都及郡國四
十八大風拔樹　三年夏五月京都人風拔南郊道梓樹九十六枚
七年秋八月京都大風拔樹　元初二年春二月京都大風拔
樹　六年夏四月沛國勃海大風拔樹二萬餘枚　永寧元年冬
十月自三月至是月京師及郡國三十三大風　延光元年冬十
二月京師及郡國二十七大風　二年春正月河東潁川大風夏六
月郡國十一大風　三年京師及郡國三十六大風拔樹　孝靈
帝建寧二年夏四月癸巳京都大風拔郊道樹十圍以上百餘枚其
後晨迎氣黃郊道於雒水西橋逢暴風雨逆鹵簿車或發蓋還不至
郊使有司行禮迎氣西郊亦壹如此　中平二年夏四月庚戌大
風　五年夏六月丙寅大風拔樹　孝獻帝初平四年夏六月右
扶風大風發屋拔木　魏齊王正始九年冬十一月大風數十
日發屋折木十二月戊午晦尤甚動太極東閤　嘉平元年春正
月壬辰朔西北大風發屋折木昏塵蔽天　吳大帝太元元年
秋八月朔大風江海涌溢平地水深八尺拔高陵樹二千株石碑蹉
動吳城兩門飛落　會稽王建興元年冬十二月丙辰大風震電
景帝永安元年冬十一月甲午風四轉五復蒙霧連日十二月
丁卯夜有大風拔木揚砂　晉武帝泰始五年夏五月辛卯朔
廣平大風折木　咸寧元年夏五月下邳廣陵大風壞千餘家折
樹木其月甲申廣陵下邳大風折木　三年八月河門大風折木
太康二年夏五月濟南暴風折木傷麥六月高平大風折木發壞
邸閣四十餘區七月上黨又大風傷秋稼　八年夏六月郡國八大
風　九年春正月京都風發屋拔樹　孝惠帝元康四年夏六月
大風拔樹　五年夏四月庚寅夜暴風城東渠波浪殺人秋七月下

邳大風壞廬舍九月鴈門新興太原上黨災風傷稼　六年夏四月
大風　九年夏六月飈風吹賈謐朝服飛數百丈　十一月甲子朔京
都連大風發屋折木　永康元年春二月丁酉大風飛砂拔木三
月又大風雷電夏四月張華第舍飈風起折木飛繒折軸六七　冬十
一月戊午朔大風從西北來折木飛砂石六日止　永寧元年秋
八月郡國三大風　永興元年春正月乙丑西北大風　趙王
倫建始元年春正月癸酉倫祠太廟災風暴起塵四合　孝懷帝
永嘉四年夏五月大風折木　元帝永昌元年秋七月丙寅大風
屋瓦皆飛八月暴風壞屋拔御道柳樹百餘株其風縱横無常若風
自八方來者　成帝咸康四年春三月壬辰成都大風發屋折木
　康帝建元元年秋七月庚寅晉陵吳郡災風　穆帝升平元
年秋八月丁未疾風　五年春正月戊午朔疾風　哀帝太和六
年春二月大風迅急　孝武帝寧康元年春三月京都大風火大
起　三年春三月戊申朔暴風迅起從丑上來須臾逆轉從子上來
飛砂揚礫　太元二年春二月乙丑朔暴風折木閏三月甲子朔
暴風疾雨俱至發屋折木夏六月己巳暴風揚砂石　三年春二月
乙丑雷雨暴風發屋折木夏六月長安大風拔苻堅宮中樹　四年
秋八月乙未暴風揚砂石　十二年春正月壬子夜暴風發屋折木
秋七月甲辰大風折木　十三年冬十二月乙未大風晝晦　十七
年夏六月乙未大風折木　安帝元興二年春二月夜大風雨大
航門屋瓦飛落　三年春正月桓玄出遊大航南飄風飛其輧輅蓋
夏五月江陵又大風折木冬十一月辛卯朔西北疾風起拔樹　五
年閏十一月丁亥大風發屋　六年夏五月壬辰大風拔北郊樹樹
幾百年也幷吹琅邪揚州二射堂倒壞是日盧循大艦飄沒甲戌又
風發屋折木　九年春正月大風白馬寺浮圖刹柱折壞　十年夏
四月己丑朔大風拔木六月辛亥大風拔木七月淮北大風壞廬舍

宋少帝景平二年春二月乙巳大風　文帝元嘉二十九年春三月壬午大風折木　齊武帝永明四年春二月丙寅大風吳郡偏甚樹葉皆赤　八年夏六月都下大風發屋　梁武帝天監六年秋八月戊戌大風拔木　元帝承聖三年冬十月丁卯帝出行江陵城柵大風拔木十一月甲申帝閱武於南城北風雨總集旗帳飄亂丁酉又大風城內火起　陳文帝天嘉六年秋七月癸未有大風自西南至廣百餘步擊壞靈臺候樓　宣帝太建十二年夏六月壬戌大風吹壞皐門中閣　十二年秋九月癸未夜大風從西地來發屋拔樹　後主禎明二年夏六月丁巳大風自西北激濤水入石頭是歲大風拔朱雀門　北齊武成帝河清二年大風三旬乃止　後主天統三年夏五月大風晝晦發屋拔樹　四年夏六月甲辰大風拔樹　武平七年春二月丙寅大風從西北起發屋拔樹五月乃止　隋文帝開皇二年冬十二月京都大風發屋拔木　仁壽元年夏五月壬辰大風拔木

災祥略第一

昆蟲草木略第一 通志卷第七十五

序

學者皆操窮理盡性之說而以虛無爲宗至於實學則置而不問當仲尼之時已有此患故曰小子何莫學夫詩詩可以興可以觀可以羣可以怨邇之事父遠之事君多識於鳥獸草木之名其曰小子者無所識之辭也其曰何莫者苦口之辭也故又曰人而不爲周南召南其猶正牆面而立此苦口之甚也一部論語言他書不過一再惟詩則言之又言凡十二度言焉門弟子有能學詩者則深喜之子貢子夏在孔門未爲高弟至於論詩則與之至子夏又發起予之歎者深嘉之也夫樂之本在詩詩之本在聲竊觀仲尼初亦不達聲至哀公十一年自衞反魯質正於太師氏而後知之故曰吾自衞反魯然後樂正雅頌各得其所此言詩爲樂之本而雅頌爲聲之宗也其曰師摯之始關雎之亂洋洋乎盈耳哉此言其聲之盛也又曰關雎樂

而不淫哀而不傷此言其聲之和也人之情聞歌則感樂者聞歌則感而爲淫哀者聞歌則感而爲傷惟關雎之聲和而平樂者聞之而樂其樂不至於淫哀者聞之而哀其哀不至於傷此關雎所以爲美也緣漢人立學官講詩專以義理相傳是致衛宏序詩以樂爲樂得淑女之樂淫爲不淫其色之淫哀爲哀窈窕之哀傷爲無傷善之傷如此說關雎則洋洋盈耳之旨安在乎臣之序詩於風雅頌曰風土之音曰風朝廷之音曰雅宗廟之音曰頌而不曰風風者教也雅者正也言王政之所由廢興也頌者美盛德之形容也於二南則曰周爲河洛召爲岐雍河洛之南瀕江岐雍之南瀕漢江漢之間二南之地詩之所起在於此屈宋以來騷人墨客多生江漢故仲尼以二南之地爲作詩之始而不曰南言化自北而南於王黍離豳七月則曰王爲王城東周之地豳爲豳豐西周之地七月者西周之風黍離者東周之風而不曰黍離降國風臣之序詩專爲聲歌欲以明仲尼之

正樂臣之釋詩深究鳥獸草木之名欲以明仲尼教小子之意然兩漢之言詩者惟儒生論義不論聲而聲歌之妙猶傳於瞽史經董卓赤眉之亂禮樂淪亡殆盡魏人得漢雅樂郎僅能歌文王鹿鳴騶虞伐檀四篇而已太和之末又亡其三惟有鹿鳴至晉又亡自鹿鳴亡後聲詩之道絶矣夫詩之本在聲而聲之本在興鳥獸草木乃發興之本漢儒之言詩者既不論聲又不知興故鳥獸草木之學廢矣若曰關關雎鳩在河之洲不識雎鳩則安知河洲之趣與關關之聲乎凡鴈鶩之類其喙褊者則其聲關關雞雉之類其喙銳者則其聲鷕鷕此天籟也雎鳩之喙似鳧鴈故其聲如是又得水邊之趣也小雅曰呦呦鹿鳴食野之苹不識鹿則安知食苹之趣與呦呦之聲乎凡牛羊之屬有角無齒者則其聲呦呦駝馬之屬有齒無角者則其聲蕭蕭此亦天籟也鹿之喙似牛羊故其聲如是又得蔞蒿之趣也使不識鳥獸之情狀則安知詩人關關呦呦之興乎若曰有敦瓜苦蒸

在栗薪者謂瓜苦引蔓於籬落間而有敦然之繫焉若曰桑之未落其葉沃若者謂桑葉最茂雖未落之時而有沃若之澤使不識草木之精神則安知詩人敦然沃若之興乎陸璣者江左之騷人也深爲此患爲毛詩作鳥獸草木蟲魚疏然璣本無此學但加採訪其所傳者多是支離自陸璣之後未有似此明詩者惟爾雅一種爲名物之宗然孫炎郭璞所得既希張揖孫憲所記徒廣大抵儒生家多不識田野之物農圃人又不識詩書之旨二者無由參合遂使鳥獸草木之學不傳惟本草一家人命所係凡學之者務在識真不比他書只求說也神農本經有三百六十以應周天之數陶弘景隱者也得此一家之學故益以三百六十以應周天之數而兩之臣少好讀書無涉世意又好泉石有慕弘景心結茅夾漈山中與田夫野老往來與夜鶴曉猿雜處不問飛潛動植皆欲究其情性於是取陶隱居之書復益以三百六十以應周天之數而三之已得鳥獸草木之真然後

傳詩已得詩人之興然後釋爾雅今作昆蟲草木略爲之會同庶幾
衰晚少備遺忘豈敢論實學也夫物之難明者爲其名之難明也名
之難明者謂五方之名既已不同而古今之言亦自差別是以此書
尤詳其名焉

草類

芝曰菌其類有五色加以紫是爲六芝青曰龍芝赤曰丹芝黃曰金
芝白曰玉芝黑曰玄芝紫曰木芝瑞草也生則有雲氣及禽獸之異
蓍如蒿華如菊生上蔡白龜祠旁一叢之榦二三十或四五十高五
六尺褚先王云蓍滿百莖者其下有神龜守之其上有青雲以覆之
傳曰天下和平王道得蓍莖長丈叢滿百
蘭卽蕙蕙卽薰薰卽零陵香楚辭云滋蘭九畹植蕙百畝互言也古
方謂之薰草故名醫別錄出薰草條近方謂之零陵香故開寶本草
出零陵香條神農本經謂之蘭臣昔修本草以二條貫於蘭後明一

物也臣謹案蘭舊名煎澤草婦人和油澤頭故以名焉南越志云零陵香一名燕草又名薰草卽香草生零陵山谷今湖嶺諸州皆有又別錄云薰草一名蕙草明薰蕙之爲蘭也以其質香故可以爲膏澤可以塗宮室近世一種草如茅葉而嫩其根謂之土續斷其花馥郁故得蘭名誤爲人所賦詠

芎藭曰胡藭曰香果關中者曰京藭蜀道者曰川芎其葉曰蘼蕪亦曰蘄茝故爾雅蘄茝蘼蕪亦曰江蘺以其芬香故多蒔於園庭苗似芹胡荽蛇牀輩故淮南子云亂人者若芎藭之與藁本蛇牀之與蘼蕪也

蛇牀曰蛇粟曰蛇米曰虺牀曰思益曰繩毒曰棗棘曰牆蘼曰盱曰馬牀爾雅所謂盱虺牀也花白子如黍粒葉似芎藭而細亦香故有牆蘼之名焉

茜亦作蒨可以染緋故曰地血亦曰茹藘曰茅蒐齊人謂之茜徐人

謂之牛蔓詩所謂茹藘在阪爾雅所謂茹藘茅蒐茎葉麤澁而根紅故許愼謂人血所生周禮庶氏掌除蠱毒以嘉草攻之陳藏器以蘘荷與茜爲嘉草

杜若曰杜衡曰杜蓮曰白蓮曰白芩曰若芝曰楚衡根葉如山薑花如荳蔻騷人多取喻焉故楚詞云山中人兮芳杜若九歌云採芳洲兮杜若又離騷云雜杜衡與芳芷唐貞觀中勑下度支求杜若省郎以謝元暉詩云芳洲採杜若乃責坊州貢之當時以爲嗤笑

決明曰英茪曰蔆關西曰薢茩故爾雅云薢茩英茪共有三種其一則山決明也相似而不可食其二曰馬蹄決明實似馬蹄尤良

天名精曰麥句薑曰蝦蟆藍曰豕首曰天門精曰彘顱曰蟾蜍蘭曰覲曰菿藪曰豨首曰天蔓精曰鹿活草曰劉儘草爾雅云菿藪豕首俗曰豨薟又云火杴又云地菘異苑云宋元嘉中青州劉儘射中一麞既剖五藏以此草塞之蹶然而起大之則仆如此者三是以知其

治折傷故其草得劉[忄畫]之名

菟絲曰菟蘆曰菟縷曰唐蒙曰玉女曰赤網曰菟纍曰女蘿爾雅曰唐蒙女蘿女蘿菟絲又曰蒙玉女詩曰蔦與女蘿施于松上草經曰蔓延草木之上色黃而細曰赤網色淺而大曰菟纍淮南子注云菟絲生茯苓上故世言下有茯苓上有菟絲又言菟絲初生之根其形似兔掘取割其血和丹服之立變化今皆不然茯苓生山谷菟絲生人間清濁異處何由同居

薊曰虎薊曰刺薊曰山牛蒡爾雅蘩狗毒蘩卽薊也又有一種小薊曰猫薊曰青刺薊北方曰千針草以其莖葉多刺故也華如紅藍華而青紫色多生於燕地故曰薊門

垣衣曰昔邪曰烏韭曰垣嬴曰天韭曰鼠韭有數種生於屋上曰屋游生於屋陰曰垣衣在石上謂之烏韭在地上謂之地衣在井中謂之井中苔在牆上抽起茸茸然者謂之土馬騣生於水中謂之陟釐

水中苔也生海中者可食又有生於石上連緣作暈者謂之石花石花生於海中石上謂之紫萸即紫菜也松上之衣曰艾納香以和香燒則烟氣直上

海藻類紫萸而麄惡曰落首曰藫曰石衣曰海蘿爾雅云藫石衣郭氏云石髮也又云蕁海藻郭氏云如亂髮其說無別致誤後人引據且藫與蕁藻與藻皆無異義何得爲二物海藻形如蘚衣石髮形如亂髮自是二物凡此之類易得渾殽又有石帆之於水松亦能相亂故陶弘景云石帆如柏療石淋水松如松療溪毒吳都賦所謂石帆水松是也又有海帶似帶昆布似布爾雅云綸似綸組似組東海有之綸即鹿角菜組即海中苔

藻生乎水中萍生乎水上萍之名類亦多易相紊也爾雅云苹萍其大者蘋又云苹藾蕭足以惑人蓱者水中浮蓱也江東謂之薸是也蘋水菜也葉似車前詩所謂于以采蘋是也苹蔞蒿也即藾蕭詩所

謂呦呦鹿鳴食野之苹是也按萍亦曰水花亦曰水白
肉蓯蓉曰肉松容舊曰馬精化爲蓯蓉人血化爲茹蘆故蓯蓉生於
沙中在西方多馬處然亦有生於大木間及土壍上者
地膚曰地葵曰地麥曰益明曰落帚子曰鴨舌卽獨掃也亦曰地掃
爾雅云葥馬帚卽此也今人亦用爲篲
蒺藜曰旁通曰屈人曰止行曰豺羽曰升推曰卽藜曰茨故爾雅謂
茨蒺藜詩謂牆有茨也其實有芒刺行軍之家以鐵象之而布地焉
又有白蒺藜者同名而異實
防風曰銅芸曰茴草曰百枝曰屏風曰蕳根曰百蜚葉如青蒿嫩苗
可茹
石龍蒭曰龍須曰草續斷曰龍朱曰龍華曰懸莞曰草毒曰方賓爾
雅所謂薜鼠莞也生被崖垂下故得龍須之名可以爲席
絡石曰石鯪曰石蹉曰略石曰明石曰領石曰懸石如薜荔而小絡

石以生

千歲虆曰蘽蕪陸璣云一名巨苽連蔓而生幽州人謂之推累此草藤生大者盤礴故有千歲虆之名唐姜撫言服常春藤使白髮還鬒明皇使取以賜中朝老臣又言終南山有旱藕食之延年狀類葛粉帝作湯餅以賜大臣右驍騎將軍甘守誠能名藥石曰常春藤者千歲虆也旱藕者牡蒙也

黃連曰王連曰支連

沙參葉如枸杞根如葵曰苦心曰志取曰虎須曰白參曰識美曰文希亦曰知母而得五參之名

丹參葉如薄荷花如蘇曰郄蟬草曰赤參曰木羊乳曰山芩本草作參曰奔馬俗謂之逐馬言驅風之駃也

赤箭曰離母曰鬼督郵曰合離曰獨搖曰定風有風不動無風自搖

薔蘼曰滿冬曰地門冬曰筵門冬在東嶽名淫羊藿抱朴子作淫羊食在中

嶽名天門冬在西嶽名管松在北嶽名無不愈在南嶽名百部在京
陸山阜名顛棘今曰天門冬爾雅蘠蘼虋冬葉如絲縷
禹葭曰禹餘糧曰烏韭曰虋火冬曰忍冬曰忍陵曰不死藥曰僕壘
曰隨脂秦名羊韭齊名愛韭楚名馬韭越名羊蓍今曰麥門冬其葉
如韭所以多得韭名
山薊曰朮爾雅朮山薊蒼朮也枹薊曰楊爾雅楊枹薊有兩種赤朮
白朮也生平地曰薊生山中曰朮亦曰山連亦曰山精亦曰天蘇亦
曰山芥亦曰乞力伽日華子作吃力伽
萎蕤曰熒曰地節曰玉竹曰馬薰曰黃芝曰玉女萎
黃精曰重樓曰菟竹曰雞格曰救窮曰鹿竹曰龍銜曰萎蕤曰狗格
本草作苟格曰垂珠曰馬箭曰白及陶弘景謂似鈎吻非也似蘘荷
苄曰芑地黃也
贛曰屋菼曰起實交州曰幹珠薏苡也

芣苢曰當道曰蝦蟆衣曰牛遺曰勝舃曰馬舃車前也

昌陽曰堯韭菖蒲也

蕀蒬曰葽繞曰細草葉曰小草遠志也

蕍曰蕮曰藚曰芒芋曰鵲瀉曰及瀉澤瀉也詩云言采其藚爾雅云

蕍蕮

薯蕷曰山蕷曰修脆曰諸蕷曰兒草秦楚名玉延鄭越名土藷齊名

山芋

菊花曰日精曰節華曰女節曰女華曰女莖曰更生曰周盈曰傅延

年曰陰成曰治蘠其白花者潁川曰回峯汝南曰荼苦蒿河內曰地

薇蘅上黨曰羊歡草

甘草曰蕗草曰蜜甘曰美草或曰大苦即此也凡草屬惟甘草爲國

老大黃爲將軍不言君臣佐使也

茺蔚曰益母曰益明曰大札曰貞蔚曰萑曰負檐曰夏枯曰鬱臭草

曰苦低草曰蓷葉似荏方莖白華詩所謂中谷有蓷也

人參曰人銜曰鬼蓋曰神草曰人微曰土精曰血參如人形者則神故多得人名朝鮮之人贊云三椏五葉背陽向陰欲來求我椵樹相尋

石斛曰林蘭曰禁生曰杜蘭曰石遂生于陰崖莖如釵股其生于櫟者木斛石斛之莖如金釵故謂之金釵

牛膝之節如牛膝故謂之牛膝

卷栢曰萬歲曰豹足曰求股曰交時葉如栢狀如雞足生於陰崖

細辛曰小辛曰細草而世以杜衡亂其真

獨活曰羌青曰護羌使者曰胡王使者曰獨搖草得風不搖無風自動雖與羌活異條而亦曰羌活

升麻曰周麻曰落新婦

茈胡曰地薰曰山菜曰茹草葉曰芸蒿辛香可食生於銀夏者芬馨

之氣射於雲間多白鶴青鶴翱翔其上
防葵曰梨蓋曰旁慈曰爵離曰農果曰利茹曰方蓋而狠毒能亂其真
菴䕡狀如蒿艾駏驉食之仙
白蒿卽茵蔯蒿白兔食之仙
菥蓂曰蔑菥曰大蕺曰馬辛爾雅曰姚莖涂薺又曰菥蓂大薺以似薺而大也
龍膽曰陵游莖如小竹根似牛膝
王不留行曰禁宮花曰翦金花葉似槐實作房
茵蔯蒿南人所用者似香薷北人所用者似菁蒿卽白蒿也南北所用俱有山茵蔯之名同名異實又有石香葇亦名山茵蔯而香薷亦名茵蔯四種足相紊也
漏蘆曰野蘭而飛廉曰漏蘆亦能相紊

飛廉曰漏蘆曰天薺曰伏豬曰飛輕曰伏兔曰飛雉曰木禾似苦芺
而葉下附莖有皮起似箭羽刻缺

牆薇曰營實曰牆牀（本草作牆麻）曰牛棘曰牛勒曰薔蘼曰山棘

薇銜曰承膏曰承肌曰無心曰無顛曰鹿銜曰吳風草葉似茺蔚叢
生有毛

五味子曰菋曰荎藸故爾雅云菋荎藸引蔓實如珠而赤

旋花曰鼓子花曰筋根花曰金沸曰美草曰肫腸草蔓生花不作瓣
故謂之旋也此草一名金沸而旋覆花亦名金沸旋花正謂之蔔旋
旋覆正謂之旋復易相紊也然方家所用者蔔旋用根旋復用花

白兔藿曰白葛蔓生葉圓如蓴

鬼督郵曰獨搖草莖如箭簳葉如繖蓋花生葉心根橫而不生須徐
長卿赤箭俱有鬼督郵之名而實異

藍有三種蓼藍如蓼染綠大藍如芥染碧槐藍如槐染青三藍皆可

作澱色成勝母故曰青出於藍而青於藍

景天曰戒火曰火母曰救火曰據火曰愼火今人皆謂之愼火草植弱而葉嫩種之階庭能辟火

續斷曰龍豆曰屬折曰接骨曰南草曰槐曰大薊曰馬薊蜀本圖經云莖方葉似苧花似益母根如大薊此北續斷也范汪云卽馬薊也與小薊相似葉如蒡翁菜兩邊有刺花紫會稽者正爾此南續斷也

雲實曰員實曰雲英曰天豆曰馬豆曰臭草曰羊石子葉如苜蓿花黃白莢如大豆實若大麻能殺精物燒之致鬼

黃耆有白水耆赤水耆木耆三種其莖葉曰戴糝曰戴椹曰芰草曰蜀脂曰百本曰王孫

徐長卿曰別仙蹤曰鬼督郵苗如小麥子似蘿藦

薜曰山蘄曰白蘄曰乾歸曰文無爾雅謂薜山蘄又謂薜白蘄卽當歸也葉似芎藭有兩種大葉者謂之馬尾當歸細葉者謂之蠶頭當

歸此方家之別也
鋋曰何離曰解倉曰犁食曰餘容曰白朮卽芍藥也以有何離之名
所以贈別用焉古今言木芍藥是牡丹崔豹古今注云芍藥有二種
有草芍藥有木芍藥木者花大而色深俗呼爲牡丹非也安期生服
鍊法云芍藥有二種有金芍藥有木芍藥金者色白多脂木者色紫
多脈此則驗其根也然牡丹亦有木芍藥之名其花可愛如芍藥宿
枝如木故得木芍藥之名芍藥著於三代之際風雅之所流詠也牡
丹初無名故依芍藥以爲名亦如木芙蓉之依芙蓉以爲名也牡丹
晚出唐始有聞貴游趨競遂使芍藥爲落譜衰宗

藁本曰鬼卿曰地新曰微莖

葛曰雞齊根曰鹿藿曰黃斤而菌亦謂之鹿藿

知母曰蚳母曰連母曰野蓼曰地參曰水參曰水浚曰貨母曰蝭母
曰女雷曰女理曰兒草曰鹿列曰韭逢曰兒踵草曰東根曰水須曰

蔬藩曰蕁曰昌支爾雅曰蕁蔬藩
貝母曰空草曰藥實曰苦花曰苦菜曰商草曰勤母曰商爾雅曰苗
貝母詩云言采其蝱
栝樓曰地樓曰果臝曰天瓜曰澤姑曰白藥其實曰黃瓜詩云果臝
之實爾雅云果臝之實栝樓
玄參曰重臺曰元臺曰鹿腸曰正馬曰咸曰端曰逐馬曰馥草
苦參曰水槐曰苦蘵曰地槐曰菟槐曰驕槐曰白莖曰虎麻曰岑莖
曰祿白曰陵郎
石龍芮曰魯果能曰地椹曰石能曰彭根曰天豆沈括云有兩種水
中生者葉光而末圓陸生者葉毛而末銳
石韋曰石韀曰石皮生於石崖其生瓦上者曰瓦韋皆感陰溼而生
每莖抽一葉背有毛而斑點其狀如皮故得韋名
狗脊曰百枝曰強膂曰扶蓋曰扶筋葉類蕨根類菝葜萆薢萆薢曰

赤節菝葜曰金剛根謂其根堅曰王瓜草謂其苗葉與王瓜相近

通草曰附支曰丁翁曰王翁萬年方書亦謂之木通爾雅曰離南活莌以活莌亦謂之離南今人謂之通草其瓤白可愛婦人取以爲首飾其實曰燕蕧子曰烏蕧曰桴棪子曰拏子

瞿麥曰巨句麥曰大菊曰大蘭曰茈萋曰杜母草曰燕麥曰蘥麥曰雀麥曰石竹故爾雅云大菊蘧麥其葉細嫩花如錢可愛唐人多像此爲衣服之飾所謂石竹繡羅衣

敗醬曰鹿腸曰鹿首曰馬草曰澤敗曰鹿醬葉似豨薟根似柴胡作敗醬氣故以得名

澤芬曰白芷曰白茝曰虈曰莞曰苻蘺楚人謂之葯其葉謂之蒚麻與蘭同德俱生下濕故蘭茝之香爲騷人所諷詠

杜衡曰杜曰土鹵能香人衣體南人以亂細辛其葉似馬蹄故亦名馬蹄香爾雅云杜土鹵

白薇曰白幕曰薇草曰春草曰骨美

葈耳曰苓耳曰羊負來曰唱起草曰白胡荽江東曰常葈幽州曰爵耳爾雅卷耳苓耳舊說卽蒼耳也其實似鼠耳而有澁刺易黏人衣中原本無此草因羊自蜀來其實帶毛而至故有羊負來之名然詩云采采卷耳以其可茹也卽今卷菜葉如連錢者是也若蒼耳但堪入藥不可食

茅之根曰蘭根曰茹根曰地筋曰兼杜茅之類甚多惟白茅擅名其苗初出地者曰茅鍼爾雅云蒤委葉詩云以薅荼蓼皆謂茅鍼也茅之花曰茅秀爾雅蔈荂荼是也茅之葉如菅故亦名地菅詩云白茅菅兮又云露彼菅茅

強瞿曰重邁曰中庭曰重箱曰摩羅曰中逢花卽百合也俗呼強瞿根如葫蒜根美食花美觀舊云蚯蚓化成有二種白花者良其紅花者一名山丹一名連珠俗呼川強瞿莖上抽花葉間結子

酸漿曰寒漿曰醋漿江東曰苦蔵俗謂之三葉酸漿沈括云卽苦耽

也其實如撮口袋中有珠子熟則紅關中謂之洛神珠亦曰王母珠

亦曰皮弁草以其實又似弁也又有一種小者名苦蘵

牡蒙曰衆戎曰童腸曰馬行卽紫參也唐明皇令方士姜撫採終南

山之旱藕作湯餅賜大臣者卽此草根也

淫羊藿曰剛前曰黄連祖曰千兩金曰乾雞筋曰放杖草曰棄杖草

關中曰三枝五葉草舊云西川北部有淫羊食此草一日百交今通

謂之仙靈脾

蠡實曰荔寶曰劇草曰三堅曰豕首曰馬薤卽馬藺子也北人呼爲

馬楝子江東呼爲旱蒲多植於階庭說文云荔似蒲而小根可作刷

月令云荔挺生

款冬曰橐吾曰顆東曰虎須曰菟奚曰氐冬藥家用花如枇杷舊云

花冬月在冰下生緣此花傍莖近根生故在冰下爾雅以顆東爲顆

凍注又以款冬作款凍

牡丹曰鹿韭曰鼠姑宿枝其花甚麗而種類亦多諸花皆用其名惟牡丹獨言花故謂之花王文人爲之作譜記此不復區別然今人貴牡丹而賤芍藥獨不言牡丹本無名依芍藥得名故其初曰木芍藥古亦無聞至唐始著

澤蘭曰虎蘭曰龍棗曰虎蒲曰水香曰都梁香如蘭而莖方葉不潤生於水中故曰水香荆州記都梁縣有山山下有水清淺其中生蘭草因以爲名

馬蘭生澤傍如澤蘭氣臭楚辭所喻惡草卽此也

王孫曰黄孫曰黄昏曰海孫曰蔓延又楚曰王孫齊曰長孫方家謂之牡蒙

百部曰婆婦草能去諸蟲可以殺蠅蠓其葉如薯蕷根似天門冬故天門冬亦有百部之名一物足以相紊

王瓜曰土瓜曰藈瓜曰鉤𤬪曰菲芴均房間曰老鴉瓜又曰菟瓜其根可生食類瓜故得瓜名月令王瓜生卽此也而鄭玄以爲菝葜誤矣爾雅言鉤藈故郭云鉤𤬪一名王瓜是矣又言菲芴又言黃菟瓜皆謂此也

薺苨之根能亂人參而解藥毒以其與毒藥共處而毒皆自然歇

爾雅曰冰臺菟葵曰天葵又曰莃菟葵雷公炮炙所用紫背天葵是矣葉如錢而厚嫩背微紫生於崖石凡丹石之類得此而後能神所以雷公一書汲汲於天葵恨世人不識之臣近得之於天台僧

鱧腸曰蓮子草曰旱蓮子曰金陵草生園圃葉似柳莖似馬齒莧其蓮翹亦曰旱蓮植於庭院其花可愛非鱧腸也

蒟醬曰浮留劉淵林蜀都賦注云蒟醬緣木而生其子如桑椹熟時正青以蜜藏而食之辛香生巴蜀嶺南司馬相如使蜀而求之也其狀似蓽撥故有土蓽撥之號今嶺南人但取其葉及藤合檳榔食之

謂之蓡而不用其實

蘿摩曰芄蘭曰苦丸幽州人曰雀瓢東人曰白環藤可作菜茹能補精益氣故諺云去家千里莫食蘿摩狗杞

剪草之根曰白藥

蘹香卽茴香

鬱金卽薑黃周禮鬱人和鬱鬯注云煑鬱金以和鬯酒又云鬱爲草若蘭今之鬱金作燖潘臭其若蘭之香乃鬱金香生大秦國花如紅藍花四五月採之卽香陳藏器謂說文云鬱芳草也十葉爲貫捋以煑之用爲鬯爲百草之英合而釀酒以降神也然大秦國去長安四萬里至漢始通不應三代時得此草也或云鬱金與薑黃自別亦芬馨恨未識耳

紅藍亦曰黃藍

蓽澄茄亦曰毘陵茄子

蓬莪茂似䕬黃而不黃

廉薑似山薑而根大一名葰

胡黃連似黃連而心黑一名割孤露澤

大黃曰黃良

常山曰亙草

桔梗曰利如曰房圖曰白藥曰梗草曰薺苨以其能亂薺苨故亦有其名葉曰隱忍

甘遂曰甘藁曰陵藁曰陵澤曰重澤曰主田曰葶藶曰丁藶曰蕇蒿曰狗薺曰大室曰大適爾雅蕇葶藶

大戟曰邛鉅曰女木曰蕎曰髦爾雅髦顛棘其苗曰澤漆曰漆莖

旋覆花曰金沸草曰戴椹曰盛椹曰盜庚爾雅複盜庚似菊俗呼金錢花

鉤吻曰除辛曰毒根折之青煙出者名固活卽野葛也

藜蘆曰葱苒曰葱荄曰山葱曰葱葵曰豐蘆曰蕙葵
赭魁俗呼禹餘糧葉如薯蕷根如何首烏儉歲人採之以療饑陳藏器謂禹會諸侯棄糧於地化爲此草
芨爾雅云堇草卽烏頭也其類卽別而說者紛紜初種之母曰烏頭如芋魁是也其形似烏烏之首故以爲名兩岐如烏開口者曰烏喙亦取其似也烏頭傍生者爲附子附子傍生者爲側子烏頭不生附子者爲天雄極長大故草經云長三寸以上也蜀人種之最忌生此草經云春採爲烏頭冬採爲附子廣雅又云一歲爲側子二歲爲烏喙三歲爲附子四歲爲烏頭五歲爲天雄今皆不然但一歲下種而有此五物皆以冬至前布種至八月採出於蜀中而綿州彰明縣猶多附子爲百藥之長一名奚毒世以烏頭天雄附子爲三建者以此三物舊皆出建平故也又宜都佷山者謂之西建殊佳錢塘間者謂之東建不及故曰西氷猶勝東白烏頭曰奚毒曰卽子曰茛曰堇曰

千秋曰毒公曰果負曰耿子取其汁日煎爲膏曰射罔射生者以傳

矢慘毒

羊躑躅曰玉支

茵芋曰莞草曰卑共

射干曰烏扇曰烏蒲曰烏翣曰烏吹曰草薑曰鳳翼射亦作夜射干

有三物佛書云射干貂獄乃是惡獸似青黃狗食人荀子云西方有

木名射干莖長四寸生於高山之上而臨百仞之淵其花白莖長似

射人執竿故阮公詩云射干臨層城此則草類狀如鹿葱葉稍大邪

張作扇如翅狀故有烏扇烏翣鳳翼之名

貫衆曰貫節曰貫渠曰百頭曰虎卷曰扁苻曰伯萍曰藥藻曰濼曰

草鴟頭爾雅云濼貫衆

半夏曰守田曰地文曰水玉曰示姑

莨菪曰横塘曰行塘其實作小甖子謂之天仙子

常山曰互草
青葙曰草蒿曰萋蒿曰草藁花似後庭花實如莨菪子俗呼牛尾蒿
其主療與決明子同故亦有草決明之名
牙子曰狼牙曰狼子曰犬牙今皆謂之狼牙子以其根之萌若獸牙
也葉似蛇莓而大
白斂曰菟核曰白草曰白根曰崑崙藤生葉如小桑根如雞卵
白芨曰甘根曰連及葉如初生栟櫚根如菱米
蛇全曰蛇銜曰威蛇曰小龍牙
草蒿曰方潰曰菣江東曰犱蒿卽青蒿也爾雅云蒿菣
雚菌曰雚蘆生於蘆葦中云鸛矢所化故曰鸛菌
連翹曰異翹曰蘭華曰折根曰軹曰三廉曰連苕曰連草爾雅云連
異翹卽旱連也葉似當歸華似藹藸
白頭翁曰野丈人曰明王使者曰奈何草狀似白薇葉生莖端上有

白毛近根處有白茸正似垂白之翁
藺茹曰屈据曰離婁葉似大戟根如蘿蔔黃色初斷時汁出凝黑如漆故云漆頭
羊桃詩曰萇楚爾雅曰銚弋亦曰鬼桃曰羊腸曰御弋葉花似桃子如棗核劍南人名細子根
羊蹄曰東方宿曰連蟲陸曰牛蘈曰菲詩曰言采其蓫爾雅曰菲蒠菜又曰藬牛蘈今人呼爲禿菜蓫禿音訛耳
鹿藿爾雅曰蔨鹿藿其實莥田野呼爲鹿豆
藎草曰菉蓐曰王芻曰鴟脚莎爾雅曰菉王芻又曰竹萹蓄詩云綠竹猗猗卽此是也今人謂之萹竹葉似竹而細薄荆襄人貴以染黃極鮮麗故草經云可染黃作金色
夏枯草曰夕句曰乃東曰燕面
蚤休曰蚩休曰螫休曰重樓金線曰重臺曰草甘遂今人謂之紫河

車服食家所用而莖葉亦可愛多植庭院間
虎杖曰枯杖曰苦杖曰大蟲杖曰酸杖曰斑杖曰蒤故爾雅曰蒤虎杖莖葉斑亦似馬蓼而無毛
鼠尾草曰葝曰陵翹曰烏草曰水青可以染皂爾雅葝鼠尾
苧野生者曰薜爾雅云薜山麻
菰曰蓬今人謂之茭爾雅曰齧彫蓬薦黍蓬彫蓬者米茭也其米謂之彫胡可作飯故曰齧黍蓬者野茭也不能結實惟堪薦藉故曰薦
葑菰根也亦名須故爾雅曰須葑蓯又名蓯焉
劉寄奴曰金寄奴卽烏藤菜故江東人云烏藤菜劉寄奴因宋武帝而得名帝微時伐荻新洲遇大蛇射之明日往見羣兒擣藥問之乃曰我王爲劉寄奴所射今擣此藥傳之帝呵之羣兒忽不見遂收其藥還以傳金瘡無不愈者帝姓劉小名寄奴江南人姓劉者或呼爲金是以又有金寄奴之名

牽牛子曰草金鈴曰盆甑草陶弘景云以療水腫有功田野人牽牛以易之故得名
豬膏莓曰虎膏曰狗膏亦曰豨薟能亂天名精
葎曰來莓草曰葛葎蔓葉似萆麻子似大麻
獨行根曰雲南根曰兜零根山南人謂之土青木香其實曰馬兜零
狼毒曰續毒藥家以此與麻黃橘皮吳茱萸半夏枳實爲六陳
鬼臼曰雀犀曰馬目毒公曰九臼曰天臼曰解毒葉如荷葉形似烏掌年長一莖莖枯則根爲一臼服食家用之以九臼相連者爲佳亦名八角盤以其葉然也
蘆爾雅曰葭蘆又曰蒹葭又曰菼亂蘆之大者曰葭小者曰荻蒹卽荻也可爲簾箔故曰蒹其小而實者曰葦菼卽葦也其萌曰虇虇蘆筍也其榮曰芀芀蘆花也故曰葦醜芀亦謂之葭故曰葭華
萹蓄卽篇竹也衞風云綠竹猗猗綠藎草竹萹蓄

酢漿草曰醋母草曰鳩酸草曰小酸茅南人曰孫施去銅鍮垢
商陸曰蓫薚曰葛根曰夜呼曰馬尾曰莧陸曰章陸曰章柳根曰蒿
曰蓄詩云言采其蓄爾雅云蓄蒿又云蓫薚馬尾皆此也或言爾雅
拜商藋亦爲此耳根如人形者有神道家以爲脯謂之鹿脯有赤白
二種白者服食所須赤者爾雅謂之蔓茅
灰藋曰金瑣天葉心有粉如鹽而不鹹灰藋與藜亦是同類但藜大
可爲杖也
瓦松曰昨葉何草
骨碎補曰石菴蕳曰骨碎布曰石毛薑江南曰胡孫薑根著木石上
有毛葉如菴蕳俗呼猴薑唐明皇以其主折傷補骨碎有奇功故賜
名
雀麥曰蘥曰燕麥曰牡姓草似麥而小故得其名
天南星曰鬼蒟蒻而有毒

蒟其實曰蒟蒻生於葉下與天南星斑杖相似其根生時可爲糊黏熟之可食

續隨子曰拒冬曰千金子曰聯步曰千兩金曰菩薩豆人家多種於園亭其花似大戟秋種冬長春秀夏實

穀精草生於穀田中亦曰戴星草欲人早耕也

列當曰栗當曰草蓯蓉生巖石上根如藕能亂蓯蓉

威靈仙曰能消惡聞水聲能治萎蒻唐貞元中周君巢爲之作傳

何首烏曰野苗曰交藤曰夜合曰地精曰陳知白曰桃柳藤有赤白二種赤者雄白者雌雌雄異本而能相交何首烏者順州南河人初名田兒生而閹弱年五十八無妻子臥田野中見田中之藤兩本異生而能相交久乃解解而復合如此數四田兒異之斸根而服七日而思人道十年而生數男頭白變黑遂以名此草其人年百三十子庭服之年百六十唐元和閒事也

預知子曰仙沼子曰聖知子曰聖先子曰盍合子實如皂莢子傳云取二枚綴衣領上遇蟲毒初則聞其有聲故有預知之名蜀人貴重之

仙茅曰獨茅根曰茅瓜子曰婆羅門參傳云十斤石乳不及一斤仙茅

萱草曰合歡草曰無憂草言能令人樂而忘憂花曰宜男婦人喜佩之風土記孕婦佩其花則生男

金星草生於陰崖或瓦木上葉背有金星相對爐火家所用也

薇生水傍葉如萍爾雅云薇垂水三秦記夷齊食之三年顏色不變武王戒之乃食而死然詩云采薇者金櫻芽也

無風獨搖草頭如彈子尾若鳥尾兩片開合見人自動

石蘂生太山石上如花蘂王隱晉書云庾袞入林慮山餌石蘂得長年

孝文韭人多食之能行後魏孝文帝好食此故得名

陳家白目吉利菜葉如錢根如防己又有婆羅門白甘家白三白相似

孟娘菜曰孟母菜曰厄菜葉似升麻方莖

越王餘筭生南海水中如竹筭子長尺許異苑云越王行海作籌有餘棄於水中而生

風延母細葉蔓生纓繞草木南都賦云風衍蔓延於衡皐是也

㹀菜字林云味辛南人食之去冷氣

優殿南方草木狀曰合浦人種之用醬汁而食芳香

宜男草廣州記云小男女佩之臂上辟惡止驚生廣南朝至暮落花生糞穢處頭如筆紫色朝生暮謝小兒呼爲狗溺臺又名鬼筆菌類也非槿

蕕草曰軒于爾雅云蕕蔓于臭草也生水中江東人呼爲茜證俗云

猶水草也

廩蒿先於百草而生爾雅云莪蘿注云廩蒿也小雅云菁菁者莪陸璣云莪蒿也一名蘿蒿

麗春草河南曰龍芊草河北曰蘘蘭艾生上黨者曰定參草亦曰仙女蒿此草主黃疸之疾唐天寶中始有聞焉

蔬類

白瓜曰水芝曰地芝即白冬瓜也

葵之類多爾雅曰菺戎葵即蜀葵一名菺又曰荍蚍衃注云荊葵也一名荍一名蚍衃又曰蔠葵蘩露注云落葵也一名承露一名藤葵一名胡烟脂蔓生繞籬落葉圓而厚子如豆生青熟黑挼之則色紫女人以漬粉傅顏爲假色又有龍葵一名苦葵葉圓似排風而無毛

羅勒俗呼西王母菜北人呼爲蘭香爲石勒諱也

胡荽曰胡菜并州人呼爲香荽亦爲石勒諱也

苦菜曰荼曰選曰游冬爾雅云荼苦菜詩國風云誰謂荼苦其甘如薺月令云苦菜秀

萊服一名雹葖一名温菘一名紫花菘吳名楚菘嶺南名秦菘河朔名蘆菔爾雅曰葖蘆菔俗呼蘿蔔鎮州者一根可重十六斤

薤與韭同類雖辛而不葷五藏所以學道之人服之有赤白二種白者補而美赤者主金創不結子一名鴻薈爾雅云䪥鴻薈

韭之性温故謂之草鍾乳易稽覽圖云政道得則陰物變爲陽鄭玄注謂若葱變爲韭是也可知葱冷而韭温然葷臭非養性所宜多食亦昏神

蘇爾雅曰蘇桂荏此紫蘇也葉實俱良

水蘇曰雞蘇曰勞祖曰芥葅曰芥苴曰臭蘇曰青白蘇今人皆呼雞蘇亦呼水蘇不可食

荏曰蕉似葉而高大葉不可食惟子可壓油及雜米作糜甚肥美

蕨一名虌莽牙也四皓食之而壽夷齊食之而夭搜神記曰郗鑒鎮丹徒二月出獵有甲士折一枝食之覺心中淡淡成病後吐一小蛇垂之屋前漸乾成蕨明此物不可生食爾雅云蕨虌又有一種大蕨亦可食謂之綦蕨爾雅云綦月爾

芸臺亦作雲臺爾雅云臺夫須

蘩蔞曰蔜爾雅云蔜蕿蔞生於園圃蔓細弱田野人食之可作牙藥雞腸似蓼而小不辛本草以合於蘩蔞共條故蘇恭誤謂卽蘩蔞也

堇曰齧曰苦堇爾雅云齧苦堇今人亦謂之堇菜野出味雖苦而甘黃花者殺人唐武后寘諸食中以毒賀蘭氏暴死者蓋此種也

蕺曰蘵爾雅云蘵黃蒢葉似蒟醬蔓生田野陰濕處關中曰菹菜以其生可爲菹也

馬藍田野人以爲菜茹爾雅云葴馬藍

苦苣野生者曰褊苣人家常食者曰白苣

薺之菜甚小自生園圃其實曰蒫爾雅云蒫薺實詩云其甘如薺謂
此菜之美也或以薺爲薺苨
芹亦作靳爾雅曰芹楚葵詩曰言采其芹一名水英一名楚葵
馬芹爾雅曰茭牛蘄俗謂胡芹其根葉不可食惟子香美可調飲食
所謂野人快炙背而美芹子是也
莪莪蒿也一名蘿故又謂之蘿蒿爾雅云莪蘿詩云菁菁者莪本草
謂廩蒿
荇曰接余爾雅云莕接余其葉苻詩云參差荇菜今謂之水荇蔓鋪
水上故杜詩水荇牽風翠帶長
蕪菁亦作蔓菁塞北名九英此菜多生邊塞一名須一名蕵蕪一名
葑蓯見爾雅春食苗夏食心秋食莖冬食根菜之最益人者惟此爾
多種可以備飢歲昔諸葛孔明所止輒令兵士種蔓菁云取其才出
則可生啖一也葉舒可煮食二也久居則隨以滋長三也棄不令惜

四也回則易尋而採之五也冬有根可斸而食六也比諸蔬屬其利博乎今三蜀江陵人猶呼此爲諸葛菜大槩似菘而有頭南人取而種之初年相類至二三歲則變爲菘矣惟河朔最多詩谷風云采葑采菲此卽葑也

蓼有三種按陶弘景云一種紫蓼一種青蓼一種香蓼其葉有圓有尖以圓者爲勝入藥用蓼實有一種馬蓼亦可入藥其最大者謂之葒草亦謂之龍葒爾雅云紅龍古其大者蘬

蘘荷有白赤二種陶弘景云今人赤者爲蘘荷白者爲覆葅食用赤者藥用白者其性好陰在木下者尤美故潘岳閑居賦云蘘荷依陰時藿向陽也搜神記云蔣士先得疾下血言中蠱家人密以蘘荷置其席下忽大笑曰蠱我者張小也乃收小故以此爲治蠱之最周禮庶氏掌除蠱毒以嘉草攻之宗懍謂嘉草卽此也

蓴滑而美所以張翰思蓴羹而歸也二月至八月採者名絲蓴味甘

而體軟霜降以後名瑰蓴味苦而體澁

葫大蒜也蒜小蒜也小蒜一名亂子

馬齒莧一名馬莧可煑丹砂結汞又名五行草以其葉青梗赤花黃根白子黑也其葉間有水銀可燒取

蕹菜主解野葛毒南人先食蕹菜後食野葛自然無苦又取汁滴野葛苗當時菸死張司空云魏武帝噉野葛至一赤應是先食此也

菠薐菜本出頗陵國張騫帶來語訛為菠

葵首葵草之首有一種可食一名葵白一名菰首一名須爾雅云須葑蓯

稻粱類

稷苗穗似蘆而米可食為五穀之長五穀不可徧祭故祀其長以配社今人謂之穄關西謂之糜冀州謂之槩粢粱也爾雅云以粢為稷誤也

胡麻曰巨勝曰狗虱曰方莖曰鴻藏曰方金曰藤苰葉曰青蘘今之油麻也亦曰脂麻本出大宛張騫傳來故名胡麻沈括靈苑方中論之矣今醫家認黃麻子作胡麻用其子極苦能殺人毒鼠此豈可服食哉陶弘景云八穀之中惟此爲良而純黑者名巨勝是爲大勝此斷穀長生充饑之藥故云胡麻好種無人種正是歸時君不歸

麻子者大麻子也脂麻爲胡麻此爲漢麻脂麻爲細麻此爲大麻亦謂之枲然有牝牡其牡者生花曰麻蕡亦曰麻勃吐出茸茸然蘇恭謂爾雅云蕡枲實似麻蕡卽麻子不知爾雅之誤

粱之類多爾雅芑白苗白粱也又曰虋赤苗赤粱也又有青粱有黃粱氾勝之書云粱是秫粟今俗謂之粱古祭祀所用粢盛是也可作飱食及釀酒亦如糯米或云粱亦有粳者其謂蘖米亦曰黃子

黍本草丹黍爾雅云秬黑黍秠一稃二米秠是黑黍之有二米者黍之糯者謂之秫一名黃糯

童粱曰稂曰守田曰皇爾雅云狼童粱又曰皇守田今人謂之鬼稻一穗未有數粒易落在田中明年復生故有守田之名亦能亂稼

稻有粳糯二種古人謂糯爲稻五穀之類皆有粳糯粟之糯曰粱曰粢黍之糯曰秫曰衆爾雅云衆秫是也顏師古刊謬正俗曰本草所謂稻米者今之糯米也又說文云沛國謂稻爲糯

彫胡菰蔣米也爾雅云齧彫蓬

甖子粟曰象穀曰米囊曰御米

豆之類多爾雅云蔨鹿藿其實莥今之鹿豆也苗似豌豆蔓生亦可爲菜根黃而香本草大豆之蘖謂之黃卷亦謂之卷蘖小豆之花謂之腐婢

木類

茯苓曰茯菟其抱根者曰茯神典術云松脂入地千年爲茯苓今詳茯苓乃松脂所化而云千年未必耳龜策傳云茯苓在菟絲之下今詳茯苓生山林而菟絲生人間叢薄白清濁異趣非同類相感者

琥珀漢書云出罽賓國舊云松脂入地千年化成又云茯苓千年爲琥珀又云松脂內溢入地而爲茯苓外溢入地而爲琥珀今之所得其中則有蚊蟲蜂螘之類如生此皆是未入地所著者又云楓脂千年爲琥珀大體中土不生來從外國皆云初得之如桃膠便可啖須臾則堅凝今人有煑䳄雞及青魚枕僞爲之者

瑿曰瑿珀舊云琥珀千年爲瑿然不生中國不可知也

栢爾雅曰栢椈生於乾陵者其木之文理多作菩薩及雲氣人物鳥獸之形

桂本草有桂菌桂牡桂三條云菌桂無骨正圓如竹牡桂一名梫一名木桂古云丹桂者謂其皮赤耳其花實似吴茱萸藥中之靈物而薑桂之滋爲食味所重呂氏春秋云桂枝之下無雜木雷公云桂枝爲丁入木中其木卽死江南李後主患清暑閣前草生徐鍇令以桂屑布階縫中宿草盡枯爾雅云梫木桂梫

杜仲曰思仙曰思仲曰木綿其葉似辛夷嫩時可食江南人謂之綿芽

荊又有蔓荊牡荊之別荊可以作箠者今人謂之黄荊蔓荊亦曰小荊其實入藥用牡荊亦用實登眞隱訣注云北方無識者又云梁天監三年將合神仙飯奉敕論牡荊曰荊花白多子子麄大歷歷疎生不過二兩莖多不能圓或褊或異或多似竹節葉與餘荊不殊蜂多採牡荊牡荊汁冷而甘餘荊被燒則煙火氣苦牡荊體慢汁實煙火不入其中主治心風第一于時遠近尋覓不得猶用荊葉則牡荊殆

絶矣
寄生生于木上有兩種一種大者葉如石榴一種小者葉如麻黄其實皆相似云是鳥糞感木而生入藥以桑上者良一名宛童一名寄屑一名寓木爾雅云寓木宛童詩云蔦與女蘿施于松上大者曰蔦小者曰女蘿生松上者曰松蘿
五加曰犲漆曰犲節葉作五叉蘄州呼爲木骨入藥用根皮道家呼爲金鹽母與地榆皆可煮石故曰何以得長久何不食石蓄金鹽母何以得長壽何不食石用玉豉玉豉者卽地榆也又曰寧得一把五加不用金玉滿車寧得一斤地榆安用明月寶珠
薰陸香卽乳香南方草木狀云薰陸出大秦國其木生於海邊沙上盛夏木膠流出沙中夷人取之賣與賈客沈括云乳香卽薰陸如乳頭者爲乳香塌地者爲塌香
雞舌香卽丁香陳藏器以雞舌香爲丁香母今按沈括考究諸義直

是丁香無疑齊民要術云雞舌香世以其似丁子故一名丁子香應
劭爲漢侍中年老口臭帝賜雞舌香含之後來三省故事郎官日含
雞舌香欲其奏事對答芬芳日華子曰丁香治口氣正以此也
辛夷曰辛矧曰侯桃曰房木北人曰木筆南人曰迎香人家園庭亦
多種植離騷云辛夷車兮結桂旗
木蘭曰林蘭曰杜蘭皮似桂而香世言魯班刻木蘭舟在七里洲中
至今尚存凡詩詠所言木蘭舟卽此也
榆曰零榆曰白粉曰白榆其類有十數種榆卽大榆也生莢如錢古
人採其初生者作糜羹食之令人多睡故嵇康謂榆令人瞑也今不
復食者惟用作醬取陳者艮其皮至粘滑可膠瓦石北人用膠磑㽏
儉歲農人食之以當糧有一種刺榆有鍼刺如枳其葉如榆瀹而爲
蔬則滑美勝於白榆爾雅云樞荎唐風云山有樞卽刺榆也
槐有二種爾雅云櫰槐大葉而黑謂大葉而黑者櫰也又云守宮槐

葉晝聶宵炕謂晝聶合而夜炕布者守宮槐也又云槐小葉曰榎大而皵楸小而皵榎然楸梓類也櫝桐類也不可謂之槐

楮亦謂之穀其實入藥其皮造紙濟世之用也桑穀共生者卽此也

枸杞曰杞根曰地骨曰枸忌曰地輔曰羊乳曰卻暑曰仙人杖曰西王母曰枸檵曰苦杞曰托盧曰天精曰卻老曰地仙苗爾雅云杞枸檵世言有兩種無刺者曰枸杞有刺者曰枸棘又云蓬萊南丘村者高一二丈其根盤結甚固其村之人多壽考南地生者名枸棘有刺延蔓如草萊沈括云陝西極邊生者高丈餘大可作柱葉長數寸無刺根皮似厚朴甘美異他處大體出河西諸郡其次江淮間埂上者實如櫻桃暴乾爲餠膏潤有味

降眞香曰紫藤香主天行時氣家舍怪異和諸香燒煙直上天召鶴盤旋於其上

厚朴曰厚皮曰赤朴曰烈朴曰重皮其植曰榛其子曰逐折

猪苓曰猳屎曰豕槖曰地烏桃
竹之類不一爾雅云桃枝四寸有節今桃枝竹也唐人有桃竹杖詩以其宜爲杖也又云鄰堅中此竹類而中實者今人謂之木竹也又云簢筡中此竹類而中虛薄者又云仲無笎今之篔簹竹也又云䈽箭萌此箭筍凡筍類惟箭筍爲美故會稽竹箭有聞焉又云篠箭今箭竹小而希節者然竹之良者惟有篁竹謝靈運所游之澗今在鴈蕩其自死筍則謂之仙人杖
枳生江北橘生江南考工記曰橘逾淮而北爲枳言橘過淮則亦化爲枳矣故江北有枳無橘江南枳橘皆有
藙曰吳茱萸或謂之檓續齊諧記云汝南桓景隨費長房學長房謂曰九月九日汝家有災可急令家人縫絳囊盛茱萸以繫臂上登高飲菊花酒此禍可消景如其言舉家登高山夕還見雞犬牛羊一時暴死長房聞之曰此代之矣世人此日登高飲酒帶茱萸囊由此爾

又風土記曰九日折其房插頭辟惡氣今人多臨井植之云飲其水則無瘟疫

山茱萸其實似蔓楚之實一名蜀棗一名雞足一名魃實

秦皮曰石檀曰岑桂其用在皮故曰秦皮亦曰岑皮其木似檀俗呼爲白樳木取其皮漬水染筆而書之作青色故墨家用之

梔子曰木丹曰越桃其花六出西域謂之薝蔔花

合歡曰合昏曰青裳曰夜合其木似梧桐枝弱葉繁互相交結每一風來輒似相解了不相牽綴植之庭階使人不忿其葉至暮而合故曰合昏今人皆謂之夜合花嵇康云合歡蠲忿萱草忘憂

秦椒曰欓田野人呼爲欓子爾雅云欓大椒

衛矛曰鬼箭莖有三羽狀如箭翎俗謂之狗骨

紫葳曰陵苕曰茇華曰女葳曰陵時曰陵霄藤生依緣大木今人謂之凌霄花有黃白二種爾雅云苕陵苕黃華蔈白華茇白華者少故

詩云苕之華云其黃矣
蕪荑曰無姑曰蕨蔖曰姑榆爾雅云莁荑蔱蘠榆類也實似榆莢臭
如狐可作醬
欓子曰食茱萸曰越博雅云欓越與吳茱萸俱有藙名內則云三牲
用藙是欓子也爾雅云椒樧醜莍
茶曰檟曰蔎曰荈其芽曰茗爾雅曰檟苦荼本草云茗苦𣘻其品最
有優劣薛能詩云鹽損添宜戒薑宜著更誇茶而入薑鹽則下品也
想薛能未知滿甌香雪之興故云
五木耳曰檽蘇恭云楮槐榆柳桑之耳也其桑耳曰桑菌曰木麥曰
桑巨曰桑黃
棘與棗皆有刺故棘文列刺棗文複刺切韻云棘小棗也不生江南
其刺曰棘鍼曰棘刺其實曰菥蓂曰馬朐曰刺原爾雅云終牛棘注
云馬棘也刺麤而長

菴摩勒卽餘甘也梵名之異耳

盧會曰訥會曰奴會俗呼爲象膽木中脂也

石南曰鬼目

巴豆曰巴椒

椒曰蘑藙曰陸撥曰南椒生於漢中者曰漢椒蜀中者曰蜀椒巴中曰巴椒

莽草曰春草曰芒草曰葞爾雅云莽數節以其似竹而中實促節離騷云朝搴阰之木蘭兮夕覽洲之宿莽

郁李曰爵李曰車下李曰棣爾雅云常棣棠棣詩云常棣之花鄂不韡韡

鼠李曰牛李曰鼠梓曰椑曰山李曰楰曰苦楸卽烏巢子也爾雅云楰鼠梓詩北山有楰

杉曰柀曰煔松類也而材爲良爾雅云柀煔

蔓椒曰豕椒曰猪椒曰彘椒曰狗椒以其作狗彘之氣又曰地椒言生於地上

釣樟曰棆亦樟之類也爾雅云棆無疵又名無疵

豫章其木甚大南都之郡因此得名今人謂之樟木

雷丸曰雷矢曰雷實

櫸楡類也而枚烈其實亦如楡莢似錢之狀

楊之類亦多白楊曰高飛曰獨搖人多種於墟墓間故曰白楊多悲風蕭蕭愁殺人水楊曰楊柳詩云楊柳依依又云蒲柳爾雅云楊蒲柳其條可爲箭簳故左傳云董澤之蒲崔豹云水楊卽蒲楊任矢用或言雚苻亦水楊也栘楊曰栘曰扶栘其木大數十圍無風葉動華反復合所謂唐棣之華偏其反而崔豹云栘楊圓葉弱蔕微風大搖故又曰一名高飛一名獨搖與白楊之名相近故郭璞云栘似白楊也

柳之類亦多柳曰天棘南人呼爲楊柳楊與柳實兩種說文楊蒲柳

也柳小楊也斬其枝橫倒曲直插之皆生其花謂之絮隨風如飛雪落地如鋪氈故騷人之所取興也杞柳亦曰澤柳可爲桮棬者爾雅曰旄澤柳

桐之類亦多陶隱居云有四種青桐葉皮青似梧而無子梧桐色白葉似青桐有子其子亦可食白桐與岡桐無異惟有花子耳花二月舒黃紫色禮云桐始華者也一名椅桐人家多植之岡桐無子今此云花便應是白桐也白桐岡桐俱堪作琴瑟據此說則白桐者梧桐也其材可作琴瑟諸桐惟此最大可爲棺槨左傳云桐棺三寸爾雅云所謂櫬梧又謂榮桐木者此也詩云椅桐梓漆爰伐琴瑟注疏家不能別椅是岡桐桐是梧桐梓似楸別是一物爾雅謂之椅梓誤矣又有一種赬桐夏月繁花其紅如火又有紫桐花如百合又有刺桐其花側敷如掌枝幹有刺花色深紅又有一種實如罌子粟可作油陳藏器所謂罌子桐也

欒荊曰頑荊莖葉似石南

紫荊人多種庭院間卽田氏之荊也

南藤曰丁公藤南史解叔謙鴈門人母有疾夜於庭中稽顙以祈聞空中曰得丁公藤卽愈訪醫及本草皆無乃至宜都山中見一翁伐木云丁公藤療風乃拜泣求得之及漬酒法受畢失翁所在母疾遂愈

黃藥卽藥實根也宋武帝患手瘡經年有沙門與一黃藥傅卽愈又秦州出者謂之紅藥子葉似蕎麥枝梗赤色

梓與楸相似爾雅云以爲一物誤矣按雜五行書曰舍西種楸梓各五根令子孫孝順所以人家多種於園亭陸璣謂楸之疏理白色而生子者爲梓齊民要術云白色有角者爲梓無子爲楸是皆不辨楸梓也梓與楸自異生子不生角

蒴藋曰陸英葉似火杴莖有節節間分枝弱植高丈許芐爲水英接

骨爲木英蒴藋爲陸英謂之三英

枳椇曰木蜜蜀人謂之枸小雅南山有枸是也陸璣云似白楊其子大如指長數寸噉之如飴故曰木蜜

爲白目楥曰柜柳田人謂之柳葉杴臭而可染皂子可壓油爾雅云楥柜柳

訶梨勒如橄欖其未熟之子隨風飄墮者名隨風子

樗似椿北人呼爲山椿江東人呼爲虎目葉脫處有痕如樗蒲子又如眼目故有其名其材易大而不中器用又有一種山樗極似此詩唐風所謂山有栲是也故爾雅云栲山樗注謂栲似樗色小白生山中亦類漆俗云櫄樗栲漆相似如一櫄卽椿也

櫟曰橡亦曰栩其實作捄曰皂斗曰橡斗然有二種南土多栩北土多櫟爾雅釋木云櫟其實捄詩秦風云山有苞櫟並此也其釋木云栩杼與唐風云集于苞栩並是柞木而陸璣誤謂是此耳橡實之類

極多大體皆㮚屬也可食有似栗而圓者大小有三四種周禮籩人所謂榛實是也二三實作一捄正似㮚而小者大小有三四種爾雅所謂栵栭是也注云子如細㮚江東人亦呼為栭㮚今俗謂之為茅㮚猴㮚柯㮚皆其類也或曰槲之實似櫟而小不可食

楊櫨曰空疏良村也

南燭曰烏草曰猴藥曰男續曰後草曰維那木曰黑飯草以其可染黑飯也道家謂之青精飯亦曰牛筋言食其飯則健如牛筋也吳越名猴菽又名染菽亦名文燭經冬不凋春夏採枝莖秋冬採根此木類而叢生高三五尺亦似草故號為南燭草木圖經云人家多植於庭院間俗謂之南天燭其實如梧桐子勻圓黑色九月熟兒童食之極美今茅山道士採其嫩葉染飯謂之烏飯甚甘香可以寄遠杜詩云豈無青精飯使我顏色好謂食此能變白駐顏故仙經云子服草木之王氣與神通子食青燭之津命不復殞並謂此也

鹽麩子曰叛奴鹽蜀人曰酸桶吳人曰烏鹽其實秋熟爲穗著粒如小豆其上有鹽如雪可以調羹戎人亦用此謂之木鹽故有叛奴鹽之名

無患子曰噤婁曰桓其子勻圓如漆今人貫爲數珠古今注云程雅問木曰無患何也答曰昔有神巫曰涇眊能符劾百鬼得鬼則以此木爲棒棒殺之世人相傳以爲器用厭鬼故曰無患

檉曰河柳曰雨師曰春柳木中脂曰檉乳本草謂之赤檉木以其材赤故也大槩杉松之類而意態似柳故謂之檉柳爾雅曰檉河柳其材可卷爲盤合又曰檴落郭云可以爲杯器素此赤檉也又有一種名赤楊又名水松與此相似而植之水邊其葉經秋盡紅人多植於門巷杜詩楨檉曉夜希卽此也

益智子葉似蘘荷實如李核去皮用之其中仁如梔子縮紗之類可蜜煮爲粽食昔盧循爲廣州刺史遺劉裕益智粽裕答以續命湯是

此也按蘇軾記云海南產益智花實皆長穗而分爲三節其實熟否以候歲之豐凶其下節以候蚤禾其上中亦然大豐則實凶歲皆不實蓋罕有三節並熟者其爲藥也止治益於智其得此名豈以知歲耶

木槿曰舜曰椴曰櫬曰及齊魯名王蒸其植如李五月始花故月令云仲夏之月木槿榮此木類也爾雅云入草例者樊光云其華朝生暮落與草同氣故在草中今人謂之朝生暮落人多植庭院閒唐人詩云世事方看木槿榮言可愛易凋也亦可作籬故謂之槿籬

椶櫚曰栟櫚曰箭曰王蔧注云葉可爲帚蔧然有兩種一種有須可作繩耐水一種小而無須葉可爲帚葩未吐時割去須而取之曰椶魚瀹而食之甚美南方又有虎散桄榔冬葉蒲葵椰子檳榔多羅等與椶櫚同類

芫花曰去水曰毒魚曰杜芫曰敗葉曰兒草曰黃大戟其根曰蜀桑

根苗高二三尺葉似白前及柳葉根皮似桑根正二月花紫碧色頗似紫荆而作穗絳州出者花黃謂之芫花爾雅云杬魚毒本草亦云可用毒魚其皮可汁藏梅

五倍子曰文蛤曰百蟲倉

靈壽木漢書孔光年老賜靈壽杖顏注曰木似竹有節長不過八九尺圍可三四寸自然有合杖之制不須削治也

柞木曰棫曰栩曰杼爾雅云栩杼詩析其柞薪又曰柞棫斯拔陸璣云柞棫櫟也三蒼云棫卽柞也其葉繁茂其木堅韌有刺今人以爲梳亦可以爲車軸

果類

棗之類多爾雅曰棗壺棗郭曰棗大而銳上者爲壺又曰邊要棗郭云細腰者今謂鹿盧棗又曰櫅白棗郭云卽今棗子白熟又曰樲酸棗今藥家所用酸棗仁孟子所謂養其樲棘是也又曰楊徹齊棗未

詳又曰遵羊棗郭云實小而圓紫黑色俗呼爲羊矢棗孟子所謂曾晳嗜羊棗是也又曰洗大棗郭云今河東猗氏縣出大棗如雞卵本草云一名良棗一名美棗一名乾棗謂大棗也爾雅又曰煑填棗未詳又曰蹶泄苦棗其子味苦晳無實棗不著子者還味稔棗郭云還味短味

橘柚之類多爾雅曰櫠椵卽大柚也其大如杅皮瓤極厚又曰柚條今謂之柚似橘而大皮瓤稍厚然皆不可口或言櫠卽枳蓋江北無橘所以爾雅只載枳柚江南所產有柑有橘有橙人所常食三者之閒而有數品又有枸櫞生於南方土人謂之香櫞如瓜以瓤厚者爲美

梅之類多爾雅曰梅枏又曰時英梅梅類而實小謂之雀梅

梨之類多爾雅曰檖蘿山梨也又曰梨山樆野出之梨小而酢者又曰杜甘棠詩所謂蔽芾甘棠也謂之棠梨其花謂之海棠花其實謂

之海紅子又曰杜赤棠白者棠此別棠梨赤白之異也

木瓜爾雅曰楙木瓜

豆蔻曰草菓亦曰草豆蔻苗葉似山薑杜若輩根似高良薑花作穗可愛故杜牧云豆蔻梢頭二月春南人亦採其花淹藏以當果品

葡萄藤生傳自西域史記云大宛以葡萄爲酒富人藏葡萄酒至萬餘石久者十數歲張騫使西域得其種而還中國始有又有一種曰蘡薁謂之山葡萄野出其實如葡萄而小亦堪爲酒其莖主嘔逆斷其兩頭節炊之有汁出如通草

蓬虆曰覆盆曰陵虆曰陰虆今人謂之苺大小有數種有蔓生者有叢生者有樹生者惟叢生者大而可愛謂之蓬虆其樹生者謂之覆盆子亦謂之西國草亦謂之畢楞伽爾雅云茥蒛盆其鋪地蔓生者曰地苺爾雅云藨麃者地苺也

蓮爾雅曰荷芙蕖其莖茄其葉蕸其本蔤其葉菡萏其實蓮其根藕

其中的中薏按本草謂近根處白莖也實謂蓮房的謂蓮子亦謂之薂爾雅曰的薂薏謂蓮子中苦心又按本草藕實莖一名水芝丹一名蓮宋太官作血䘓庖人削藕誤落血中遂散不凝自此醫家方知其散血也

芡曰蔿子曰鉤曰芺曰鴈喙實曰鴈頭實曰雞雍實本草曰雞頭實爾雅鉤芺葉大如荷皺而有刺俗謂之雞頭盤花下結房形類雞頭實正圓如榴核大根謂之葰菜莖謂之蔿蘛亦堪為茹

芰實即菱也俗謂之菱角可以當糧菱亦作蔆爾雅蔆蕨攗注云今亦謂之蔆攗

櫻桃曰朱櫻曰麥甘酣曰楔曰含桃曰荊桃曰李桃曰柰桃爾雅云楔荊桃禮含桃先薦寢廟

柹為者謂之椑

木瓜短小者謂之榠樝亦曰蠻樝俗呼為木梨禮記謂之樝梨鄭氏

誤謂梨之不臧者
甘蔗有三種赤色者曰崑崙蔗白色者亦曰竹蔗亦曰蠟蔗小而燥者曰荻蔗
芋曰土芝其母曰芋魁史記蜀卓氏云汶山之下沃野有蹲鴟至死不飢正謂芋魁蓋其形似也
烏芋曰藉姑曰水萍曰白地栗曰河鳧茨曰槎牙今人謂之茨菰其葉曰翦刀草曰燕尾草
鳧茨爾雅曰芍鳧茈
荔支亦曰離支始傳於漢世初出嶺南後出蜀中故蜀都賦云旁挺龍目側生荔枝南海藥譜云荔枝熟人未採則百蟲不敢近才採之則烏鳥蝙蝠之類無不殘傷然亦不必荔枝諸果皆然東觀漢記云南海舊獻荔枝龍眼十里一置五里一堠奔馳險阻道路爲患孝和時唐羌上書言狀帝詔太官勿復受獻蓋此物易變一日色變二日

味變三日色味俱變古詩云色味不踰三日變舊時採貢以驛封其枝或蜜漬之而近代奸幸之徒連株以進南人苦之不知土地所產之異而輒爲人患何也無乃尤物者歟

龍眼曰益智曰龍目曰亞荔枝曰荔枝奴其味清甜荔枝才過即食

龍眼

桃之類多爾雅曰旄冬桃今謂之旄桃藤生出山谷或言即寒桃也十月熟故謂之冬桃又曰榹桃山桃今野出之桃也味酸苦不解核

桃之實乾而不落其中實者曰桃梟曰梟景本草云主殺百鬼精物

上古有神荼與鬱壘兄弟二人桃樹之下閱百鬼無理者縛以葦索飼虎今人本此而作桃符

李之類多爾雅曰休無實李一名趙李又曰痤接慮李今之麥李即青李也又曰駁赤李此赤李著粉者也陶隱居云李以姑熟所出南居李解核如杏子者爲佳

菴羅果若林檎而極大佛書多言之

石榴本草謂之安石榴爾雅云劉劉杙劉與榴通用故也一名丹若一名若榴其甜者又名天漿入藥多用酸榴

橄欖最療鯸鮐毒其木作楫撥著魚皆浮出故知物相畏者也

榛有三四種栗類也似栗而小正圓

蟲魚類

蟬之類多爾雅及他書多謬悠惟陶弘景之注近之本草蚱蟬注云瘂蟬也瘂蟬雌蟬也不能鳴者蟬類甚多莊子云蟪蛄不知春秋則是今四月五月小紫青色者而離騷云蟪蛄鳴兮啾啾歲暮兮不自聊此乃寒螿耳九月十月中鳴甚悽急又二月中便鳴者名蝭母似寒螿而小七月八月鳴者名蛁蟟色青今此云生楊柳樹上是詩云鳴蜩嘒嘒者形大而黑昔人噉之故禮有雀鷃蜩范范有冠而蟬有緌亦謂此蜩復五月鳴俗云五月不鳴嬰兒多夭今其療亦專主小

兒也按陶此說今實考其物寒螿蝭母蛩類也蛁蟟與蜩蟬類也蛩類在階除間及叢薄中夜鳴日不鳴蟬類在木上日鳴夜或鳴字林云蟬蟪蛄也莊子所謂蟪蛄者蟬類之别名爾而正名蟪蛄乃是寒螿又螻蟈條本經云一名蟪蛄寒螿與螻蛄類也故名號相亂凡本草所載名號有相亂者皆是物類近似故有互名非若他傳釋有名號相亂者非互名也皆是訛謬蜩蟬一物爾方言云楚謂蟬爲蜩宋衛謂之螗蜩陳鄭謂之蜋蜩秦晉謂之蟬究而言之實爲二物夏小正云五月螗蜩鳴七月寒蟬鳴是其義也今就而驗之有四五種有大如雀黑色其鳴震巖谷者是爾雅所謂蝒馬蟬是也五月以前鳴者似大蠅而差大青色或有紅者夜在草上日在木上聲小而清亮此則正謂之蜩七月以後鳴者似蝱色亦斑此則正謂之蟬亦名蛁蟟而陶謂七八月鳴者名蛁蟟色青此誤也立秋已後青紅二色者盡無之矣獨斑蟬鹹焉有一種如大黃蜂黑色倦飛亦倦鳴故謂之

瘂蟬卽蟬之雌者爾本草蚱蟬是也夏秋俱有蘇恭云蚱者鳴蟬也
諸蟲獸以雄者爲良以陶說爲誤後來注釋者又引玉篇云蚱者蟬
聲也明蘇說是且陶謂之瘂蟬豈妄哉蓋據當時所用之名物而言
之醫家多用蟬蛻而希有用蟬者故不親識其所用之名物以意測
度又尋經引傳以釋證之爾且萬物之理若非的識其情狀求之經
傳展轉生訛況爾雅玉篇何可盡信舊云蟬是蜣蜋所轉丸久而化
成至夏便登木而蛻此說非也蜣蜋轉丸但成其子而蟬正是蜣蜋
化爾又糞中蠐螬及蛓蟲之類亦化爲蟬也蟬脫曰枯蟬曰伏蜻
龜之類多爾雅一曰神龜二曰靈龜三曰攝龜四曰寶龜五曰文龜
六曰筮龜七曰山龜八曰澤龜九曰水龜十曰火龜神龜龜之最神
者靈龜本草謂之秦龜亦曰蠵蠵其甲有文似瑇瑁而差薄耳故名
鼉皮此龜一名蟕蠵俗呼靈蠵能鳴多出涪陵其甲可以卜攝龜小
龜也一名蠳龜一名來蛇龜好食蛇故亦謂之呷蛇龜郭云腹甲曲

折解能自張閉江東呼爲陵龜或言此龜乃蛇所化故頭尾似蛇俗呼蠪龜卽此寶龜傳國者所寶文龜甲有文彩者河圖曰靈龜負書丹甲青文筮龜常在蓍叢下者龜策傳曰蓍滿百莖其下必有神龜守之山澤水火之龜皆其所生之處也火龜蓋生於火者亦猶火山國所出火鼠是也郭氏謂物有含異氣者不可以常理推龜溺醫家謂之石腦油最難得惟以鑑照之龜見影則失溺急以荷葉承之又法以紙炷火上爀熱以點其尾亦致失溺

貝卽璌瑁也說文云貝海介蟲也其甲人之所寶古人以爲泉貨交易

螽之類亦多爾雅云蟲螽蠜草螽負蠜蜇螽蜙蝑蟿螽螇蚸土螽蠰谿按蟲螽蝗也草螽草蟲也亦謂蚱蜢蜙蝑一名蜙蠑卽一種大青蚱蜢股長而鳴甚響螇蚸郭云似蜙蠑而細長飛翅作聲者蠰谿似蝗而小斑色多生園中郭云今謂之土蠑以其在土中也

螘之類多爾雅曰蚍蜉大螘小者螘蠪朾螘螱飛螘其子蚳按蟻亦作螘大螘卽馬蟻也大而黑郭云俗呼馬蚍蜉小螘謂小黃蟻也以其種極多故專其名朾螘是一種大蟻赤色斑駁者飛蟻有翅而飛者凡蟻老則皆生翅能飛遂化爲他類矣蚳蟻卵也似飯粒亦可爲醬周禮醢人蜃蚳醢

鼅鼄之類多爾雅曰次蟗鼅鼄鼅鼄鼄蝥土鼅鼄草鼅鼄按方言云關西秦晉之間謂之鼄蝥關東趙魏之郊謂之鼅鼄在土中者曰土鼅鼄在草中布網者曰草鼅鼄土中者能毒人俗謂天蛇又曰蠨蛸長踦詩所謂蠨蛸在戸卽小鼅鼄長腳者俗呼喜子又曰王蛈蜴鼅鼄類也一名螲蟷穴居布網穴口有蓋河北人呼蛈蜴

蠶之類多爾雅曰蟓桑繭讐由樗繭棘繭欒繭蚢蕭繭此皆蠶類吐絲成繭者食桑葉爲繭者曰蟓蓋蠶也或云野蠶食樗葉棘葉欒葉爲繭者曰讐由食蕭葉爲繭者曰蚢蕭蒿也原蠶者再熟之蠶也淮

南子原蠶一歲再熟然王法禁之者爲殘桑也周禮禁原蠶者注云
爲其傷馬今以蠶爲末塗馬齒卽不能食草以桑葉拭去乃還食此
明蠶馬類也物莫兩盛
蟹之類多而螃蟹爲勝其螯上有毛仙方以化漆爲水服之長生以
黑犬血灌之三日燒之諸鼠畢至雖云取無時然未被霜以前甚有
毒不可食或曰八月一日每蟹取稻芒長寸許東方輸送海神過八
月乃可取也又有彭蜞彭蜎擁劍蝤蝥蠘並生海中唯彭蜞不擇地
生多於溝渠間其膏可塗濕癬疽瘡肉不可食令人吐下至困蔡謨
誤食者此也彭蜎吳人語訛爲彭越南人謂之林禽可食作鰢尤佳
小者名擁劍一名桀步一名執火其螯赤此三種皆如小蟹而蝤蝥
一名蟳大者徑尺小者如螃蟹大隨潮退殼一退一長兩螯至彊故
云能與虎鬬蠘如升大頗似蝤蝥而殼銳
蜂之類多本草蜂卽蜜蜂也大黃蜂卽土蜂也一名蜚零穴土以居

今宜城所生蜂兒者土蜂也木蜂卽瓠瓤蜂也結窠如甑在木上者
蠮螉曰土蜂曰蜾蠃曰蒲盧俗謂之蠮螉𧏮泥入於屋壁間及器物
旁作房或雙或隻亦入竹管中以泥封其口其類不一也凡蜂蟻皆
不能生子只取他物呪成而陶隱居乃謂此生子如粟米大在房內
仍取他蟲置其中以擬其子大爲糧也以詩云螟蛉有子蜾蠃負之
爲謬矣後來人有壞其房而看之果見有卵如粟在死蟲之上皆如
陶所說此蓋不究其義也諸蟲在蟄尙不食況其形體未定猶在窠
中時何得有饑飽也壞其房而見卵與死蟲者是變與未變耳將其
故房看之其蟲殼皆如蛻形則非爲物所食明爾且蚱蟬生於蜣蜋
衣魚生於瓜子龜生於蛇蛤生於雀白鵝之相食負螽之相應其類
不一然則螟蛉蜾蠃不爲異矣

蚯蚓爾雅曰螼蚓蜸蠶亦謂之蜸蟺江東呼寒蚓

蜻蜓爾雅曰虰蛵負勞亦謂之蜻蛉

螗蜋爾雅曰不過蟷蠰其子蜱蛸又曰莫貈蟷蜋蛑謂蟷蜋有斧蜱

蛸亦曰食厖曰蜅蟭

蚰蜒關東謂之蟥蜒故爾雅曰螾衘入耳以此蟲能入人耳故得入

耳之名

蜚爾雅曰蜚蠦蜰郭云蜰卽負盤臭蟲按此亦謂之負蠜卽草蟲也

春秋書蜚以其能害稼本草謂之蜚蝱亦謂之蜚蠊

蟯蜋爾雅曰蛣蟯蜋莊子曰蟯蜋之智在於轉丸

蝎木中蠹蟲也爾雅曰蝎蛣蝠

蠰俗呼山羊有長角斑黑色喜齧桑葉及橘柚爾雅曰蠰齧桑

蜉蝣似蟯蜋而小有文彩爾雅曰蜉蝣渠略又曰蚑蟥蛢郭璞云江

東呼蟥蛢以有金色

守瓜者瓜瓠之葉上黃甲小蟲能飛者爾雅曰蠸輿父守瓜

穀蠹米穀中小黑蟲也爾雅曰蛄䗐強蛘建平人呼爲蛘子

蜈蚣爾雅曰蒺蔾蝍蛆性能制蛇見大蛇則噉其腦蛇不動而畏蚯蚓每遇蚯蚓亦不敢動蚯蚓以涎繞其足盡落

馬陸似蜈蚣而小尤多腳不能毒人曰百足曰馬軸所謂百足之蟲至死不僵者此也

蝦蟆之類多以蟾蜍爲上曰鼀曰去甫曰苦蠪昔張暢弟收爲猘犬所傷醫云宜食蝦蟆鱠收甚難之暢含笑先嘗蓋此物但入藥用而非可食也其肪塗玉刻之如蠟或不可得但取肥者剉煎膏以塗玉亦軟古玉器有奇特非雕琢人功者多是昆吾刀及蝦蟆肪所刻也爾雅鼈蟆有一種生於田中大者三四枚重一觔南人名爲水雞亦名蛤又一種生山谷中黑色肉紅名石鱗魚並可食其小者名鼁其大於鼁而青色者曰青鼁凡蝦蟆之類皆不交合惟雌雄相對吐沫漸成魚子遂變而成科斗爾雅云科斗活東亦曰活師古人科斗書蓋取象於此

馬蝬爾雅云蛝馬蠽郭云馬蠲蚼俗呼馬蝬方言云北燕謂之蛆蟝其大者謂之馬蚰蚰即蝬也

蛓蟲曰蛁其毛能螫人故爾雅曰蛁毛蠹又曰螺蛅蟖者黑毛蟲也其毛皆能射人

蠀螬爾雅云蟦蠀螬糞土中大白蟲也本草一名蟦蠀一名蜰蠀一名勃齊

蝤蠀爾雅云蝤蠀蝎木中蠹蟲也方言關東謂之蝤蠀梁益之間謂之蝎

鼠負瓮底白粉蟲也爾雅云蟠鼠負又曰蛜威委黍詩蛜威在室蠨蛸在戶

牛蝱蠅類噉牛馬血爾雅云強蚚

衣魚亦謂之蠹魚以能蠹衣裳書帙亦謂之蛃魚亦謂之蟫爾雅云蟫白魚

莎雞曰酸雞曰樗雞曰天雞曰樗鳩曰螒爾雅云螒天雞黑身赤頭似斑猫

土蛹爾雅曰國貉蟲蠁郭云今呼蛹蟲爲蠁

螢火爾雅云螢火即炤本草一名夜光一名放光一名熠燿詩云熠燿宵行呂氏春秋云腐草化爲螢

螻蛄曰螜曰天螻曰蟓曰蛞螻亦曰蟪蛄故爾雅云螜天螻又曰蟓蛞螻方言云南楚謂之杜狗此物頗協神鬼昔人獄中得其力者今人夜忽見出多打殺之言爲鬼所使也荀子所謂梧鼠五技而窮蔡邕勸學篇云碩鼠五能不成一技者此物爾魏詩所謂碩鼠者大鼠也

蝸牛曰蛞蝓曰陵蠡曰土蝸曰附蝸爾雅蚹蠃螔蝓凡蠃之類皆負殼惟此能脫殼而行頭有兩角故曰蝸牛

水蛭曰蚑曰至掌

蠓之類多爾雅云蠓蠛蠓似蚋而小斜陽則羣聚鬬飛
蜥蜴之類多爾雅云蠑螈蜥蜴蝘蜓守宮也今按小而青者曰蜥蜴
大而黄者曰蝘蜓最小在牆間砌下者曰守宮種類旣異而此釋爲
一物恐亦未審也又按本草蜥蜴謂之石龍子一名山龍子一名石
蜴楚人謂之蛇醫或謂之蠑螈青尾有五彩蝘蜓似蜥蜴而大黄色
亦謂之蠦蝘也守宮似蜥蜴而小在屋壁間故名守宮故東方朔謂
非守宮則蜥蜴也守宮又名蠍虎舊云以朱飼之滿三斤殺之乾末
塗女子身有交接事便脫不爾如赤誌故謂之守宮
蝟有兩種一種作猪蹄者又名蠔猪一種作鼠脚舊云蝟能跳入虎
耳中而見鵲便仰腹受喙物有相制如此
鼹鼠曰隱鼠曰鼢鼠形類鼠而肥多膏黑色無尾長鼻常穿耕地中
行旱歲則爲田害
蠖屈伸蟲也爾雅云蠖蚇蠖

蛬曰蟋蟀曰青蛚楚人謂之王孫幽州人謂之促織秋至則鳴故曰
促織鳴懶婦驚
鸓鼠卽飛生也一名鼯鼠
青蚨一名蟱蝸搜神記曰南方有蟲名蝍蠋如蟬大辛美可食其子
如蠶種取其子則母飛來雖潛取必知處殺其母塗錢子塗貫用錢
則自還淮南子萬畢云青蚨一名魚伯以母血塗八十一錢以子血
塗八十一錢置子用母置母用子皆自還也或云自是雄雌不相捨
爾
蚖之類多爾雅曰趺蠆郭云蝮屬大眼最有毒今淮南人呼蠆子又
曰螣螣蛇螣音騰郭云龍類也能興雲霧而游其中淮南子云蟒蛇螣
又曰蟒王蛇蟒蛇之大者謂之王蛇又曰蝮虺博三寸首大如擘江
淮以南曰蝮江淮以北曰虺
鯉鱣鰋鮎鱧鯇爾雅無異名鰋今之黃鱧魚短鼻口在頷下體有三

行甲無鱗大者長二三丈亦能化龍鯇今之鯶魚也

鮒廣雅云鰿魚也

鯊爾雅云鯊鮀小魚體圓而有點文常張口吹沙故亦名吹沙

鮂爾雅云鮂黑鰦郭氏謂卽白鯈江東呼爲鮂臣又疑卽鮆魚以背黑故亦名黑鰦

鰦爾雅云鰼鰌今泥鰌也似鱓而小

鱧爾雅云鰹大鮦小者鮵卽鱧也郭云今青州呼小鱺爲鮵按鱺與鱧音與義同又本草作蠡一名鮦舊言是公蠣蛇所化頭有文

鱯爾雅云魾大鱯小者鮡郭云鱯似鮎而大白色

魾爾雅云鮥當魱海中黃魚也似鯿而大鱗肥美多鯁江東呼其最大者爲當魱

鮆爾雅云鮤鱴刀郭云今之鮆魚也亦呼爲魛魚按鮆魚所在有之

鮅爾雅云鮅鱒似鯶而小眼赤多生溪澗傳麗水底難網捕

鯿爾雅云魴魾

鰻爾雅云鰲鯠今鰻魚亦呼鰻鰲徽州一種鰻頭似蝮蛇背有五色生溪澗

鰕之類多爾雅曰鰝大鰕郭云鰕大者出海中長二三丈須長數尺今青州呼鰕爲鰝

蠃之類多爾雅云蠃小者蜬郭云螺大者如斗出日南漲海中可以爲酒杯按今所謂鸚鵡杯者出南海

蚌之類多爾雅云蜃小者珧卽小蚌也一名玉珧可飾佩刀削詩傳云天子玉琫而珧珌是也山海經激女水中多蜃珧今廣州東南道極多人取以摩作碁子鬻之

鼉亦作鮀狀如鯪鯉長一二丈者能吐氣成霧致雨善攻碕岸性嗜睡常閉目極難死聲甚可畏其皮可冒鼓凡黿鼉之老者能變爲邪魅或云多年鼉入水化爲龍梁周興嗣常食其肉後爲鼉所憤便爲

惡瘡實殭蠶之物不可輕殺

鯢爾雅云鯢大者曰鰕卽雌鯨也大者長八九尺狀似鮎魚脚前似獼猴後似狗聲如小兒啼今洞庭有之

禽類

隹爾雅謂之鳺鴀亦曰祝鳩今所謂鵓鳩也謹愿之鳥凡鳥之短尾者皆謂之隹惟夫不專名焉故指隹爲鳺鴀也鳺方扶反鴀方浮反

鶌鳩爾雅謂之鶻鵃鶌居物反鶻鵃音骨嘲今謂之鸍鴿似山鵲而小短尾青黑色多聲江東亦呼爲鶻鵃廣雅謂斑鳩誤矣斑鳩卽鵓鳩也

鳲鳩爾雅曰鴶鵴卽布穀也一名桑鳩一名擊穀江東呼爲穫穀禮記謂之鳴鳩鴶苦八反鵴音菊

鷑鳩爾雅曰鵧鷑郭云小黑鳥鳴自呼江東名爲烏鵖按此似鸜鴿無冠而長尾多在山寺廚檻間今謂之烏鵖鷑音及按玉篇廣韻無鵧字惟有鵖字

及音鵧步丁反

鴡鳩爾雅曰王鴡鳧類多在水邊尾有一點白故楊雄云白鷢舊說

鵰類誤矣鴡七徐反

鳧鷖陸機云大如鳩青灰色卑脚短喙水鳥之謹愿者也

鵅爾雅曰鵋鶀鵅音格鵋鶀音忌欺郭云今江東呼鵂鶹爲鵋鶀亦

謂之鴝鵅

鴗爾雅云天狗名狗也似翡翠而小青碧可愛鴗音立

鷚爾雅曰天鸙郭云大如鷃雀色似鶉好高飛作聲江東名之曰天

鷚音綢繆之繆按此雀類似鶉而尾小長以其能鳴故人多養之俗

呼告天所在寒月多有之鸙音藥

鵱爾雅曰鵱鷜今之野鵝鵱音六鷜力于反

鶬爾雅曰麋鴰卽鶬鴰也

鵅爾雅曰烏鸔鵅音洛郭云水鳥也似鶂而短頸腹翅紫白背上綠

色江東呼烏鸔音駮

舒鴈爾雅曰鵝

舒鳧爾雅曰鶩鴨也

鳽爾雅曰鵁鶄水鳥也今亦謂之鵁鶄似鳧脚高毛冠郭云江東人家養之以厭火災

鵜爾雅曰鴮鸅鴮音烏鸅音澤鵜鶘也形極大喙長尺餘頷下有胡大如數升囊好羣飛沉水食魚俗謂之淘河許愼云鵬也

鶾爾雅曰天雞鶾音汗逸周書曰蜀人獻文鶾文鶾者若翬雉按今有吐錦雞蓋雉類惟蜀中有之仰曰吐錦甚有文彩

鷽爾雅曰山鵲今喜鵲也郭氏謂似鵲而有文形長尾觜脚赤鷽音握

鷣爾雅曰負雀鷣音淫郭云鷣鷂也江南人呼之爲鷣善捉雀因名云按此卽今之小鷂也蓋鶻類南方無鷹唯呼此爲鷹

鶨爾雅曰鶨老鶨音彖郭云鴝鶨也俗呼癡鳥字林云句喙鳥按此蓋鵙類能捕雀句喙目圓黃可畏如拳大小者猶俊

鳭鷯爾雅曰剖葦注云好剖葦皮食其中蟲因名云江東呼蘆虎似雀青斑長尾鷯音遼

桃蟲爾雅曰鷦其雌鴱音艾似黃雀而小一名鷦鷯一名鴱鸎一名桃雀俗呼巧婦

鳳凰爾雅曰鶠鳳其雌凰神鳥也其雛曰鸑鷟雞冠蛇頸魚尾龍文龜背燕頷前後五色備舉高六尺許京房云高丈二出於東方君子之國飛則羣鳥從以萬數非梧桐不栖非竹實不食晨鳴曰發鳴朝鳴曰上翔晝鳴曰滿昌昏鳴曰固常夜鳴曰保長鳳古作朋字

鶺鴒爾雅曰雝渠雀屬也長尾背上青赤色腹下白頸下黑飛則鳴行則搖

鸒斯爾雅曰鵯鶋亦謂之雅烏蓋雀類差小多羣飛食穀粟俗呼必

鳥鶹音酉聲相近
鴽爾雅曰鴾母即鴽也青州呼鴾母田鼠所化鴽鴾音如謀
蜜肌爾雅曰蟿英英雞也喙啖石英故得名焉
嶲爾雅曰嶲周即子規也多出蜀嶲郡故名焉蜀主望帝化爲子規
嶲希規反
燕玄鳥也爾雅曰鳦陸機云齊人謂之乙燕有二種爾雅又曰燕白
脰烏則知此爲紫燕矣
鴟鴞爾雅曰鸋鴂陸機諸儒皆謂爲巧婦誤看詩文也今按郭氏說
此及方言皆謂是鴟類據下言茅鴟怪鴟則此應是鴟無緣得是巧
婦鴞鸋鴂音遥寧決
狂爾雅曰茅鴟郭云今鶬鴟也似鷹而白
白鴟爾雅曰怪鴟廣雅謂之鴟鵂郭云今關東呼此屬爲怪鳥
梟爾雅曰鴟即訓狐日瞑而夜作賈誼所賦鵩鳥是也其肉甚美可

爲羹臛又可爲炙漢供御物說文云梟食母不孝之鳥故冬至捕梟磔之字從鳥首在木上或說即今伯勞也食母

爰居爾雅曰雜縣海鳥也嘗止於魯東門之外又漢元帝時琅邪有大鳥如馬駒時人謂之爰居

鳸之類多皆雀屬也爾雅曰老鳸鴳鴳音晏雀也又曰春鳸鳻鶞夏鳸竊玄秋鳸竊藍冬鳸竊黃桑鳸竊脂棘鳸竊丹行鳸唶唶宵鳸嘖嘖竊古淺字言其色之淺唶唶音即嘖嘖音責皆其聲然也或取其毛彩或取其鳴聲以命名鳸雖雀屬皆以時見亦猶鶯鴈然農家須其鳴以候時故又命以四時也桑鳸郭云俗謂青雀今名臈觜性慧可教桑棘之鳸多在是木故名行鳸者多在籬落如雞雉然不飛去故名宵鳸者能傳衣故名鳻音汾鶞敕倫反

鶡鴠爾雅曰戴鵀鶡彼及反鴠皮及反鵀女金反郭云鵀即頭上勝今亦呼爲戴勝鶡鴠猶鶝鶔語聲轉耳按方言關東曰戴鵀

鶭爾雅曰澤虞鶭孚往反郭云今婟澤鳥似水鴞蒼黑色常在澤中見人輒鳴喚不去有象主守之官因名云俗呼護田雞按此鳥亦多在田中閩人呼爲姑雞紡以其聲類紡聲且聒聒不輟

鸕鷀爾雅曰鷧於計反

鷯鶉爾雅曰其雄鶛牝痺鶉類此別其雌雄之異名耳鶉蝦蟇所化痺音脾

鸍爾雅曰沈鳧似鶩而小尾白俗呼水鴨好沒故曰沈鳧鸍音施

鴢頭爾雅曰鵁鴢於鳥反郭云似鳧脚近尾略不能行江東謂之鴢許交反按此鳥類野鴨而文彩不能行多溷野鴨羣中浮游

鵽鳩爾雅曰寇雉郭云鵽大如鴿似雌雉鼠脚無後指岐尾爲鳥憨急羣飛出北方沙漠地

萑爾雅曰老鵵郭云木兔也似鴟鵂而小兔頭有角毛脚夜飛好食雞臣疑此即訓狐以其首似兔故有此等名鵵音兔

鶟爾雅曰鶟鶦鳥鶟音突郭云似雉青身白頭

狂爾雅曰䴈鳥山海經云栗廣之野有五采之鳥有冠名曰狂鳥

皇爾雅曰黃鳥即黃鸝也一名倉庚一名商庚一名鵹黃一名楚雀

一名搏黍一名黃離留陸璣云常以椹熟時故來里語曰黃栗留看

我麥黃椹熟不故又名黃栗留

翡翠爾雅曰鷸音律其羽可以飾器物

鸀爾雅曰山烏郭云似烏而小赤觜穴乳出西方

蝙蝠爾雅曰服翼今亦謂之蝙蝠鼠所化故又名仙鼠

晨風爾雅曰鸇似鷂而小青黃色燕頷

鸉爾雅曰白鷢鸉鷢音楊厥郭云似鷹尾上白

鶭爾雅曰鵵母郭云似烏鶭而大黃白雜文鳴如鴿聲今江東呼爲

蚊母俗說此鳥常吐蚊因以名云鶭鵵音田文

鷉爾雅曰須鸁鸊鷉也似鳧而小其膏可瑩刀劍古詩云馬銜苜蓿

葉劍瑩鷿鷉膏鷉鸁音梯螺

鼯鼠爾雅曰夷由似蝙蝠而大翅尾長三尺許背上蒼艾色短爪長飛且乳故又名飛生聲如人呼食火烟能從高赴下不能從下升高鼯音吾

鴷爾雅曰啄木鴷音列今亦謂之斲木鳥常啄木剨剨然取蠹蟲食之

鷺爾雅曰舂鉏白鷺也亦曰鷺鷥陸璣曰汶陽謂之白鷺齊魯謂之舂鉏遼東樂浪吳揚皆謂之白鷺

雉之類多爾雅曰鷂雉鷮雉鳪雉鷩雉秩秩海雉鸐山雉雗雉鵫雉雉絕有力奮伊洛而南素質五采皆備成章曰翬江淮而南青質五采皆備成章曰鷂南方曰𠷎東方曰鶅北方曰鵗西方曰鷷鷂音遙鷂雉卽鷂雉也青質而有五采者鷮音驕鳪音卜鳪雉卽鷩雉也朱冠綠臉項背有文腹下黃赤大如雞雄者有文彩據文勢是如此郭氏離此為四物誤矣秩秩者卽海雉也郭云如雉而黑在海中山上

鸐音狄即山雉也此與鷩雉是一種小異亦有文彩郭云長尾者鶾音汗即鶾雉也今謂之白鷴似鴿而大白色紅臉可愛鳥之健勇者惟雉雉之有力者曰奮翬鷂皆所產之異翯鶅鵗鷷皆所呼之異翯音傳鷷音遵

鸛鷒爾雅曰鶝鶔如鵲短尾射之銜矢射人鸛鷒鶝鶔音歡團福柔此鳥一名慺羿言雖羿亦懈惰不敢射之

獸類

麕之類多爾雅曰麋牡麔牡麎其子䴠其跡躔絕有力狄鹿牡麚牝麀其子麛其跡速絕有力麉麕牡麌牝麜其子麆其跡解有力豜按麕麞也麕其總名也麔麎䴠麚麛麉麌麜麆音咎辰杳加迷堅俁栗鉏又曰麠大鹿牛尾一角麃音炮即麠也漢武帝郊雍得一角獸若麃然謂之麟即此也麠音京又曰麂大麕旄毛狗足今謂之麂音几旄毛𤢪長毛也旄音冒又曰麝父麕足其脚似麞食栢葉而臍甚香

父音甫
狼爾雅曰狼牡貛牡狼其子獥絕有力迅又曰豺狗足卽狼也獥音
亦
兔爾雅曰兔子嬎其跡迒絕有力欣
豕爾雅曰豕子豬𧱳豶幺幼奏者豱𧱳豶者𧱳一名豶郭云俗呼小
豶豬爲𧱳子謂豶犍豬也幺幼者郭云俗呼豕最後生者爲幺豚奏
者豱者皮理湊蹙者名豱𧱳豶幺奏豱音偉墳腰湊温又曰豕生三
豵二師一特所寢橧四豴皆白豥絕有力豟牝豝橧音增豕所臥之
簀也豴音滴蹢也蹢蹄也豟音厄郭云豕高五尺者豥音垓
虎之類爾雅曰虎竊毛謂之虦貓竊古淺字虦音殘郭氏引古律文
捕虎一賚錢三千其狗半之爾雅又曰甝白虎虪黑虎貀無前足晉
太康元年召陵扶夷縣檻得一獸似狗豹文有角兩脚卽此類也或
說貀似虎而黑無前兩足甝音含虪式六反貀足滑反

熊羆之屬爾雅曰羆如熊黃白文羆似熊長頭高脚猛憨過於熊其
脂似熊白而麤又曰熊虎醜其子狗絶有力麙醜類也麙音咸又曰
魋如小熊竊毛而黃郭云今建平山中有此獸狀如熊而小俗呼爲
赤熊卽魋也音頽

狐狸之屬爾雅曰貍狐貒貈醜其足蹯其跡厹蹯音煩掌也厹音狃
指頭著地處又曰貍子隸貈子貆隸音曳貈下各反貈似狐善睡亦
謂之貉郭云今江東呼貉爲⿰犭夬狓

貙爾雅曰貙獌似貍貙獌音樞萬林云貙似貍而大一名獌郭氏云
今山民呼貙虎之大者爲貙豻

麢羊爾雅曰麢大羊音靈陶隱居云其角多節蹙蹙圓繞者爲眞惟
一邊有節節踈大者爲山羊按此二角俱似羊而大在山崖閒又曰
羱如羊音元郭云似吳羊而大角角橢出西方

犀兕之屬爾雅曰兕似牛如野牛青色重千觔一角長三尺餘形如

馬鞭柄其皮堅厚可制鎧又曰犀似豕今出交阯形似水牛豬頭三
角一在頂上一在額上一在鼻上者卽食角也小而不橢好食棘亦
有一角者其通天犀乃是水犀角上有一白縷直上至端能出氣通
天置露中不濡置屋中烏鳥不敢集屋上置米中雞皆驚駭故亦謂
之駭雞犀抱朴子曰通天犀角三寸以上者刻爲魚銜之入水水常
爲開三尺

猨猱之屬爾雅曰蒙頌猱狀郭云卽蒙貴也狀如蜼而小紫黑色可
畜健捕鼠勝於貓九真日南皆出之猱亦獼猴之類又曰猱猨卽猨
也猨善攀援

猰貐爾雅云猰貐類貙虎爪食人迅走山海經云少咸山有獸狀如
牛而赤身人面馬足名曰窫窳其音如孩兒食人所說與此異猰烏
八反貐羊主反

驨爾雅云驨如馬一角不角者騏驨音攜郭云元康八年九真郡獵

一獸大如馬一角角如鹿茸此卽𤜵也今深山中人時或見之亦有無角者

貒亦謂之貛爾雅云貒子貗貒貗音湍𧝓貒似豕而肥

猶爾雅云猶如麂善登木說云猶玃屬也麂音几

狒狒爾雅云狒狒如人被髮迅走食人狒扶味反梟羊也俗呼山都人面長脣見人則笑笑則脣蔽其面左手操管

蜼爾雅曰蜼卬鼻而長尾狀如獼猴而大黃黑色尾長數尺似獺尾末有岐鼻露向上雨卽以尾塞鼻或以兩指所在山中有之

𪊨麔爾雅云𪊨麔短脰

貜有力貜呼犬反郭云西海大秦國有養者似狗多力獷惡

豦爾雅云豦迅頭郭云今建平山中有豦大如狗似獼猴黃黑色多髯鬣好奮迅其頭能舉石擿人玃類也豦音據

猩猩爾雅云猩猩小而好啼人面豕身長髮能言語好飲酒醉則人

髡其髮爲髮聲似小兒啼
狻麑爾雅云狻麑如虦貓食虎豹卽師子也漢順帝有疏勒國獻師子似虎正黃有額耏尾端茸毛大如斗
麐爾雅云麐麕身牛尾一角此瑞應獸也黃色圓蹄馬足角端有肉
麐卽麟字
鼠之屬多爾雅曰鼢鼠音憤地中行者食竹根今人謂之竹鼦伯勞所化廣雅謂之鼹鼠又曰鼸鼠刮忝反大戴禮云田鼠者鼸鼠也郭云以頰裏藏食者又曰鼷鼠鼠之最小者郭氏云謂有螫毒者一說甘口鼠也又曰鼶鼠音斯似鼬鼠夏小正曰鼶鼬則穴蓋九月也又曰鼬鼠弋救反狀如鼦赤黃色大尾能啖鼠俗呼鼠郎江東呼爲鼪卽莊子云騏驥驊騮捕鼠不如狸鼪是也又曰鼩鼠音劬小鼠也一名鼱鼠亦謂之鼷鼩又曰鼭鼠鼣鼠音時吠並未詳又曰鼫鼠音石郭云形大如鼠頭似兔尾有毛青黃色好在田中食粟豆關西呼爲

鼩鼠鼩音雀又曰鼤鼠鼨鼠音問終並未詳又曰豹文鼮鼠音廷常在木上如鼠大其文似虎豹今深林中甚多漢武帝時得此鼠孝廉郎終軍知之賜絹百疋又曰鼶鼠古覔反郭云今江東山中有鼶鼠狀如鼠而大蒼色在木上音覡按郭氏此說又與鼮鼠相類

馬之類多爾雅曰騊駼馬音陶徒字林云北狄良馬也郭云色青又曰野馬郭云如馬而小穆天子傳云野馬日走五百里又曰駮如馬倨牙食虎豹倨卽鋸也山海經云中曲山有獸如馬而身黑二尾一角音如鼓名駮食虎豹可以禦兵又曰騉蹄趼善陞甗騉蹄者其蹄如趼秦時有騉蹄苑甗山嶺也郭云形似甑上大下小騉趼音昆硯又曰騉駼枝蹄趼善陞甗枝蹄如牛蹄是也牛枝蹄馬溷蹄又曰小領盜驪穆天子傳云天子駕八駿右盜驪左祿耳小領細頸也又曰絕有力駥馬高八尺曰駥音戎又曰膝皆白惟馵四骹皆白驓四蹢皆白首前足皆白騱後足皆白翑前右足白啓左白踦後右足白驤

左白踦駵馬白腹騵驪馬白跨驈白州驠尾本白騴尾白駺馰顙白
顛白達素縣面顙皆白惟駹散膝下也蹢蹄也駵赤色驪黑色跨髀
間也州竅也尾本尾根也尾根白曰騴尾毛白曰駺顛額上也素鼻
莖也顙額也駮驓騱翑踦騵驈驠騴駺馰音敲繒奚劬欺刓聿燕晏
郎的又曰回毛在膺宜乘在肘後減陽在幹茀方在背闋廣減廣音
淡光回毛旋毛也膺胸也幹脅也又曰逆毛居馻音兗郭云馬毛逆
刺又曰騋牝驪牡鄭玄謂七尺曰騋牝者色驪牡者色玄注周禮復
謂七尺已上者爲騋又曰玄駒褭驂褭奴了反鄭云玄駒小馬之別
名又曰牡曰騭牝曰騇郭云江東呼駁馬曰騭騇音舍草馬也又曰
駵白駁黃白騜駵馬黃脊騝驪馬黃脊騽青驪駽青驪驎驒青驪繁
鬣騥驪白雜毛駂黃白雜毛駓陰白雜毛駰蒼白雜毛騅彤白雜毛
騢白馬黑鬣駱白馬黑脣駩黑喙騧一目白瞯二目白魚孫炎云駵
赤色也青驪駽郭云今之鐵驄也青驪驎驒謂青黑二色相雜如魚

驎郭氏謂今之連錢驄是也駂郭云今之烏驄駓郭云今之桃花馬陰淺黑色也駰郭氏謂今之泥驄蒼淺青色也彤赤色也喙口也凡此所言皆典籍所載之馬人或不曉其毛物故爾雅釋之騝騽音虔習騧呼縣反驎良刃反驒騥駂駓騢駩騆音陀柔保皮遐詮閑

牛之屬多爾雅曰摩牛犦牛犤牛犩牛犣牛犝牛犑牛摩音麻郭云出巴中重千觔犦音雹郭云即犎牛也領上肉犦肤起高二尺許如橐駝肉鞍一邊犍者日行三百里交州合浦徐聞縣出此牛按犎牛漢順帝時疏勒王來獻此犤音皮郭云犤牛庳小今之犤牛也又呼果下牛出廣州高涼郡犩音危郭云即犪牛也如牛而大肉數千觔出蜀中犣音獵郭云即旄牛也髀膝尾皆有長毛按此牛角向前毛如白雪其長毛今人以爲拂子出荊夔間犝音童無角牛犑古覓反未詳何牛也又曰角一俯一仰觭皆踊㸷黑脣犉黑眥牰黑耳犚黑腹牧黑腳犈其子犢體長犌絕有力欣犌觭音欺踊騰也謂角騰起

觢音誓犉閏句反眥才細反目圈也犚音尉犈音權體身也牬匹外反犌音加
羊之屬多爾雅曰羊牡羒牝牂吳羊牝曰羒音墳又曰夏羊牡羭牝羖郭云夏羊者黑羖䍽也臣疑今胡羊也多出夏州羭音俞然今人呼牡羊為羖音古又曰角不齊觤音鬼又曰角三觠羷音險此謂羊角捲三匝者又曰羳羊黃腹音煩又曰未成羊羜直呂反郭云俗呼五月羔為羜又曰絕有力奮
狗之屬多爾雅曰犬生三猣二師一玂猣玂音宗祈又曰未成毫狗郭云狗子未生乾毛者又曰長喙獫短喙猲獢駟驖云載獫猲獢獫音呼儉切猲音呼謁切獢音呼驕切又曰絕有力狣音兆尨狗也

西元二〇一六年六月一日重製版

通志略 冊四

（宋 鄭樵 撰）

平裝四冊基本定價參仟參佰元正
（郵運匯費另加）

發行人 張敏君
發行處 中華書局
臺北市內湖區舊宗路二段一八一巷八號五樓（5FL., No. 8, Lane 181, JIOU-TZUNG Rd., Sec 2, NEI HU, TAIPEI, 11494, TAIWAN）
客服電話：886-2-87978396
公司傳真：886-2-87978909
匯款帳戶：華南商業銀行西湖分行
179100026931
印刷：經典數位印刷有限公司
海瑞印刷品有限公司

No. N1033-4

國家圖書館出版品預行編目(CIP)資料

通志略 / (宋)鄭樵撰. -- 重製一版. -- 臺北市 :
中華書局, 2020.04
冊 ;　公分
ISBN 978-986-5512-09-5(全套 : 平裝)

1. 中國政治制度 2.歷史

573.1　　109003720